세상이 알아주지 않아도
나는 다산이오

유배 18년, 다산 정약용의 내면 일기

세상이 알아주지 않아도
나는 다산이오

김형섭 지음

산처럼

책을 내면서

이 책은 다산茶山 정약용丁若鏞(1762~1836)이 큰 고난을 겪었지만 중요한 학문적 업적을 이룬 시기이기도 한 유배지에서 보낸 18년 동안을 1,287편의 관련 시문을 바탕으로 생생히 그려내고자 했다.

1907년 교과서 『유년필독幼年必讀』에 "우리나라 500년 제일의 경제가이자 서양 문명에 뒤지지 않는 학자"로 소개된 이래 지금까지 1만 5천 편이 넘는 논문 등이 나와 정약용의 역사적 가치를 조명했다. 사상이나 거대 담론, 이론적 가치는 상당히 많이 소개된 셈이다. 반면, 정약용의 역동적인 삶과 인간적인 면을 밝히는 작업은 아직 상대적으로 적은 편이다. 몇몇 열정적인 사람이 원 자료를 통해 탐구해보고자 했지만 정약용의 생생한 목소리와 속 깊은 정감에 손쉽게 접근하기는 어려운 형편이다. 주석이 붙은 그의 시문집이 번역·출판되어 있기는 해도 현대인의 언어 감각과는 거리가 먼 표현, 배경을 모르면 이해하기 어려운 고사故事나 제도 등이 톡톡 튀어나와 책장을 넘기는 것이 쉽지 않기 때문이다.

필자는 정약용의 학문적 업적을 중심으로 한 역사적 가치도 중요하지만, 그의 인간적인 면모와 인생 자체에 오래전부터 주목해왔다. 이에 정약용이 인생에서 가장 혹독한 시련을 겪었던 유배지에서 얻은 삶의 지혜가, 소외되고 지친 현대인에게 큰 울림을 줄 수 있다고 여기고 이야기 식으로 책 내용을 구성하게 되었다.

백성의 고통에 안타까워하고 자신의 한계에 한숨짓던 인간 정약용. 유배 시절 정약용은 좌절과 절망 속에서 몸부림치며 인간과 사회에 대해 고뇌하고 갈등했다. 가장 존경하고 사랑하던 가족의 죽음을 편지 한 장으로 전해 받고 가슴에 묻을 수밖에 없었다. 어그러지는 인륜과 인간으로서 해서는 안 되는 일이 자행되는 참혹한 현실에 눈물 흘리고 아파했다.

이 책에서는 정조가 승하한 후 낙향했다가 신유옥사辛酉獄事로 옥고를 치른 때부터 해배解配되어 다신계茶信契를 맺고 고향으로 돌아올 때까지 정약용의 유배 생활을 다루고 있다. 유배 장소 및 시기별로 정약용의 동선과 시선을 따라가면서 그의 처지나 입장을 오롯이 보여주고 내면을 읽어내고자 했다.

유배 시절 정약용의 하루하루는 위대한 학자로 나아가는 과정이었다. 정약용은 1801년 옥고를 치르는 동안 형이 죽고 가족과 이산하며 정신적 충격에 휩싸였다. 가족을 뒤로하고 유배를 떠날 때는 씩씩한 척하며 돌아섰지만 속마음은 아렸다. 가문이 풍비박산 나고 자신은 생사의 기로에 놓였음에도 어린 아들에게 "웃으라! 아비가 죽거든 그때 울라!"며 아들의 닫힌 마음을 열어주었다. 원통한 생각에 잠을 이루지 못할 때는 선친이 남겨준 주머니를 만지작거리며 위안을 삼았고, 둘째 형 정약전이 머물고 있는 서쪽 먼 바다를 향해 흐느끼기도 했다. 원망과 절망을 글쓰기를 통해 이겨냈으며, 중풍에 걸려 팔이 저리고 입에서 침이 흘러도 붓을 놓지 않고 학문에 정진했다.

정약용은 백성의 일상과 고통을 기록해 그들의 삶을 이해하는 것을 넘어, 질병으로 신음하는 그들의 고통을 덜어주고자 의서를 만들었다. "솥은 솥발이 뒤집어져야 좋다"며 사회 대변혁을 꿈꾸었고, 불의에 분노해 소리 높여 울기도 했다. 또한 신분이 낮은 중인中人 제자를 "제자의 아들이면 곧 나의 손자다"라며 아들처럼 대하는 것은 물론, 상하귀천을 떠나 주모와 농부 등 백성의 이야기에 귀 기울였다. 그리고 모든 잘못을 자신의 탓으로 돌리면서 정적들과 반목하지 말라고 충고하며, 독서는 누구에게나 이로운 연장과 같으니 폐족이지만 학문을 놓지 말라고 자식들을 일깨웠다. 외로운 산중에서 하루하루를 보낸 그는 자연과 우주의 질서를 통해 무한한 가치를 깨치는 것은 물론, 세상에 얽매이지 않고 굴하지도 않는 자세를 배웠다. 꽃을 심고 감상하며 마음을 다스리거나 잘 자란 오이를 따 이웃과 나누기도 했다.

따라서 이 책의 목표는 운명에 순응하지만 타협하지 않는, 정감 있는 인간 정약용을 따라가는 동시에, 그가 어떻게 어려움을 극복하고 이웃과 공감했는지, 어떤 시선으로 사회를 바라봤는지를 그의 마음을 통해 읽어내는 것이다. 정약용이 '주류 사회의 낡은 이념을 대체하고 미래 대안을 찾아가는 위대한 선각자', '온 나라가 썩지 않은 곳이 없다며 개혁의 필요성을 역설하는 개혁가', '오래된 나라를 새롭게 만들겠다고 다짐하는 미래학자'로 변해가는 과정과 내면의 변화를 읽어낼 수 있기를 기대한다.

이 책은 책 성격상 인용 문헌을 일일이 밝히지 못했지만 많은 선행

연구의 도움을 받았다. 다산 정약용 연구자들에게 감사를 표한다. 아울러 이 책의 날짜 표기는 음력 기준임을 밝혀둔다.

그리고 부족한 제자에게 실학을 읽는 시각을 일깨우고 학문의 길을 가르쳐주신 은사 임형택林熒澤 선생님, 실시학사부터 실학박물관 재직 시절까지 이끌어주신 송재소宋載邵, 김시업金時鄴 두 분 선생님에게 깊이 감사드린다. 이 책의 방향을 잡아주고 이 책이 세상에 나오기까지 여러모로 도움을 준 조운찬 경향신문 논설위원, 평소 격려와 조언을 해주신 정약용의 7대 종손 정호영 전 EBS미디어 대표에게도 감사드린다.

정약용에 대한 새로운, 아니 낯선 접근법을 이해하고 출판을 허락해주신 도서출판 산처럼 윤양미 대표님과 편집을 꼼꼼히 진행해준 유현희 편집자에게 감사드린다.

마지막으로 정약용의 삶을 정리해 글로 쓰는 동안 곁에서 이를 함께 읽어준 아내 국영미와 정약용을 닮겠다며 책장을 넘기는 재윤·재서·재오 세 아들, 팔순의 어머니와 장인·장모님 등 가족의 관심과 응원이 큰 힘이 되었다. 모든 가족에게 감사드린다.

2019년 11월
김형섭

세상이 알아주지 않아도
나는 다산이오
·
차례

제 3 부

강진의 사의재 시절

제4부

강진의 보은산방 시절

제1부

유배 길에
올라

정조의 마지막
선물

    1800년 6월 12일 늦은 밤, 정약용은 서울 명동 집의 죽난서옥竹欄書
屋에서 창밖을 비추는 달을 바라보고 있었다. 달빛이 유난히도 밝았
다. 그때 누군가가 문을 두드렸다. 문을 열어보니 규장각에서 근무하
는 아전이었다. 늦은 밤 갑자기 찾아온 관리는 임금의 명을 전하고자
왔다며, 손에 들고 있던 열 권이나 되는 『한서선漢書選』 5책 2질을 건
넸다. 활자 주조를 관장하는 주자소鑄字所를 옮겨 짓고 있는데 이곳이
완성되면 다시 들어와 교정 및 수정 작업을 하는 교서校書를 맡아달
라는 정조의 말도 함께 전했다.

    이날 정조는 정약용에게 『한서선』 열 권을 보냈다. 다섯 권은 제목
을 써 보내고 다섯 권은 집에 보관하게 했다. 연속으로 탄핵을 당한
탓에 의기소침해 있을 정약용을 배려해 보내준 선물이었다.

> 동쪽 쇠내로 가서 낚시하려 하였는데   東出苕溪學捕魚
> 임금님이 초록 명주를 집에 보내 나를 부른다   綠綈恩召到田廬

주자소를 옮겨 새로 개관한다며   已移靑瑣開唐館

황색보로 곱게 싼『한서』를 내려주셨네   別裏緗緘降漢書

——정약용의「유월십이일몽사한서공술은념六月十二日蒙賜漢書恭述恩念」.

정조의 의중을 전해 듣고 선물까지 받은 정약용은 고향으로 내려가려던 생각을 접고 다시 서울에 머물기로 마음을 고쳐먹었다. 정조는 정적들이 정약용을 공격하면 때로는 임시 지방관으로, 때로는 가벼운 문책으로 위기를 넘기게 해주었고, 상소를 통해 해명할 수 있는 기회도 주어 정약용을 보호한 임금이었다. 하지만 그 생각도 잠시, 정조는 정약용에게 마지막 선물을 보내고 다음 날부터 아프기 시작해 6월 28일 끝내 승하하고 말았다. 정조가 보낸『한서선』은 군신 간 주고받은 마지막 선물이 된 것이다. 정약용은 복받치는 슬픔에 정조가 보내준 책을 끌어안고 눈물을 흘렸다.

정조가 승하하자 정약용은 서울 생활을 모두 정리하고 가족과 함께 고향 쇠내(마현馬峴. 지금의 경기도 남양주시 조안면 능내리)에 내려가기로 결정했다. 정조의 빈소가 차려지자 조문을 마치고 해남으로 귀양 가는 윤상현(후에 윤규백尹奎白으로 개명) 형제와 작별한 뒤 배편으로 먼저 아내와 자식들을 마현으로 내려보냈다. 정약용은 서울에서 보던 책들까지 모두 실어 보내며 생각하니 관복을 입고 벼슬 생활에 눈코 뜰 새 없이 바쁘던 세월이 한순간의 꿈만 같았다. 앞으로 어떤 상황이 펼쳐질지 걱정도 되었고, 한편으로는 평소 그리워하던 고향으로 돌아갈 생각에 마음이 설레기도 했다. 하지만 막상 서울을 떠나려니 시원섭섭한 감정이 들어 두 눈가에 눈물이 고였다.

정약용은 경희궁의 흥화문興化門 앞에서 정조와 마지막 인사를 했

정조가 『시경』에 대해 조목별로 질문하고 정약용이 강의 형식으로 답한 『시경강의(詩經講義)』에 기록된 정조의 평가. 미국 버클리대학교 동아시아도서관 소장.

다. 정조의 영구를 실은 대여大與(국상國喪 때 쓰는 큰 상여)는 밤이 되자 노량진 백사장에 도착했고, 1천 개 넘는 등촉은 강가에 설치된 장막을 에워쌌다. 단청한 배들로 이어 만든 배다리가 놓여 있었다. 정조가 선친인 사도세자의 묘가 있는 수원화성으로 행차할 때 지나던 배다리인데, 지금 그 다리를 건너는 이는 승하한 정조였다. 정약용은 하염 없이 눈물을 흘렸다. 그 눈물에 옷이 모두 젖을 정도였다. 부는 바람과 은하수도 슬픔에 잠긴 듯했다.

화성 성곽은 옛 모습 그대로이고 규장각도 여전했다. 창덕궁의 영화당映花堂 북쪽, 임금의 초상을 보관하던 서향각書香閣에 정조의 초상화가 모셔졌지만 문지기는 유독 정약용만 들어가지 못하게 했다.

정약용은 방패가 되어주고 보살펴준 정조와의 추억이 주마등처럼 스쳐 지나갔다. 정조와는 성균관 시절에 처음 만났다. 그때 정조가 성균관 유생들을 상대로 『시경詩經』에 대해 문제를 출제했는데, 정약용이 내놓은 답안을 보고는 재상감이라며 크게 칭찬했다.

　1789년 정약용이 과거시험에 합격하고 검열檢閱로 임명되었을 때 서교도西敎徒(천주교도)라는 이유로 탄핵되어 해미로 유배를 가게 되자 정조는 열흘 만에 그를 풀어주었다. 이후 1792년 정조는 특별히 정약용에게 수원화성 설계 및 거중기 제작을 맡겼고, 그는 수원화성 건축에 공을 세웠다. 1794년에는 정조의 두터운 신임하에 경기도 암행어사로 발탁되기도 했다. 이듬해 조선 최초의 외국인 신부 주문모周文謨와 관련된 사건에 연루되었을 때도 많은 비판이 있었지만 금정도찰방으로 좌천시키는 것으로 무마했다. 1797년 그가 승지承旨로 있을 때 또 한 번 종교로 모함을 받자 정조는 죄가 없음을 스스로 설명하는 자명소自明疏를 받아 사실상 면죄부를 주었다. 이런 정조가 정약용에게 준 마지막 선물인 책은 그에 대한 정조의 기대이자 위로였다. 하지만 정조가 세상을 떠난 이후 정약용은 바다에서 거대한 풍랑을 만난 돛단배 같은 신세가 되고 말았다.

고향 집에 내려와 시골 선비의 삶을
꿈꾸다

1800년 겨울, 정조의 졸곡卒哭(삼우제를 지낸 뒤 곡을 끝낸다는 뜻으로 지내는 제사)이 끝나자 정약용은 서울에 있을 이유가 없었다. 서울에 있다가는 자신을 향한 정적들의 악의적인 모함을 견딜 수 없으리라는 생각은 물론, 눈앞에 펼쳐진 정치 상황에도 회의가 들었던 것이다.

정약용은 고향 마현으로 돌아가기로 마음먹고 곧바로 말에 올라탔다. 말도 슬픈지 머뭇거리는 듯했다. 정조가 눈앞에 아른거리고, 수원 화성 행차 때 정조와 나눈 대화가 어제 일처럼 생생했다. 발길은 고향으로 향하고 있었지만 눈은 자꾸 궁궐을 돌아봤다.

고향에 돌아온 정약용은 여러 가지 생각으로 가슴이 답답하고 머리가 복잡했다. 서울에 있을 때는 그렇게도 오고 싶던 고향이건만, 집 밖으로 나가고 싶지가 않았다. 세상 돌아가는 사정을 알고 싶지도 않을뿐더러 어떻게 살아갈 것인지 고민만 깊어갔다.

정약용은 이제 자유롭게 살고 싶은 마음뿐이었다. 지난날 정조로부터 받은 총애가 과분한 데다, 거처하는 곳이 더 좋을 필요도 없었기에 어디에도 얽매이고 싶지 않았다. 이제부터 시골에 거처하는 선비로서 직접 농사를 지으며 살겠다고 결심했다. 우선 쟁기와 베틀을 손질하고 농사지을 준비를 하면서 가족과 오순도순 술을 빚거나 소일거리를 찾기로 했다.

무엇보다 집에서 담근 술 한 잔이면 세상 근심을 잊을 수 있으니, 갈등과 긴장 속에서 지내온 관료 생활이나 번잡한 도시 생활과 달리 고전을 읽고 시를 지으며 학자로서의 삶을 살 수 있을 것 같았다. 찾아오는 손님을 반갑게 맞아 대접한 뒤 역사와 시대에 대해 함께 토론해도 좋고, 나무하고 고기 잡는 시골의 삶을 밤새워 이야기해도 재미있을 듯했다. 그는 이런 삶을 상상하는 것만으로도 즐거웠다. 하지만 그 계획은 상상으로 그치고 말았다. 그를 기다리는 현실 상황이 녹록지 않았다.

정약용이 고향으로 돌아온 1800년 겨울, 마현에 갑자기 한파가 몰아쳤다. 매서운 추위에 세상이 모두 꽁꽁 얼어붙었다. 아침에 일어나니 물안개가 많기로 유명한 마현에 예기치 않은 장관이 펼쳐졌다. 강가에 늘어선 나무가 모두 하얀 얼음 조각품이 되어 있었던 것이다. 능란한 조각가가 빼어난 솜씨로 만든 작품처럼 아름다웠다. 바람이 부니 마치 나무에서 하얀 솜이 날리는 것만 같았다. 그런데 한파는 그에게도 닥쳐오고 있었다.

1801년 1월이 지나고 봄이 오려는 즈음, 정국은 더욱 시끄럽고 서울의 여론은 싸늘해지고 있었다. 봄이 오면 본격적으로 과수원을 시작하려던 정약용의 계획에 차질이 생겼다. 그는 규장각에 초계문신 抄啓文臣으로 있을 때부터 과수원을 가꾸며 살고 싶다는 꿈이 있었다. 그런데 서울에서 정약용 등을 음해하는 세력들이 모함을 준비하고 있다는 사실을 알게 된 것이었다. 급히 서울로 올라가야만 했다.

1800년 정조가 승하한 후 정적들은 정약용을 제거해야 할 첫 번째 대상으로 꼽았다. 뛰어난 재능과 타협하지 않는 올곧은 성품을 지닌 정약용은 자신들의 노선에 장애가 되었기 때문이다. 정약용에게 이 해 겨울은 날씨도 춥고 여론도 매서운 시기였다. 그를 모함하는 여론은 갈수록 거세졌다. 결국 정약용은 사회적 지위를 버리고 이제까지와 달리 시골에서 농사짓고 책 읽으며 자유롭게 살고 싶다는 소박한 시골 선비의 꿈을 이루지 못했다.

19일의 옥살이 뒤 18년의 시련기가
시작되다

 1801년 2월 9일 새벽, 정약용은 붙잡혀 감옥에 수감되었다. 전날에 는 둘째 형 정약전丁若銓이 체포되었다. 사헌부에서는 소릉少陵 이가 환李家煥과 만천蔓川 이승훈李承薰, 정약용을 함께 탄핵했다. 죄목은 천 주교(서교)를 믿는다는 것이었다. 이것이 신유사옥辛酉邪獄이다.

 진산珍山 출신이자 정약용의 외가 친척인 윤지충尹持忠은 권상연權 尙然과 함께 천주교를 신봉했는데, 1791년 어머니가 돌아가시자 천주 교 교리에 따라 혼백魂帛(신주神主를 만들기 전 임시로 제작해 영좌靈座에 봉안하는 신위神位)과 위패位牌를 없애고 제사를 지내지 않았다. 권상연 역시 같은 천주교도로서 부모의 제사를 지내지 않아 사회적으로 큰 파장이 일었다. 정조는 이들의 사형을 명령했는데, 이것이 진산사건 (신해박해辛亥迫害)이다.

 이후 1795년 밀입국해 포교 활동을 하던 중국인 신부 주문모가 붙잡히는 등 천주교와 관련된 일련의 사건들이 발생하자 드디어 1801년 서교를 믿는 사람은 코를 베고 멸문시키라는 정순왕후의 명이 내려졌다. 이에 불길함을 느낀 정약종丁若鍾(정약용의 셋째 형으로, 1795년 이승훈과 함께 주문모를 맞아 한국 최초의 조선천주교 대표를 지냈으며 세례명은 아우구스티노)이 자신의 책과 편지 등을 담은 상자를 몰래 옮기다가 관아에 압수당했는데, 노론 벽파들이 정약용 집안의 편지가 들어 있다는 점을 근거로 모함했다. 사헌부와 사간원 등에서는 이 일과 연관된 이승훈, 이가환, 정약전과 정약종 형제, 이기양李基讓, 권철신權哲身, 홍낙민洪樂敏 등을 유배시키거나 사형시켰다. 이것이 정약용과 관련된 신유사옥의 대략적인 내용이다.

정약용은 붙잡힌 날부터 풀려난 2월 27일 밤까지 19일 동안 옥살이를 했다. 감옥에 갇힌 지 열흘째 되는 날 저녁 그는 꿈을 꾸었다. 꿈에 한 노인이 나타나 "옛날 한나라 신하 소무蘇武는 19년간 감옥에 갇혀서도 잘 견뎌냈는데, 너는 겨우 19일의 고통을 견디지 못하는 것이냐"며 그를 꾸짖었다. 정약용은 꿈속의 노인이 말한 것처럼 감옥에서 19일간 심한 매질과 고문으로 살이 찢기고 뼈가 부러지는 고통을 겪어야 했다. 그 고통을 못 이겨 거짓 자백을 한다면 자신의 목숨은 구할 수 있어도 친척들과 지인들은 더 큰 어려움을 겪을 것이 분명했기에 정약용은 의연하게 결백을 주장했다. 그런데도 특별한 죄목 없이 유배형이 내려졌다.

1801년 2월 28일, 정약용은 감옥에서 나와 바로 유배 길에 올랐다. 그의 첫 번째 유배지는 장기현長鬐縣(지금의 경상북도 포항)이었다.

세 번의 이별 속에서 험난한
유배 길을 떠나다

1801년 2월 28일, 정약용과 정약전 형제는 유배형을 받고 유배지로 향했다. 의금부를 나와 숭례문을 거쳐 석우촌石隅村(지금의 서울 남영역 부근)에 도착했다. 숙부들과 집안의 여러 형제, 친우들이 그들을 기다리고 있었다. 석우촌은 남쪽으로 가는 길과 동쪽으로 가는 길이 갈라지는 곳이었다. 둘째 형 정약전과 그는 이곳에서 이별해야 했다. 정약용은 동쪽 장기현으로, 정약전은 남쪽 신지도新智島(지금의 전라남도 완도군 신지면)로 가야 했기 때문이다. 두 형제는 석우촌에 배웅 나온 친지, 지인들과 이별의 인사를 나눴다. 석우촌은 그야말로 눈물 바다였다. 1801년 정약용은 유배 길에 오르면서 세 번의 이별을 하는데, 이것이 첫 번째 이별이었다.

석우촌에 모인 집안 어르신들은 모두 수염이 허연 노인이었다. 큰형 정약현丁若鉉(아버지 정재원과 의령 남씨 사이에서 태어난 정약용의 첫째 형. 이승훈은 정약현의 매제, 이벽은 처남, 황사영은 사위)은 유배를 떠나는 두 아우를 보자 눈물이 차고 목이 메여 말을 잇지 못했다. 정약용

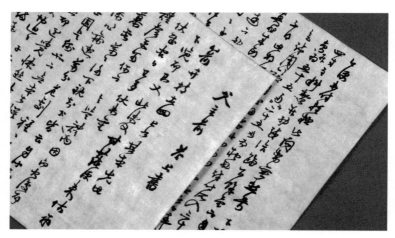

효심이 깊었던 정약용이 젊은 시절 아버지에게 보낸 편지. 실학박물관 소장.

은 집안의 젊은 형제들이야 어쩌면 다시 볼 수 있겠지만 숙부들은 두 번 다시 보기 힘들 것만 같았다. 조금만 더, 조금만 더 하며 시간을 지체하다 해가 서산으로 넘어가버렸다. 돌아보지 말자고 마음먹은 그는 다시 만나길 바라는 간절함을 가슴에 품고 길을 떠났다.

　정약용은 용산龍山에서 배를 타고 동쪽으로 한강을 거슬러 올라와 사평沙坪(지금의 서울 송파구)에 도착했다. 거기에는 서른아홉 살이 된 아내는 물론, 두 살배기 막내아들까지 나와 있었다. 강바람이 불고 가랑비까지 내렸다. 마치 가지 말라고 붙잡는 것만 같았다. 유배를 가는 길이니 가족과의 이별은 거부할 수 없는 수순이었다. 머뭇거릴 수도 없었다. 정약용은 옷자락을 뿌리치고 일어나 다시 길을 떠났다.

　갓 말을 배우기 시작한 막내아들은 울먹이며 연신 아버지를 불러댔다. 어린 아들과 아내, 한참 공부해야 하는 열여덟 살 학연, 열다섯 살 학유 두 아들과 여덟 살 먹은 딸을 뒤로한 채 정약용은 담담한 척

돌아섰다. 그러나 그도 아버지였고 남편이었다. 표정은 담담했지만 마음은 여느 아버지, 남편과 같았으리라.

하늘을 나는 새가 먼 유배 길을 떠나는 그의 유일한 벗이었다. 들을 지나는데 어미 소는 송아지를 부르느라 울어대고, 닭은 제 새끼를 부르느라 울어댔다. 짐승들도 자식을 찾는 것이었다. 처자식을 남겨둔 채 돌아올 수 없을지도 모르는 길을 떠나는 아버지의 마음이 저려왔다. 사평에서 처자식과 한 이별이 1801년 정약용이 겪은 두 번째 이별이었다.

정약용은 배를 타고 남한강을 따라 내려와 충주에 도착했다. 충주 관아로부터 서쪽 20리(약 8킬로미터)쯤에 부모님의 무덤이 있어 성묘를 했다. 정약용은 자식으로서 여러 생각이 들었다. 부모님을 부르며 원망도 했다. '왜 우리 가문이 이렇게 망하게 되었나요? 어째서 언제 죽을지 모르는 상황을 맞게 되었나요? 이 아들을 낳고 기뻐하며 어여쁘게 키웠는데 은혜를 갚을 수 없으니 어떻게 해야 합니까?(정약용의 「하담별荷潭別」 중에서)' 가문이 풍비박산 나고 멸문의 화를 당한 아들은 부모님을 원망하는 마음과 죄송한 마음을 동시에 품은 채 작별 인사를 고했다. 이것이 그의 세 번째 이별이었다.

부모님의 무덤에 다녀온 정약용은 온종일 걷고 또 걸었다. 유배 길은 가도 가도 끝 모를 계곡이 이어졌다. 천지가 울퉁불퉁한 바위투성이였고 산비탈은 가팔랐다. 다리가 아프고 시큰거렸다. 사지에 몰린 신세였음에도 그는 역사의 교훈이 남아 있는 문경새재를 넘으면서는 변화할 줄 모르는 조선의 위기 상황이 걱정되었다.

아내를 걱정하는 편지를
보내다

　1801년 2월 28일 서울을 출발해 죽산竹山을 거쳐 3월 1일에는 가흥嘉興, 3월 2일에는 하담荷潭에 도착한 정약용은 부모님의 무덤에 들러 성묘를 했다. 그리고 3월 2일 다시 유배 길에 오르면서 두 아들 앞으로 편지를 썼다.

　정약용은 두 아들에게 고향으로 돌아가 지내라고 당부했다. 아내 홍씨(홍혜완洪惠婉)가 걱정되었기 때문이다. 사평에서 아내와 아이들의 울부짖음을 들으며 헤어질 때 아내의 얼굴빛이 어두웠던 것이 내내 마음에 걸렸다. 그는 두 아들에게 어머니의 건강이 위태하니 영양가 있는 음식으로 보양해드리고, 약을 써 질병을 잘 다스릴 수 있게 하라고 간곡히 일렀다.

　그는 가족 걱정에 발걸음이 무거웠다. 그나마 집에서부터 함께한 '추록追鹿'이 있어 위안이 되었다. 추록은 마현 집에서 기르던 말이었다. '매우 날쌔다'는 뜻으로, 정약용이 붙여준 이름이었다. 지난 1800년 겨울 집안에 화가 일기 직전에 추록은 마구간을 뛰어넘어 달아났다. 화가 닥치자 집에 있던 개, 닭까지 모두 빼앗겼는데, 신기하게도 난리가 끝나고 정약용이 유배를 가기 직전 추록이 자기가 머물던 마구간으로 돌아왔다. '새옹지마塞翁之馬'라는 고사처럼 신기한 일이었다. 만약 화가 닥쳤을 때 집에 추록이 있었다면 누군가가 빼앗거나 몰수해가 다시는 보지 못했을 텐데, 다행히 모든 것이 정리된 후에야 집으로 돌아왔다. 그래서 주인인 정약용의 유배 길을 동행할 수 있게 된 것이었다. 모두가 떠나고 모두와 헤어지며 모두를 잃어버린 끝에 자신의 곁에 있는 것이 오직 추록뿐인 데서 오는 위안이 있었다.

제 2 부

첫 유배지
장기현에서

유배지의 해는 길고
하루가 더디다

1801년 3월 9일, 정약용은 함창咸昌을 거쳐 유배지인 장기현에 도착했다. 장기현은 노론의 우암尤庵 송시열宋時烈을 높이는 마을로 마산馬山 남쪽에 죽림서원竹林書院이 있었다. 남인인 정약용과는 정치적 성향이 달랐다.

정약용은 마을의 늙은 장교將校(지방 관청에서 군대 관련 업무에 종사하는 사람)인 성선봉成善封의 집에 거처하기로 정해졌다. 대나무로 엉성하게 울타리를 쳐놓고 온돌방 한 칸에 시원한 마루 한 칸이 전부인 작은 집이었다. 집주인 성선봉은 일본 도자기 잔에 보리숭늉을 마시는 사람이었다.

유배지의 해는 길고 정약용은 할 일이 없었다. 때때로 소일 삼아 시를 읊으며 지냈다. 성산포의 포구, 모려령毛黎嶺의 험한 산세, 조해루朝海樓에서 보는 석양, 호랑이와 이리 때문에 상당히 높게 친 마을의 담들, 화가 난 듯도 하고 애교스럽기도 한 여인들의 말씨, 생선 비린내 나는 집, 서울 재상들이 구하는 해구신海狗腎(보신 강정제로 쓰이는 물개의 음경과 고환), 자식 분가시킬 때 작은 솥을 주고 닭을 넣어 담근 금사주金絲酒를 마시는 풍습 등 장기현 사람들의 삶을 담은 것들이었다.

낯선 유배지에서 정약용은 아버지 정재원이 남겨준 검은색 주머니를 늘 지니고 다니면서 아버지의 마음을 헤아리고자 노력했다. 바닷바람을 맞으며 모래사장도 산책했다. 봄 햇빛에 꽃들이 피어났고 벌들은 꽃을 찾아다녔다. 느릅나무에는 새잎이 돋아났으며 온 산에 녹음이 짙었다. 정약용이 보기에 장기현 사람들은 얼굴에 감정을 잘 드러내지 않았다. 그렇지만 그는 그곳 농부들의 현명함을 발견했고 농사법과 농부의 부지런함 등 농촌에서 살아가는 방법은 농부들에게 물어봐야 한다는 사실도 알게 되었다.

정약용은 장기현에 도착한 직후 지난 반평생을 돌아보니 허망하다는 생각이 들었다. 그는 10여 년 동안 관직 생활을 하면서 분주했으나 소득은 없었다고 자조했다. 의로운 길을 찾아다닌 시간들, 세상 모든 일을 다 알 수 있다는 자신감, 책이란 책은 모조리 읽겠다는 학문적 열정, 만물을 다 안다고 믿었던 자부심 등 그 모든 것이 어리석고 부질없음을 깨달았다. 새장에 갇힌 새, 또는 그물에 걸린 물고기 같은 신세라 세상 사람들의 기억에서 사라질 것이라고 생각했다.

정약용은 결혼하고 바로 서울로 유학을 떠나 관료 생활을 마칠 때까지 20여 년의 시간을 바쁘게 살았다. 꿈만 같던 세월이 지나고 깨어나 보니 가진 것은 아무것도 없고 몸뚱이 하나뿐이었다. 되돌릴 수 없고, 후회해도 이미 늦은 일이었다.

이렇게 고민과 번뇌로 머리가 복잡할 때 이를 해소해주는 물건이 하나 있었다. 특유의 향기가 있고, 내뿜으면 실처럼 간들간들하며, 편치 않은 잠자리를 편하게 해주고, 시름까지 조금 덜어주며, 지루한 봄날을 보내기 좋게 해주는 것, 바로 담배였다.

　정약용에게 담배는 당나라 육우陸羽가 차와 관련된 저술인 『다경茶經』에서 칭찬한 차보다, 중국 진나라 죽림칠현竹林七賢 가운데 한 명인 유령劉伶이 「주덕송酒德頌」에서 예찬한 술보다 좋은 물건이었고, 그 덕분에 시름을 달래며 하루하루를 보낼 수 있었다.

유배지에서 여덟 가지 취미를
붙이다

1801년 4월 어느 날, 봄바람이 가고 여름이 다가오는 밤이었다. 정약용은 늦은 밤 겨우 잠이 들었다가 꿈에서 고향을 보고 자리에서 벌떡 일어났다. 아직 한밤중이었다. 마현 하늘에 떠 있을 달이 유배지에서도 담장을 밝게 비추고 있었다. 고향에 갈 수도 없고 더는 볼 수도 없으니 걱정하고 고민해봐야 소용없다는 것을 깨닫고 현실을 받아들였지만, 하늘은 유배인에게도 희喜 · 노怒 · 애哀 · 낙樂 · 애愛 · 오惡 · 욕欲의 감정을 준 탓에 눈물만 흘러내렸다. 아무것도 할 수 없는 상황, 자유를 잃은 유배인의 지루한 일상, 자신의 처지에 대한 원망 같은 고통을 이겨내고자 정약용은 비록 귀양살이지만 생활 속에서 취미를 붙여보기로 결심했다.

그는 몇 가지 취미를 찾았다. 고향 집에서 불어오는 서풍과 장기현에서 고향까지 불어가는 동풍을 한없이 느끼고 읊조리는 일, 장기현 바다 동쪽과 고향의 강에서 같이 뜨는 달을 즐기는 일, 정처 없이 자유롭게 오가는 구름을 무심히 바라보는 일, 저절로 딴 생각이 일게 하는 비를 감상하는 일, 서글픈 마음을 달래고자 산에 오르는 일, 막힘 없이 흘러가 마음을 시원하게 씻어주는 물을 바라보는 일, 고향 집에 핀 꽃을 생각하며 주변의 꽃을 찾아보는 일, 봄비에 더 푸르러져 사람 마음을 설레게 하는 버들을 보는 일 등이었다.

장기현 유배 시절 정약용의 취미는 모두 고향 생각으로 수렴된다. 지방에서 관직 생활을 했던 아버지를 따라 어릴 때부터 타향에서 많이 살아본 그였다. 경상도 지역도 여러 곳을 다녀봤다. 그러면서 각 지방의 다양한 풍속을 경험했으며 많은 사람도 만났다. 그러나 유배인으로서 해야 하는 타향 생활은 난생처음 겪는, 받아들이기도 힘들고 참아내기도 힘든 괴로움이었다.

정약용이 일상의 소소함에서 애써 취미를 찾아낸 것은 자포자기하지 않으려는 몸부림이었다. 유배지에서 적적함을 달래고자 실천한 정약용의 여덟 가지 취미는 다음과 같다.

물가에 머물 때 여덟 가지 취미 생활 遷居八趣

서풍은 집에 들러서 오고	西風過家來
동풍은 나를 지나서 가네	東風過我去
다만 바람 오는 소리만 들리고	只聞風來聲
바람 이는 곳 볼 수가 없다	不見風起處

─바람을 읊다(음풍吟風)

밝은 달이 동해에 떠오르면	明月出東溟
금물결이 만 리에 일렁이네	金波盪萬里

어찌해서 강 위에 뜬 달은   何如江上月

적막하게 그 강물만 비춰주나   寂寞照江水

—달을 노래하다(농월弄月)

마음 두어도 구름 볼 수 없고   有意不看雲

마음 두지 않아도 구름 볼 수 없다   無意不看雲

마음이 있건 없건   聊將有無意

석양이 되도록 바라만 본다   留眼到斜曛

—구름을 보다(간운看雲)

고향과 거리 팔백 리   家鄉八百里

비가 오나 개나 손익은 없지만   晴雨無增損

갠 날은 가깝게 생각되고   晴日思如近

비 오면 더 멀게 느껴지네   雨日思如遠

—비를 대하다(대우對雨)

북극성이 땅 위로 올라   北極之出地

천 리 가면 4도가 차이 난다   千里差四度

오히려 망향대에 올라   猶登望鄉臺

슬퍼하다가 하루를 보낸다   怊悵至日暮

—산에 오르다(등산登山)

흐르는 물은 자연스레 흘러가서   流水自然去

도도하게 막힘이 없구나   活活無阻礙

천지창조를 상상해보면 憶得鴻荒初
산도 사태로 무너졌던가 丘陵有崩汰
—물에 가다(임수臨水)

온갖 꽃 꺾어 감상하지만 折取百花看
우리 집 꽃만 못하다 不如吾家花
꽃이야 무슨 다른 점 있겠나 也非花品別
단지 우리 집에 있어서 그렇겠지 秖是在吾家
—꽃을 찾다(방화訪花)

실가닥 같은 버들가지 楊柳千萬絲
가지마다 모두 봄빛이구나 絲絲得靑春
가지마다 내린 비에 젖어 絲絲霑好雨
가지마다 사람을 심란케 하네 絲絲惱殺人
—버들을 찾다(수유隨柳)

—정약용의 「천거팔취遷居八趣」.

두 아들의 첫 편지를
받다

사평나루에서 가족과 이별하고 58일이 지난 1801년 5월, 정약용을 향한 비방은 여전히 수그러들지 않고 있었다. 조정에는 그를 위해 변론을 하거나 무죄를 밝혀줄 사람이 아무도 없었다. 이 무렵 정약용은 눈앞의 유배 현실도 문제지만 미래에 학문적으로 자신을 계승할 후손이 과연 있을까 하는 걱정도 들었다.

정약용은 유배지 장기현에 도착한 이후 처음으로 집에서 보내온 편지를 받았다. 편지를 받아든 그의 마음은 반가운 가운데서도 무거움이 컸다. 가족의 소식을 알게 되어 기뻤지만, 죄인의 집안이라는 이유로 친지들이 또 다른 고통을 받지는 않을까 염려된 것이었다.

편지는 열여덟 살 큰아들 학연과 열다섯 살 작은아들 학유가 쓴 것으로, 아버지의 건강을 걱정해 의서醫書도 함께 보내왔다. 정약용은 두 아들이 공부를 해 편지까지 주고받을 수 있게 되고, 유배를 떠나 먼 곳에 있는 아버지의 건강을 염려해 의서까지 보내주었다고 생각하니 대견스러웠다. 게다가 집안 살림살이를 위해 경제 공부에 전념

정약용의 큰아들 학연의 인장. 『작비암일찬(昨非庵日纂)』. 순천대학교 박물관 소장.

하고 있다는 사실까지 알게 되어 아버지로서 조금은 안도가 되었다.

　정약용은 뒷날 이때의 기분을 회상하며 "당나라 안녹산의 난으로 가족과 이별하고, 식구들의 소식이 궁금해 편지를 보냈으나 답장이 없어 안절부절못하다가 늦게야 아들의 편지를 받고 무척이나 기뻐했던 두보杜甫의 심정과도 같았다"고 했다. 그는 두 아들의 편지로 용기를 얻었고 두 아들 덕에 자신이 두보가 된 듯하다며 기뻐했다.

둘째 형 정약전의 편지를
전해 받다

1801년 5월 22일, 정약용은 가족과 헤어지고 82일째 되는 날에 두 아들로부터 다시 한 번 편지를 받았다.

그사이 정약용은 고민과 걱정으로 머리가 허옇게 세기 시작했다. 편지 내용으로 아내가 병에 걸렸다는 사실을 짐작할 수 있었고, 큰형이 이질을 앓았다는 것도 알았다. 또 큰아들 학연의 병이 아직 완쾌되지 않았으며, 어린 딸이 많이 아프다는 내용도 들어 있어 걱정이 되었다. 아비가 곁에 있었다면 약 처방을 써주어 치료에 도움이 되었을 텐데 그러지 못해 가슴이 쓰렸다.

아버지가 무척이나 기다리고 있는 소식이라는 것을 잘 아는 아들이 신지도에 기거하는 둘째 큰아버지 정약전의 편지도 동봉해 보내주었다. 정약용 자신은 동쪽 끝에, 둘째 형 정약전은 남서쪽 끝에서 살고 있었다. 같은 하늘 아래라고는 하지만 다시는 만날 수 없는 사이였다. 오직 몇 줄의 편지만이 두 형제를 이어주고 있었다.

정약용은 정약전의 편지를 읽고 절해고도인 신지도에서 칡덩굴로 새끼를 꼬며 생활하는 둘째 형의 모습을 조금은 짐작할 수 있었다. 육지에서 나고 자란 탓에 바다 생선이 입에 맞지 않아 억지로 먹고 있다는 소식도 들어 있었지만, 동쪽에서 달이 떠오를 때면 술을 마시고 장기현 쪽을 바라본다고도 해서 동생을 생각하는 형의 마음을 읽을 수 있었다. 또한 불교 경전을 인용하면서 "모든 대륙이 섬이라 했으니 신지도만이 섬은 아니다", "몸 붙여 사는 곳이 집이라고 생각하며 지낸다"고 한 부분에서는 동생이 걱정할까 봐 자신의 일상을 감추려 하는 형의 마음이 엿보였다.

정약용은 지난해 궁에서 형과 함께 근무하던 때가 생각났다. 임금에게 보고도 하지 않은 채 고향 마현으로 내려가 산나물, 매운탕 등 고향의 맛을 즐기고 2박 3일 동안 신나게 노는 와중에 임금의 엄명을 받고 급히 궁으로 되돌아갔던 추억이 문득 떠올라 코끝이 찡했다.

설레는 마음으로 두 아들에게
답장을 보내다

　1801년 6월 17일, 정약용은 자신을 설레게 한 두 아들의 편지에 아버지로서 마음을 담아 답장을 보냈다.

　먼저 아비인 자신은 약을 먹어 대체로 몸이 좋아졌다고 적었다. 그리고 걱정하는 마음으로 몇 가지 부탁을 했다. 천지에서 가장 가까운 것이 모자지간이니 집안의 큰 변고로 많이 놀랐을 어머니가 병들지 않도록 잘 보살피라는 부탁, 생활이 점점 어려워지겠지만 걱정만 하지 말고 부지런히 채소밭을 가꾸라는 생활에 대한 부탁, 앞으로 전개될 세상일을 알 수 없지만 세상이 바뀌고 나라가 올바르게 될 때 쓰일 수 있도록 학문에 정진하라는 부탁 등을 차례로 써내려갔다. 사남매를 혼자 키우며 집안 대소사를 도맡아 해야 하는 아내에게는 남편으로서, 그리고 죄인의 자식이라는 이유로 청운의 꿈을 접은 채 좌절을 겪고 있을 두 아들에게는 아비로서 미안한 마음을 담아 하는 부탁이었다.

　장기현 바닷가는 바람이 많이 불었다. 정약용은 밤이면 마음이 심란해졌다. 나이 들어 병도 자주 찾아오는 듯했다. 수심에 싸인 탓에 짓는 시마다 궁상맞다는 느낌이 들었다. 고향에 남겨진 어린 자식들을 생각하면 마음이 착잡했다. 가족이 보고 싶었지만, 언제 올지 모르는 다음 편지를 기다리는 수밖에 없었다.

바닷가 마을 사람들을 위해
의서를 짓다

　1801년 6월 중순, 아들의 편지를 전해준 아이종이 다시 고향 집으로 돌아갔다. 아이종이 있는 동안에는 고향에서 온 편지를 읽을 때마다 곁에 있는 가족과 이야기를 나누는 느낌이었는데, 이제 아이종이 돌아가고 나니 다시 무료하고 쓸쓸해졌다. 어제 보던 하늘을 오늘 또 다시 보고 있다. 제비는 지지배배 지저귀면서 하루 종일 집 앞을 날아다녔다. 혹시 고향 소식이라도 전해줄까 싶어 가까이 다가가 보지만 처마 밑 제비도, 하늘을 오가는 제비도 지저귀기만 할 뿐 어떤 소식도 전해주지 않았다.

　평화롭고 조용한 날이 이어질수록 정약용은 걱정이 늘어갔다. 아내는 날마다 눈물을 흘린다는데 몸이 축나지는 않았을까? 이제 막 말을 배우기 시작한 막내아들의 재잘거리는 소리를 다시 들을 수 있을까? 다른 자식들은 언제 다시 만날 수 있을까?

　정약용을 죽이고야 말겠다고 벼르던 사람들은 여전히 조정에서 득세하고 있었다. 특히 한때 정약용이 도움을 주었던 이기경李基慶 등이

정약용의 의서 『마과회통(麻科會通)』 국립중앙도서관 소장.

역적과 매우 가까운 인척이니 흉계를 몰랐을 리 없다며 자신에 대한 공격을 멈추지 않는다는 소식을 들었을 때는 불안한 마음이 가라앉지 않았다. 하지만 마음 한편으로는 별수 없는 일이고 그대로 받아들여야 한다고 여겼다. 세상살이라는 것이 원래 녹록지 않다고 혼자 중얼거리곤 했다.

　정약용의 마음은 시간이 갈수록 착잡해졌다. 알아주는 사람은 없고 이제는 자신을 지켜줄 사람도 없었다. 얼음같이 차가우면서 맑고 깨끗한 자신의 마음을 있는 그대로 알아주던 정조가 그리웠다. 나무들도 그때 나무와 같고 구름도, 산도 모두 그대로인데 '여우같이 간사하고, 쥐새끼같이 못된 무리'가 세상에 날뛴다는 생각이 들었다. 적막하고 위태로운 세상에 홀로 남겨진 것만 같았다. 좁은 방 한쪽에 홀로 앉아 온통 푸른색뿐인 창밖을 보고 있노라면 대나무 울타리 너머로 들려오는 꾀꼬리 소리가 그나마 유일한 위안이었다. 정약용은 좁은 방에 앉아 이따금 아들이 보내준 의서를 펼쳤다.

시골에서는 의서를 구하기가 쉽지 않았다. 정약용이 의서를 펼친 이유는 따로 있었다. 의학을 익히면 자신의 목숨을 보존할 수 있을뿐더러 시골 사람, 나라 사람들의 생명을 구할 수 있으리라는 생각이 들었고, 무엇보다 바닷가에 사는 장기현 사람들이 병으로 고통을 겪고 있다는 소식을 들었기 때문이다.

얼마 전, 숙소를 지키며 손님을 접대하던 관리가 자신의 아들과 함께 급히 정약용을 찾아왔다. 그들은 장기현에 의술을 베풀어달라고 요청하면서 장기현에서는 사람이 병들면 무당을 불러 푸닥거리를 하고, 그것이 효험이 없으면 뱀을 잡아먹으며, 그것마저 효험이 없으면 체념한 채 죽음을 받아들인다는 이야기를 들려주었다. 사정을 딱하게 여긴 정약용은 그들의 요청을 흔쾌히 수락했다.

정약용은 몇 가지 의서를 조사해 시골 사람들에게 긴요하면서도 간편한 처방만을 모았다. 병세에 따라 치료 약제를 찾고 병명에 맞춰 정리했다. 시골 환경을 고려해 먼 곳에서 나거나 희귀한 것, 구하기 어려운 것, 시골 사람들이 알지 못하는 약재는 모두 제외시켰다. 장기현 인근 지역에서 구할 수 있는 약재와 장기현 사람들이 자주 앓는 질병을 중심으로 의서를 만들었다. 이렇게 해서 40여 장의 맞춤형 의학서가 완성되었다. 바로 『촌병혹치村病或治』다.

『촌병혹치』라는 제목은 '시골 사람의 병이 간혹 치료될 수 있다'라는 겸손한 뜻이지만, 이 의서에는 잘 쓰면 인명을 살릴 수 있다는 정약용의 자부심이 담겨 있었다. 약재의 성질과 기운을 구분하지 않은 채 차고 더운 성질의 약을 뒤섞음으로써 서로 모순되어 효험을 보지 못하는 일반 의서와 달리, 시골 사람이 쉽게 활용할 수 있도록 한 가지 중심 처방만 기술한 것이었다. 의서에 많이 나오는 미신적인 내용은 넣지 않았다. 하지만 효과는 바로 나타났다.

정약용은 참고할 만한 의서가 적어 더 좋은 처방전을 많이 뽑지 못한 점을 아쉬워했다. 이런 한계에도 불구하고 『촌병혹치』는 사람들에게 널리 알려지고 활용되었다. 상하 두 편으로 구성된 이 책은 술을 많이 마셔 생기는 술병, 여색에 관한 질병인 색병色病으로 끝을 맺었다. 책을 통해 세상 사람들의 문제점을 일깨우고 건강을 염려하는 자신의 의도도 보여주려 한 것이었다.

정약용은 그 외에 사람을 살릴 수 있는 다른 의서들도 집필했다. 『의령醫零』 같은 의서는 병으로 죽어가는 이웃을 걱정하고 백성들의 고통에 눈감지 않겠다는 마음에서 나온 것이다.

잠 못 드는 여름밤, 생각나는 사람들

　1801년 6월 여름, 유배지에서 귀양살이를 하는 정약용의 고통은 이루 말할 수 없었다. 습기 때문에 뼈마디가 죄다 쑤셨다. 날은 더운데 바닷바람이 매서워 겹옷을 입었다 벗었다 하느라 밤잠을 설치기 일쑤였다. 그런데 더 고통스러운 것은 따로 있었다. 전쟁이 난 것도 아닌데 부자, 형제가 서로 떨어져 사는 고통이었다.

　여름이 다가오면서 모여드는 모기떼와 함께 정약용을 잠 못 들게 하는 몇 가지가 있었다. 잠자리에 들려 하면 정조 생각이 자꾸 나 잠을 이룰 수 없었다. 정약용을 알아준 정조는 단옷날이면 부채를 선물해주곤 했다. 긴 여름을 시원하게 보내라는 뜻이었다. 또한 옥당玉堂에 들면 정조는 꼭 시를 짓게 했다. 그럼 정약용은 고사故事와 연결해 자신의 생각을 말하기도 하고 임금의 잘못을 밝혀 문장으로 화답하기도 했는데, 그때마다 정조는 좋은 문장이라며 상으로 붓을 주거나 재앙을 물리치라는 의미로 붉은 글씨로 주부朱符(부적)를 써서 내려주었다. 장기현의 여름밤은 정조와 함께했던 애절한 추억을 떠올리게 해 정약용을 자주 눈물짓게 했다.

　어린 딸도 유독 많이 생각났다. 이제 여덟 살을 넘긴 딸은 단옷날이면 옥 같은 얼굴을 씻은 뒤 붉은 모시 치마를 입고 푸른 창포를 꽂은 채 웃음을 지어 보였다. 절하는 방법을 익히고는 단아한 모습으로 아비에게 술잔을 올리고 상냥한 표정을 짓던 딸이었다. 그런 예쁜 딸이 생각나는 밤이면 그립고 보고픈 마음에 아비는 잠들지 못했다.

　고향 집이 있는 열수洌水(지금의 경기도 남양주 조안면 마현)의 유산酉山도 그리웠다. 정약용은 채소밭이 있는 유산에서 농장을 가꾸며 살고 싶다는 꿈이 있었다. 그리고 열수는 낙동강 건너, 높은 새재 너머 멀리 있지만 자신의 답답한 마음을 풀 수 있는 유일한 곳, 하늘을 나는 독수리처럼 훌쩍 날아갈 수 있다면 금방이라도 날아가고 싶은 곳이었다.

　이렇게 지난 일과 가족이 떠오를수록 정약용의 마음은 착잡해졌다. 그가 형제와 친척에 대한 그리움을 칡과 연결해 표현한 것도 이즈음이었다. 칡잎이 뿌리를 덮고 있는 모습은 마치 아버지가 자식을 감싼 것과 같았다. 산등성이까지 올라간 칡이 여러 갈래로 나뉘어 뻗어나가는 모습을 보면서는 형제들을 생각했다. 시냇가에서 덩굴을 이루어 쭉쭉 뻗어나가는 모습은 번성하는 후손들 같았다. 자신을 돌봐주던 숙부들도 연상되고, 같은 뿌리에서 갈라져 나와 함께 자란 형제들의 모습도 떠올랐다.

배꽃 가득 핀 고향 집을 먹으로
그려보다

　1801년 6월 하순 어느 날, 유배지에서 홀로 지내던 정약용의 마음은 타들어가고, 누를 수 없는 근심이 몰려왔다. 볼 수 없는 사람들이 자꾸 떠올라 맛있는 음식을 먹을 수도, 말을 할 수도 없었다. 그런 아버지의 마음을, 남편의 심정을 알았을까? 얼마 후 아들이 편지와 함께 밤을 부쳐왔다. 중국 동진東晋의 시인 도연명陶淵明이 아들 다섯 모두 학문은 좋아하지 않고 배와 밤 등 과일만 좋아한다고 한탄한 것보다 낫다며 정약용은 은근히 두 아들을 자랑스러워했다.

　밤은 우리나라 어디서나 주울 수 있는 흔한 열매다. 뭐 이런 것을 보냈나 싶기도 하지만, 정약용은 800리 밖 아버지의 배고픔과 외로움을 생각해 보냈다는 사실을 잘 알고 있었다. 아버지를 걱정하는 두 아들의 마음이 어여뻐 기쁨이 컸다. 그래서인지 밤을 삼키면 목이 메었다. 그는 잠시 고개를 들어 하늘을 바라봤다. 밤을 가져온 사람을 통해 집안 소식도 전해 들었다. 정약용 자신이 아녀자들도 놀지 말고 누에를 치라고 말한 바 있지만, 남편과 아버지가 없는 상황에서 아내와

정약용의 고향 마현과 송정을 그린 이건필의 「두강승유도(斗江勝遊圖)」, 실학박물관 소장.

자식들이 누에를 치며 지낸다고 했다. 예전부터 아내가 부지런하다는 것은 알았지만 왠지 마음이 짠했다.

정약용은 이 일 저 일 가리지 않는 아내가 풍비박산 난 집안의 대소사를 도맡아 처리하면서 남편이 유배 간 이후 봄이 오자 누에를 치기 시작한 것이라고 생각했다. 여덟 살 딸에게 뽕을 따오게 하고, 두 아들에게는 누에를 치는 데 쓰는 채반을 만들어 누에시렁을 층층이 올리는 일을 시키면서 생계를 꾸려가는 아내의 모습이 그려졌다.

아내는 쪽물을 들여 책도 매었다고 한다. 책을 매었다는 것은 글을 짓거나 쓰기 위함이다. 본인이 글을 쓰려는 것이 아닐 텐데도 쪽물을 들여 책을 매었다는 소식에 그는 아내가 이길 수 없는 걱정과 근심을 잊으려고 한 일임을 금세 알아차렸다. 그는 아내에게 무엇이라도 하지 않으면 잠시도 견딜 수 없는 울분이 있지는 않은지 걱정되었다. 이런저런 소식을 듣고 나니 집이 더욱 그리웠다.

정약용은 가만히 붓을 들었다. 보고 싶고 가고 싶은, 그러나 갈 수 없는 고향 마현의 모습을 그리기 시작했다. 유배지 주변에는 그림을 그리는 화가가 없었다. 그래서 이제까지 한 번도 그림을 그려보지 않았지만, 할 수 없이 직접 해보기로 했다. 초보 화가이니 당연이 붓놀림이 서툴러 먹물이 여기저기로 튀었다. 방바닥은 금세 먹탕이 되었다. 다시 먹을 갈아 몇 번이나 그리고 또 그렸다. 손에 점점 익어가면서 종이에는 마현의 산과 고향 집 한강의 모습이 제법 그럴듯하게 자리 잡았다. 그제야 비단에 옮겨 그린 뒤 방 윗목에 걸어두고 한참 동안 그림을 바라봤다.

그림 속에는 푸른 산줄기를 휘감은 철마산鐵馬山, 한강을 가로지르며 날아오르는 물오리, 깎아지른 기암절벽인 쌍부암雙鳧巖, 푸른 갈대가 우거진 쪽자섬藍子洲(남자주), 맑은 모래 아래 석호정石湖亭, 필탄筆灘을 거쳐 귀음龜陰나루로 지나는 나룻배들, 구름에 싸인 검단산과 멀리 보이는 백병봉, 두 물이 합쳐져 거세게 흐르는 열수, 소나무와 회나무가 높이 서 있는 망하정望荷亭, 가득 핀 배꽃에 둘러싸인 집이 그려져 있었다. 그림 속 '배꽃이 핀 집'이 고향 집이었다. 정약용은 눈앞에 고향 집이 있으니 무척이나 기뻤다.

그러나 기쁨도 잠시, 정약용은 다시 주변을 서성댔다. 고향과 집의 모습은 있지만 정작 주인인 자신은 그림에 없었기 때문이다. 자기 집에 들어갈 수 없는 현실에 마음이 아파왔다.

정약용이 직접 고향 집을 그린 「쇠내도苕川圖」는 지금 찾을 수 없지만, 고향을 그리워하던 그의 마음은 그대로 전해지고 있다.

장기현 사람들의 일상과 풍습을
기록하다

정약용은 기록하는 습관이 있었다. 그 습관은 유배지에서도 계속되었고, 제자들에게까지 이어졌다. 이는 곧 정약용과 제자들의 학문 정신을 연결하는 고리이기도 하다.

정약용은 장기현 사람들의 일상을 관찰해 언어상 특징이나 풍습은 물론, 그들에 대한 평가까지 기록했다. 그중 정약용에게 가장 인상적인 부분은 방언, 특히 여인들의 말씨였다. 처음에는 마치 싸움을 하는 것처럼 들렸는데, 나중에는 소리가 크고 어조까지 높은 장기현 여인들의 말투가 애교스럽고 정감 있게 느껴졌다.

장기현 사람들이 '며느리'를 '아가兒哥'라고 부르는 것도 특이하다고 생각했다. 표현도 흥미로웠지만, 정약용은 그녀들의 삶에 담긴 사연에 더욱 주목했다. 장기현의 아가(며느리)들은 어린아이부터 나이 많은 노인까지 부지런히 일했다. 그들의 돈벌이 수단은 물질로, 깊은 바다에 들어가 전복을 땄다. 그러나 정작 그들은 전복을 먹지 못했다. 그들이 목숨을 걸고 채취한 전복이 서울로 올라가 부자들과 권세가의 술안주가 된다는 사실을 알게 된 정약용은 깊은 한숨을 내쉴 수밖에 없었다.

정약용은 장기현의 아이들과 노인들도 관찰했다. 아이들은 줄곧 뜰에 앉아 꼼짝도 않은 채 보초를 서듯이 했다. 깜찍한 노란 병아리들이 솔개한테 물려가지 않도록 지키는 것이었다. 여인들은 잡초를 뽑아낸 자리에 열심히 삼밭을 매고 가꾸었다. 쑥대머리를 한 할머니들은 힘겹게 물레를 돌렸고, 할아버지들은 그 옆에서 굼뜨다는 할머니의 꾸중을 들으며 풍로에 불을 붙이고 물레를 고쳤다.

장기현의 풍습도 기록했다. 그중 하나가 대나무 심기였다. 5월 13일이 되면 장기현에서는 대나무를 심었다. 대나무는 여러 용도로 쓰였는데, 그가 거처하는 집의 담도 대나무였다. 정약용도 대나무를 좋아해 주민들과 함께 가지와 잎이 다치지 않도록 조심스레 대나무를 뿌리째 옮겨 심었다.

농촌, 어촌 가릴 것 없이 어디를 가나 보릿고개는 넘기 힘들었다. 장기현도 예외는 아니었다. 누구나 '풋보리죽(청초靑麨) 한 사발'을 그리워하는 시기가 되면 모내기하는 농군들의 노랫가락은 더욱 애절했다.

정약용은 장기현의 특산물인 노란 모시도 흥미롭게 봤다. 모시는 경주 일대에서 많이 나왔다. 노란 모시는 단목丹木으로 염색하는 특별한 모시로, 이곳 아낙네들은 하얀 모시로는 적삼을 만들고 노란 모시로는 치마를 만들어 장롱 깊이 넣어두었다가 추석이 되면 꺼내 입었다. 여기에는 가을 추수를 기다리는 마음이 담겨 있었다.

장기현과 경주 사람들은 비가 부슬부슬 내리는 날 새벽이면 담배 모종을 담 밑에 옮겨 심었다. 예부터 영양현英陽縣(지금의 경상북도 영

양군)은 좋은 담배가 많이 나기로 유명했다. 마당 한켠에 배추도 심었
는데, 벌레가 갉아먹어 구멍이 숭숭 뚫린 거친 배추라 품질은 좋지 않
았다. 서울 훈련원 앞의 배추 키우는 법(당시 훈련원이 자리한 지금의 을
지로5가는 배추를 제일 많이 재배하고 품질도 좋았음)을 알려주고 싶을 정
도였다.

장기현 사람들은 상추에 보리밥을 싸 먹고, 고추장에 파뿌리를 찍
어 먹었다. 풍족하지 않은 삶이었다. 그런데도 관에서는 백성들을 끝
없이 수탈해갔다. 정약용은 장기현 사람들이 호박을 심으면서 수박
은 심지 않는 것이 이상했다. 나중에 알고 보니 아전들이 트집을 잡고
시비를 걸까 봐 수익률이 높은 수박 대신 호박만 심는 것이었다. 그
는 또한 어촌에 사는 사람들은 넙치를 잡는 족족 말려 관가에 바쳐야
하고, 일본으로 보내는 세미稅米(세금으로 내는 쌀) 운송에 쓴다는 명목
으로 농촌에 꼭 필요한 소를 마을 이장이 찾아와 끌고 가기도 한다는
사실을 알게 되었다. 한숨이 절로 나왔다.

고달픈 농촌 생활이지만 낙원은 있었다. 보리타작을 하는 추수 마
당이 바로 낙원이었다. 새로 거른 하얀 막걸리와 머슴밥이라고 해도
될 만큼 큰 사발에 가득 담긴 보리밥을 먹은 뒤 사람들은 도리깨를
들어 타작을 했다. "어~영차, 어~영차" 소리를 내며 농부들은 서로
발을 맞췄다. 함께 주고받는 노랫가락이 점점 높아지고 타작한 보리
이삭이 쌓일수록 농부들의 낯빛은 밝아졌다. 보릿고개를 넘던 고단함
과 노동의 힘겨움이 단박에 날아가는 듯했다. 세상의 낙원은 여기에
있었고 정약용도 함께 즐거워했다.

정약용은 집 뒷산 아래에 밭을 일궈 오이를 심었다. 서울에서 관료
생활을 할 때도 시골에서 과수원을 운영하고 싶다는 소망이 있었다.

정조가 승하한 후 고향으로 돌아가 처음 하려고 했던 것도 과수원이었다. 그때 쟁기는 물론, 호미 같은 농기구까지 대부분 마련해놓은 상태였다. 아내와 자식들에게 항상 말해온 소망이건만 귀양을 오게 되어 실행하지 못하고 말았다. 그 아쉬움을 유배지에서 조금이나마 달랠 수 있었다.

하루해는 길고 시간은 멈춘 듯했다. 늘어가는 것은 흰머리뿐이었다. 초저녁별이 뜨는 것과 같이 처음에는 하나 둘 셀 수 있을 정도로 드문드문 흰머리가 나더니, 네 개를 넘어가는 순간부터 갑자기 바둑판 위 바둑알처럼 많아졌다. 이제는 턱 밑 수염까지 허옇게 변해가고 있었다. 뽑아서 될 일이 아니었다. 백발 신선이 되기를 바라는 것이 더 빠를 듯했다.

그렇게 정약용은 장기현의 일상 속으로, 세월의 깊이 속으로 점점 들어가고 있었다.

여름날 갈증을 풀어줄 오이를
얻다

　유배지의 첫여름은 장맛비로 시작되었다. 비가 오기 전에는 대나무 잎이 먼저 뒤집어졌다. 동해 작은 어촌 마을에 세찬 바람이 불더니 멀리서 먹구름이 몰려오고 이내 비가 내리기 시작했다. 문짝이 흔들거리고 방 안의 책갈피가 날릴 정도로 바람은 세찼고, 장맛비는 거셌다. 장마에 이것저것 걱정도 되었지만 퍼붓는 장맛비는 정약용의 걱정이 별것 아니라며 마음을 달래주는 듯했고, 한때나마 근심을 시원하게 날릴 수 있었다.

　이웃에 나이 든 노인이 살았는데 꽤나 정감 있는 사람이었다. 노인은 장터에서 오이를 사왔다며 정약용에게 여름날 갈증을 풀라고 하나를 건넸다. 그 오이는 금이나 수정보다 귀하고 맛도 최고였으며 향기 또한 좋았다. 얼마나 좋았던지 정약용은 조상의 제사상에까지 오이를 올렸다. 오이는 근심과 걱정에 빠져 있던 정약용에게 계절이 여름으로 바뀌었음을 알려주었다.

　정약용은 유배지에서 농작물 재배 방법에 관심을 가졌다. 한 포기라도 잘 가꾸면 실한 열매를 맺었고 덩굴끼리 접목하면 그 성과는 더욱 좋았다. 농사일을 하면 할수록 마음도 맑아졌다. 세속의 욕심이 줄고 공명심에 속 태울 일도 없었기 때문이다. 농사지은 오이를 시장에 내다파는 대신 소금에 절였는데, 절인 오이는 오래 두고 먹을 수 있어 가난한 사람에게는 오히려 유용했다. 가끔 울타리를 넘어와 오이를 훔쳐 먹는 아이들이 있어 얼굴을 찌푸리곤 했지만, 술빚을 갚을 만큼은 되었다. 더욱 좋은 점은 사람들의 원성을 살 일이 없다는 것이었다.

정약용은 계절이 바뀌자 고향에 있는 두 아들에게 편지를 보냈다. 농사에 필요한 소나, 하찮은 식물이긴 해도 잎과 뿌리를 모두 먹을 수 있어 사람들이 좋아하는 봉비葑菲(순무)를 기르라 이르고, 오이도 심어보라고 권했다. 모함에 빠지고 재산을 모두 빼앗겼어도 책은 남아 있으니 공부를 게을리하지 말라고도 덧붙였다. 또한 고향 마을에는 늙은 농부들이 이웃하고 있으니 그들과 다정하게 지내면서 농사일을 묻고 농서農書도 참고해 좋은 농법을 골라낸 뒤 시험해보라고도 했다. 이런 아버지의 가르침은 아들들에게 전해져 고향에서 실천되었다.

서울 생활의 추억을 잊으려 한바탕 소리를 지르다

뜨거운 여름 내내 갇혀 지내야 하는 유배지의 상황은 병들어 누워 있는 환자가 숨통이 꽉 막히는 것 같은 느낌을 주었다. 정약용은 답답함을 달래려 여름을 났던 추억 속 서울의 장소들을 떠올리곤 했다.

창의문彰義門 앞 돌길, 하늘 가운데 꽂혀 있는 듯한 삼각산 봉우리, 마음까지 시원하게 해주는 시냇물, 복숭아와 참외를 물에 띄워놓고 노닐다 석양이 깔리고서야 돌아왔던 돈의문敦義門 밖 천연정天然亭, 용산을 지나는 돛배와 독서당이 있던 유하정流霞亭, 정조와의 인연이 생각나는 춘당대 북쪽 서향각書香閣, 돌아가신 선친과도 오르고 정조와도 수원화성 가는 길에 올랐던 읍청루挹淸樓, 이귀李貴 등 인조반정仁祖反正에 참여한 사람들이 반정을 모의한 후에 칼을 씻어 칼집에 넣었다고 하는 세검정洗劍亭, 노량진 토성과 물가 언덕에 서 있어 정조가 화성행궁에서 돌아올 때면 언제나 쉬었다가 배에 올랐던 망해정望海亭 등이다.

정약용이 병조兵曹에 있을 때 설계에 참여했던 배다리, 창덕궁의 요금문耀金門 밖 황단皇壇(숙종 때 임진왜란 당시 파병해준 명나라 황제와 군사들을 위해 제사를 지내던 제단)·주합루宙合樓(창덕궁의 후원)와 마주 보고 있어 대낮에도 요란하고 녹음이 짙었던 군자정君子亭도 있다. 그리고 경복궁 서쪽, 선희궁宣禧宮 위쪽에 자리해 정조와 함께 1년에 한 차례씩 꽃구경을 간 세심대洗心臺 등에서는 꽃잎이 떨어져 시내가 온통 꽃더미가 되곤 해서 그 물에 술잔을 띄웠다. 여기에 정조는 '독보獨步'라고 적은 휘호를 걸고 시 짓기 대회도 열었다. 정약용은 이때 재주를 인정받았다. 지금은 유배인 신세이고 정조가 승하한 지 1년이 넘었지만 아직까지 그 사실이 믿기지 않는 정약용에게 서울은 임금과의 추억 그 자체였다.

정약용은 자신의 버팀목이 되어준 정조와 토론하고 친우들과 여행한 추억의 장소들이 생생히 기억났다. 그 장소들은 그대로 서울에 남아 있었다. 그리움이 깊어져 하릴없이 문을 걸어 잠근 채 소리 내 책을 읽어보고, 추억은 추억일 뿐 아무런 소용이 없다고 마음도 다잡아보지만 그럴수록 옛일이 더 생각나고 현실이 슬프게 느껴질 뿐이었다. 그래서 한바탕 소리 지르며 발광해보기도 했다.

이렇게 그는 한편으로는 그리운 추억을 잊으려, 한편으로는 자신의 처지를 받아들이려 애쓰며 무더운 여름을 보냈다.

가을이 깊어가고 둘째 형이 더욱
그립다

장기현의 가을은 고향 마을 앞에 있는 남자주藍子洲의 석호石湖를 떠올리는 것에서 시작되었다. 고향 사람들은 남자주를 '쪽자도' 또는 '족자도', '족자섬'으로 불렀다. 그 남자주의 서쪽에 석호가 있었다. 강가에 연무煙霧가 깔리고 갈대에 비가 내리면 희뿌연 풍광이 연출되는데, 고향 마을의 대표적인 가을 풍광이었다. 정약용은 어디에도 갈 수 없는 처지인지라, 고향 마을 강가에서 즐겼던 낚시가 또 하나의 소원이 되었다.

가을이 되자 탱자가 공놀이하기에 적당한 크기로 익었다. 공터에 모인 아이들은 탱자로 공놀이를 했다. 늙은 할아비가 한쪽에 앉아 그 모습을 흐뭇하게 바라봤다. 굼벵이, 개똥벌레가 사라지고 가을 벌레들이 사방에서 울어댔다. 겨울이 온다고 소리 지르는 것 같았다.

점점 추워지는 날씨에 정약용은 신지도에 있는 둘째 형을 걱정했다. 정약전은 사는 것이 죽는 것보다 낫다고 동생을 위로했지만, 정약용은 만날 수 없는 처지라는 점에서 죽은 것이나 진배없다며 괴로워했다. 누가 끼니를 챙겨주고 있는지, 보낸 편지는 잘 받았는지, 조카는 찾아왔는지, 풍속은 어떤지 궁금하고 걱정도 되었다. 이제 지하에서나 만날 수 있을 것이라고 생각하니 슬픔이 밀려왔다. 푸른 파도를 넘어 어디든 갈 수 있는 기러기가 부러웠다. 가을바람에 흘러가는 흰 구름처럼 훌쩍 날아 형이 있는 곳으로 가고 싶었다.

대추가 익으면서 가을도 깊어갔다. 바람 소리는 스산했고 날씨는 쓸쓸했다. 이즈음 정약용은 글을 많이 보지 못했다. 깊은 고민 탓에 마음의 평온을 잃을까 싶어 문장이나 시도 자주 짓지 않았다. 좋지 않은 꿈만 연일 계속 꾸었다.

팔이 저려 고통스러운 나날을
보내다

1801년 9월 3일, 정약용은 고향에 있는 두 아들에게 편지를 보냈
다. 아내와 큰형이 마음고생으로 많이 야위었으리라 생각했고, 신지
도에서 유배 생활을 하는 둘째 형의 소식을 6개월 넘도록 듣지 못했
기 때문이다. 육지에 사는 자신에 비해 섬에서 생활하는 둘째 형의 고
생이 이루 말할 수 없을 것이라 짐작했다. 그래서 정약용은 두 아들에
게 둘째 큰어머니를 어머니처럼 대하라고 간곡히 일렀다.

한편, 정약용은 혹시 아들들이 나태해지거나 자포자기할 것을 염려
해 편지로 책 읽기를 독려했다. 두 아들에게 겨우내 『상서尚書』와 『예
기禮記』를 읽고, 『논어』, 『맹자』, 『중용』, 『대학』 등 사서四書와 『사기史
記』도 익숙하게 읽으라고 주문했다. 그리고 역사에 관한 주장이나 이
론인 사론史論을 지으라고 권했다. 두 아들에게 유교 경전과 『사기』를
읽고 역사 작문을 하라고 요구한 것은 근본을 두텁게 배양하고 미사
여구로 꾸미는 데 힘쓰지 않기를 바라는 마음에서였다.

정약용은 이 편지를 쓰면서 자신의 학문 자세도 두 아들에게 전했

다. 그가 유배지에서도 학문을 중단하지 않고 글쓰기를 계속한 이유는 두 가지 정도였다. 눈앞의 근심을 잊으려는 것이 첫 번째 이유였고, 가문이 풍비박산 나는 단초를 제공한 만큼 이를 부끄럽게 여기고 학문을 통해 자질子姪들에게 속죄하는 마음을 가지려는 것이 두 번째 이유였다.

사실 정약용은 팔이 저려 글씨를 쓸 수 없을 만큼 몸이 좋지 않았다. 그럼에도 붓을 든 것은 아버지로서 두 아들이 독서의 중요성을 간과하지 않고 노력해주길 바라서였다.

다시 잡혀 서울로
압송되다

　1801년 계절이 바뀌어 겨울이 시작되는 초입에 정약용은 또 한 번 큰 시련을 만났다. 10월 20일 밤 갑자기 체포되어 서울로 압송되었고, 10월 27일 옥에 갇혔다. 그의 조카사위인 황사영黃嗣永의 백서사건帛書事件에 연루되었다는 혐의를 받은 것이었다. 황사영은 정약현의 사위로, 열일곱 나이에 진사에 합격해 시험관들을 놀라게 하고 정조로부터 학문적 재능이 뛰어나다는 칭찬을 들을 만큼 촉망받는 인재였다. 그런 그가 천주교에 빠져 조선 천주교회의 부흥을 꾀한다며 중국에 백서帛書(밀지)를 보내려 했다. 이른바 '황사영 백서사건'이다.

　황사영은 밀지에 조선 천주교회가 박해받은 실정을 자세히 설명하고 천주교의 부흥책을 호소하면서 군사를 일으켜 조선을 구원해달라고 쓴 뒤 사신단을 통해 중국 천주교회 북경교구에 보내려 했다. 즉 황심黃沁과 옥천희玉千禧로 하여금 10월에 떠나는 동지사冬至使(사절 또는 사신) 일행에 끼어 북경교구 주교에게 전달하게 할 계획이었으나 도중에 발각되고 말았다. 정약용의 정적들은 이 사건을 빌미로 그를 다시 제거하려 했다.

11월의 밤공기는 차가웠고 바람까지 불어 밖은 서리로 가득했다. 감옥을 지키는 아전들도 정약용이 무죄라는 사실을 아는데 높은 벼슬아치들만 어리석은 것인지 억지를 부리고 있었다. 정약용과 정약전은 감옥에서 살아나간다 해도 서로 만날 수 없음을 알기에 가슴이 더욱 미어졌다. 정약용은 감옥에서 모진 고초를 겪은 뒤 11월 5일 강진현康津縣으로 유배지를 옮기게 되었다. 둘째 형 정약전도 흑산도黑山島로 유배 장소가 바뀌었다.

옥고를 치르고 나온 정약용은 자신에게 닥친 일들을 운명이라 여기려 했으나, 그러기에는 고통이 너무 컸다. 세상천지 어디에도 의지할 데가 없었다. 정약용은 이 사건이 이기경 등이 주동해 꾸민 짓이라는 것을 알았지만 할 수 있는 일이 하나도 없었다. 이런 일이 벌어진 이유를 곰곰이 생각하던 그는 공부를 통해 옳고 그름을 분별할 수 있게 되고, 선하게 살아야 한다는 신념을 실천에 옮겼기 때문이라고 자조했다. 공부하지 않았더라면 남의 잘잘못을 따지지 않았을 것이고, 남과 시비를 가리지 않았더라면 원망을 듣지 않고 모함도 받지 않았을 테니, 이 모든 것이 문자를 배우고 삶에 대한 고민과 함께 참 공부를 했기 때문이라는 생각이 들었다.

고을을 순시할 때도 자신의 먹을거리를 직접 챙겨 다니며 백성들에게 피해를 주지 않아 궁중 수졸守卒들까지도 그를 '곡산도호부사谷山都護府使 정공丁公'이라는 별명으로 부를 만큼 관리의 표본으로 일컬어지던 정약용이 또다시 유배의 시련을 겪게 되었으니 인생에 회의가 드는 것은 당연했다. 하지만 생애 전반에서 볼 때 정약용이 옳은 것을 실천하고자 하는 자세를 포기한 적은 한 번도 없었다.

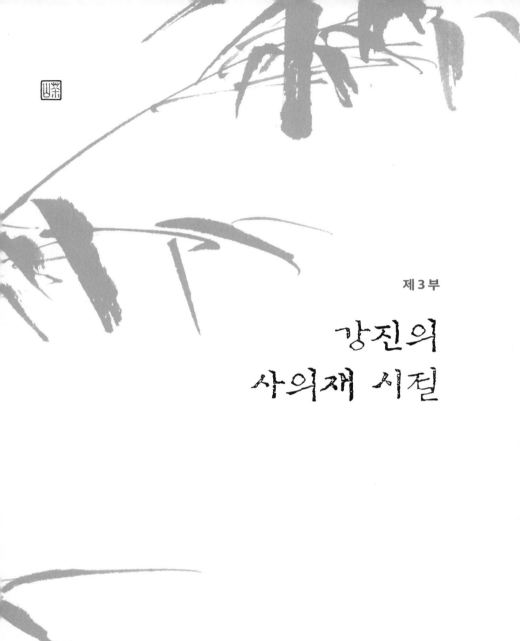

제3부

강진의
사의재 시절

다시 낯선 유배 길을 걷다

1801년 11월 5일, 감옥에서 나온 정약용의 새로운 유배지는 강진 (옛 탐진)으로 정해졌다. 그는 한 해에 두 번이나 유배를 가게 되자 참담했다. 하루 앞도 점칠 수 없게 된 그는 지친 몸으로 숭례문을 나와 동작銅雀나루로 향했다. 이 길은 정조와 함께 수원화성으로 갈 때 지났던 길이기도 했다. 또다시 떠나는 유배 길이었지만, 그래도 강진이 작은 마을이라 혹시나 둘째 형과 자주 만날 수 있지 않을까 하는 기대가 있었다. 이 기대는 유배 길의 작은 위로가 되었다.

날이 이미 어두워진 다음에야 형제는 청파역靑坡驛(지금의 서울 청파동)을 거쳐 동작나루의 모래사장을 더벅더벅 걸었다. 말발굽 소리에 기러기가 날아가고, 차디찬 겨울바람이 휘몰아쳤다. 동작나루에서 배를 타고 한강을 건넜다. 차가운 날씨와 세찬 바람에 강물은 얼어붙고 있었다. 뱃사공은 손이 시린지 연신 손가락을 호호 불어댔다. 파도는 출렁이고 물결 소리는 점점 높아졌다. 한밤이 되자 물속에서 용이라도 튀어나올 것 같았다. 유배를 떠나는 정약용의 괴롭고 두려운 마음을 아랑곳하지 않는 듯 하늘에서는 북두칠성과 북극성이 밝게 반짝였다. 그는 고개를 돌려 남산 쪽을 바라보면서 하염없이 눈물을 흘렸다.

정약용과 정약전은 얼마 후 남태령을 넘어 과천에 도착했다. 동작나루 쪽에 달이 떠올랐다. 하늘을 나는 기러기도 가족에게 돌아가는데, 자신만 가족과 점점 더 멀어지고 있다는 생각이 들었다. 두 형제는 이별의 순간이 다가오고 있음을 직감했다.

형제는 슬픔 속에서 걷고 또 걸었고, 어느새 금강에 도착했다. 해는 서쪽으로 넘어가고 있었다. 붉은 노을 속으로 겨울 강바람이 차갑게 불어왔다. 강을 건너고자 붉게 물든 배를 탔다. 24년 전인 1777년 이맘때 겨울이 생각났다. 그때 정약용은 아내 홍씨와 화순으로 내려가기 위해 금강을 건넜다. 24년 전 일이지만 기억이 새록새록 났다. 아내 없이 혼자 건너는 배 안에서 아내 걱정까지 더해지자 그의 수심은 더욱 깊어졌다.

정약용과 정약전은 삼남三南(충청도·전라도·경상도)으로 가는 길을 따라 금강을 건너고 은진, 삼례, 정읍을 거쳐 나주 율정栗亭에 도착했다. 율정은 나주 관아의 북쪽에 위치한 곳이었다. 강진으로 가는 길과 흑산도로 가는 길이 나뉘는 갈림길이기도 했다. 그날 밤 형제는 율정 주막집에 함께 묶었다.

율정 주막집은 등불이 깜박깜박하는 초가집이었다. 정약용과 정약전은 이른 새벽에 눈을 떴다. 아니, 둘 다 잠을 이루지 못했다. 형제는 여기서 이별해야 했기에 말없이 서로 눈만 껌벅였다. 목에 힘을 주어 목청을 가다듬으려 애써봤지만 말은 나오지 않고 오열만 이어질 뿐이었다. 정약용은 머나먼 절해고도에서 홀로 지내야 하는 형을 바라보자 눈물만 쏟아졌다. 소문에 따르면 흑산도에는 어마어마한 고래와 지네, 독사 등이 가득하다는데 형이 앞으로 고생할 것을 생각하니 걱정이 앞섰다. 만남의 기쁨도 잠시, 형제는 또다시 헤어지게 되었다. 정약전은 흑산도로, 정약용은 강진으로 향했다.

강진에 도착한 정약용을 맞이한 것은 흩날리는 눈보라와 매서운 북풍이었다. 강진에서는 우선 주막집에 머물기로 했다. 수심이 깊어지니 술이 없으면 긴 밤을 견딜 수 없었다. 그나마 정약용의 근심을 조금이나마 덜어주는 것이 있었으니, 바로 눈밭에 핀 동백꽃이었다.

강진 동문 밖 주막에 거처를
정하다

　1801년 11월 말, 강진에 도착한 정약용은 동문 밖 주막에 머물게 되었다. 이곳 사람들은 죄인으로 온 정약용을 모두 두려워해 문을 닫아걸었고, 아무도 편하게 맞아주지 않았다. 동네 사람은 고사하고, 그 전부터 친분이 있던 이들조차 그와 만나거나 연락하기를 꺼렸다.

　사실 정약용과 관계된 사람은 모두 연루자로 지목되어 감옥에 붙잡혀 들어가곤 했다. 강진의 윤서유尹書有도 그중 한 명이었다. 윤서유는 서울로 유학 갔을 당시 정약용과 친분을 맺었다는 이유로 강진에서 붙잡혀 옥살이를 하게 되었다. 증거가 없어 풀려났지만, 정약용이 강진에 도착한 이후 윤서유가 만나기를 두려워해 서로 얼굴을 보지 못했다.

　그러다 얼마 지나지 않아 윤서유가 부친 윤광택尹光宅의 명을 받아 사촌 동생 윤시유尹時有를 통해 몰래 안부를 전해왔다. 이후 윤광택은 엄한 경계를 피해 술과 고기를 보내어 정약용을 위로했다. 친구의 아들이 곤궁한 처지가 되어 강진 고을에 의탁하고 있는데, 먹을거리

를 제공하지는 못할망정 세상의 눈이 두렵고 무섭다는 이유로 문유問
遺(안부를 묻고 물건을 선물함)까지 없을 수는 없다며 위로를 전한 것이
었다.

　이때부터 윤서유가 간혹 밤에 찾아와 함께 옛일을 떠올리고 그간
다져온 우의를 이야기하는 등 만남을 지속했지만, 관아의 감시와 단
속이 심해 다른 이들은 만나지 못했다. 마침 그 무렵 예전에 조정에
함께 있었던 전 교리校理 김이재金履載가 강진 고이도皐夷島(지금의 고
금도)에서 귀양살이를 하고 있었다. 김이재는 규장각에 근무할 때부
터 정약용과 알고 지낸 사이였다. 정약용은 강진 현감 이안묵李安默이
김이재와 외척 관계라는 것을 알고 있었기에 김이재에게 편지를 보
냈다. 강진 관아의 감시가 워낙 심하고 무자비하니 도움을 달라고 부
탁한 것이었다. 이 소식을 들은 김이재가 힘을 써주어 정약용은 강진
관아의 아전들과 병졸들의 엄격한 통제로부터 어느 정도 벗어날 수
있었다. 이때부터 윤서유와 조금은 편하게 왕래할 수 있게 되었다.

　이런 인연으로 윤서유의 아들 윤창모尹昌謨(후에 윤영희尹榮喜로 개
명)는 정약용에게 경전과 역사를 배웠고, 그 뒤 정약용의 딸과 혼인
했다.

폐족이지만 성의를 다하고 부지런히 힘쓰라

1802년 2월 7일, 정약용은 두 아들에게 편지를 보냈다. 앞서 아들이 부쳐온 편지에 대한 답장이었다.

정약용은 둘째 아들 학유의 글솜씨가 차츰 발전하고 문장력 또한 나아지고 있다고 칭찬했다. 그러면서 가장 중요한 점은 자포자기하지 않는 것이라고 강조했다. 폐족廢族이 된 이후 두 아들이 의욕을 잃고 좌절한 나머지 스스로 인생을 포기하지 않을까 걱정되었기 때문이다.

실의에 빠진 두 아들에게 아버지로서 구체적인 실천 방법도 일렀다. 바로 '극의근력極意勤力(성의를 다하고 부지런히 힘쓰라)'으로, 이는 책을 읽고 베끼며 글 짓는 일을 멈추지 말라는 뜻이다.

정약용은 실의에 빠져 있을 두 아들에게 '폐족'이라는 단어를 거리낌 없이 썼다. 그는 자신의 불우한, 불행한, 불편한 현실을 인정하는 데서 진정한 발전이 시작되는 것은 예나 지금이나 마찬가지며, 지금의 어려움이 자신의 잘못보다 정의롭지 못한 사람들의 모함에서 비롯된 것인 만큼 부끄러움보다 올바른 현실 인식이 필요하다고 생각했다. 이에 두 아들에게 글을 배우지 않고 예의가 없는 사람이 되어서는 안 된다고 강조하는 한편, 폐족이기에 다른 사람들보다 더 많은 공력을 기울여야 한다고도 힘주어 말했다.

정약용은 유배지에서 비록 고통을 겪고 있지만 두 아들이 열심히 책을 읽고 몸가짐을 잘한다는 이야기를 전해 들으면 힘이 났다. 이에 두 아들에게 학문을 진전시키기 위해 4월에 말을 사서 그 말을 타고 아비를 찾아오라고 편지에 썼다.

아들이 술 한 단지와 편지를
보내오다

첫 유배지 장기현과 두 번째 유배지 강진은 첫인상부터 사뭇 달랐다. 정약용은 강진에 도착한 이후 해가 바뀌고 봄이 올 때까지 시간이 어떻게 가는지조차 몰랐다. 아무리 폐족임을 인정한다 해도 원망과 좌절이 너무 커 아무것도 할 수 없었다. 세상 모든 것이 보기도 싫었다. 그래서 방문조차 열지 않았고 아침에 눈을 뜨면 이불도 제대로 개지 않았다. 봄이 한창인 어느 날, 문득 새소리를 듣고 봄이 온 줄 알았다. 하지만 정약용의 마음은 여전히 얼어붙어 있었고, 비만 와도 고향집이 생각났다. 그러던 차에 고향 집에서 소식이 왔다.

편지를 전해준 아이는 800리 길을 걸어왔다. 편지에는 집안 사정 등이 적혀 있었다. 아들은 유배지에서 무료하게 지낼 아버지를 걱정해 의서에 나온 대로 술 한 단지를 빚어 보내왔다. 아버지 없이 혼자 의서를 공부해 술을 빚었다고 생각하니 대견했다. 그 아들이 농서를 활용해 생활을 꾸려나가고 있다는 사실도 알게 되어 그것 또한 기뻤다.

철 지난 겨울옷을 그대로 입고 있는 남편의 궁색함을 헤아린 아내가 남편 걱정에 옷을 수선해 보내왔다. 남편이 좋아하는 붉은 찰밥도 싸서 보냈다. 편지에는 살림이 넉넉지 않아 집에 보관하던 철투호鐵投壺(투호 놀이에 쓰는 철로 만든 병)를 팔았다는 소식도 들어 있었다. 정약용은 아내와 자식들이 어떻게 지내는지 형편을 알고 나니 마음이 편치 않았다. 답장을 쓰려는데 말이 이어지지 않았다. 그저 한다는 말이 "뽕나무 수백 그루를 심어라"는 부탁 정도였다.

강진이 남녘이라지만 아직 산에는 눈이 쌓여 있고, 강은 꽁꽁 얼어 있었다. 문한文翰(문필에 관한 일)의 전통을 대대로 이어온 가문의 후손이건만, 집안은 풍비박산 났다. 깊은 정을 나눠 골육과도 같은 친구들은 거의 다 등을 돌렸다. 서울에 있을 때 맺었던 '죽란시사竹欄詩社(정약용이 서른여섯 살 때 서울에서 만든 시모임)'의 친우 가운데 두 사람을 제외하면 모두 관계가 소원해졌다. 이주신李周臣과 윤지눌尹持訥 정도만 남았다. 정약용은 자괴감이 들었다.

이주신은 정약용이 유배를 가게 되자 그의 두 아들 학연과 학유를 불러 직접 음식을 대접하면서 측은한 마음으로 위로하고, 마치 친아버지처럼 따뜻하게 대해주었다. 그런데 장령掌令 강세륜姜世綸의 무고로 귀양을 가고 말았다. 정약용과 정약전 형제에게 아첨하며 돈을 대주고 있다는 모함을 받은 것이었다.

죽란시사 친우들 중 좋을 때나 궂을 때나 변하지 않은 사람은 이 두 명뿐이었다. 정약용은 지난 우정을 생각하며 감사의 마음을 시로 썼다. 그나마 자신이 할 수 있는 유일한 일이었다. 이렇게라도 해서 자신의 마음을 남겨두고 싶었다. 정약용의 시 가운데 제목에 '의증擬贈'이라는 표현이 들어간 작품은 그 대상에게 전달되는 여부와 상관

없이 고마움을 표하고자 지은 것이다.

　정약용은 수심으로 머리가 거의 다 허옇게 셌다. 사는 것이 사는 것이 아니었다. 그래서 오래전부터 바라던 고향으로 돌아가겠다는 꿈을 접고 현실을 기쁘게 받아들이려 애썼다. 숙부들에게도 소박하게 살기로 마음먹었다며 자신의 심정을 전했다. 타의 때문에 하게 된 유배 생활이었지만, 현 상황을 기꺼이 받아들이며 살겠다고 결심한 그는 자신을 저버리지 않은 옛 친구들에 대한 감사의 마음과 추억을 되뇌는 것으로 강진에서의 삶을 시작했다.

두 아들에게 학문에 전념하라고
당부하다

집에서 부리는 노비 석石을 통해 편지를 보낸 것이 1802년 2월 7일
이었고, 2월 17일쯤 도착했으리라 짐작해 정약용은 다시 편지를 썼
다. 두 아들에게 아버지의 심경을 토로한 내용이었다. 특히 1년 전인
1801년 2월 둘째 형 정약전과 셋째 형 정약종이 함께 감옥에 갇혔고
그달에 정약종이 순교하고 말았으니 2월은 셋째 형의 1주기이기도
했다. 정약용은 마음이 울적했다.

그는 두 아들이 학문에 소홀하거나 문장을 포기하는 것은 아닌지
걱정이 많아졌다. 이에 두 아들에게 아무리 사대부 집안이라도 학문
에 전념하지 않으면 제대로 혼인할 수 없고 군역軍役도 면할 수 없으
니, 폐족이 되었다고 학문을 포기해서는 안 된다고 몇 번이나 강조했
다. 공부나 작문은 사람답게 사는 데 반드시 필요한 일로 결코 그만둘
수 없다는 이야기도 덧붙였다.

정약용은 두 아들에게 폐족이라는 말을 자주 썼다. 그만큼 자신의
처지와 입장을 명확히 하고 목표를 설정하기 위한 하나의 방편이었

던 것이다. 그는 두 아들에게 폐족 가운데 기재奇才로 이름난 사람이 많은데, 그 이유는 성공을 위한 제도적 공부에 얽매이지 않았기 때문이라며 용기를 심어주기도 했다. 또 폐족이라 과거에 응시할 수 없다며 스스로 좌절하지 말고 경전 연구에 힘쓰기를 바랐다. 대대로 옥당에 들었던 가문에 대한 자부심이 컸던 정약용은 두 아들에게 책 읽는 자손이 끊겨서는 안 된다고도 강조했다. 이 또한 두 아들이 포기하지 않도록 하려는 의도였다.

공부하는 데 유용한 초록법을
알려주다

　　1802년 2월 하순 어느 날, 정약용은 두 아들에게 다시 편지를 썼다. 조선에서 명성을 얻고 있던 중국 경전 연구가인 공안국孔安國과 가규賈逵의 학술 성과를 비판하고 학문하는 자세를 일깨우는 등 두 아들의 공부에 도움이 되는 내용이었다. 그는 편지에서 공안국과 가규 같은 중국의 유명한 학자도 초기에는 의론이 정밀하지 못하다 곤궁해진 다음에야 뛰어난 저서들을 지을 수 있었다고 했다.

　　이는 선대 학자들을 통해 두 아들에게 '곤궁론困窮論'을 설명해주기 위함이었다. 즉 총명한 선비는 곤궁한 상황을 겪으면서 외롭게 학문을 연마해야 학문의 요체를 터득하고 자신의 학문에도 주관이 확립되어 시비를 판단할 수 있으며, 자신만의 학문적 저울(권형權衡)을 갖춰 취사선택을 하는 데 어려움이 없다는 점을 강조한 것이었다. 여기에는 폐족인 아들들에게 아버지로서 전하는 격려의 마음도 담겨 있었다.

　　편지에서 정약용은 두 아들에게 학문하는 요령도 일러주었다. 한마

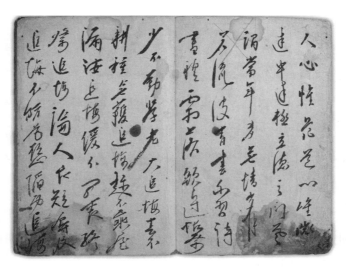

세상에 도움 되는 좋은 글을 찾아 초록하라는 정약용의 가르침에 따라 큰아들 학연이 초록한 『작비암일찬(昨非庵日纂)』. 순천대학교 박물관 소장.

디로 책에서 중심 문장을 가려 뽑거나 요약해 발췌하고 주요 요점을 정리한 뒤 자신의 의견과 느낀 점을 간단하게 적어 하나의 책자로 만들어보는 방법(초록抄錄)이었다. 책 한 권을 읽을 때 학문에 도움이 되는 구절을 뽑아서 모으는 우선순위까지 구체적으로 정해주었다. 가장 먼저 『소학小學』의 정신을 이을 수 있는 '아름다운 말씀과 착한 행실'을 가려 뽑아 모으고, 다음으로 유교 경전에 대한 새로운 이론으로 출처가 있는 것을 가려 뽑아 모으며, 그다음으로 유구琉球(오키나와) 기행문처럼 병학兵學과 연관된 것이나 농사 또는 의학에 관한 내용 가운데 새로운 학설로 확인된 것을 차례로 가려 뽑아야 한다고 했다. 이는 기억과 기록 속에서 각자에게 필요한 정보를 조직하는 훌륭한 공부법이다.

정약용은 두 아들이 젊은이로서 깊은 생각과 통달한 견해를 갖추어야 한다고 믿었다. 그래서 큰아들에게 『고려사高麗史』 공부를 시작하라고 일렀다. 일전에 두 아들은 고향에서 지내느라 큰 스승을 찾기가 어렵다고 아버지에게 토로한 적이 있었다. 의심나고 모르는 부분을 질문할 곳이 없다고 한탄하는 두 아들에게 정약용은 그것들을 조목조목 적어 보내라고 했다. 그는 아버지와 아들이 스승과 제자 사이가 되는 것은 즐거운 일이라 여겼다.

정약용이 두 아들에게 강조한 학문하는 요령은 실천을 전제로 한 것이었다. 즉 나라를 바르게 만들기 위한 구체적인 방법을 고민하는 실학實學이 그 바탕이었다.

학문의 핵심은 효제孝弟로써 근본을 삼고, 예악禮樂으로써 문식文飾을 내고, 정형政刑으로써 보충하고, 병농兵農(부역賦役과 화재貨財 등)으로써 우익羽翼을 삼아야 한다.

— 정약용의 「두 아들에 답함答二兒」 중에서.

정약용이 두 아들에게 누누이 강조한 실학 정신의 요체는 '효제孝悌'였다. 이는 '인仁'의 바탕이기도 했다. 『논어論語』에 대한 새로운 해석서인 『논어고금주論語古今註』에서 '인'을 "혼자 살아갈 수 없고 사람과 사람이 의지해 살아가는 것"이라고 풀이한 정약용은 두 아들에게 사람다움의 실천을 주문했으며, 그 방법이 바로 효제였다. 여러 사람이 함께 잘 사는 방법을 연구하는 학문인 실학의 밑바탕이 효제라는 점을 일깨운 것이었다.

황상 등 아전의 자제들을
가르치다

　1802년 10월 9일, 정약용은 주막집 문을 열고 공터로 나갔다. 마을 아이들 10여 명이 두 패로 나뉘어 공차기를 하고 있었다. 그는 이 광경을 물끄러미 바라보다가 아이들을 불러 모았다. 대부분 열다섯 살 전후의 아이들이었다. 모두 똘망똘망했다. 정약용은 아이들에게 공부를 해보지 않겠느냐고 물었다. 그리고 그 무리에서 유독 똘똘해 보이는 아이를 불렀다. 이름이 황상黃裳이라는 그 아이는 열다섯 살로, 강진 관아 아전의 아들이었다. 정약용은 황상에게 글을 가르쳐줄 테니 내일부터 주막으로 나오라고 했다. 그런데 아이의 반응이 예상과 달랐다. 황상은 집에 계신 아버지에게 허락을 얻어야 배울 수 있다며 순순히 따르지 않았다. 모든 일을 결정할 때는 부모님께 말씀드리고 허락을 구해야 한다는 공자(『논어』)의 가르침을 시골 마을의 아이가 실천하고 있는 것이었다. 정약용은 여기서 그 아이의 총명함을 알게 되었다.

　집으로 돌아간 황상은 주막에 사는 어른이 공부를 해보라고 하는

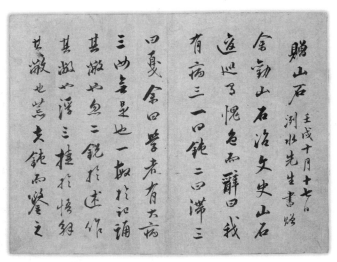

정약용이 제자 황상에게 써준 「삼근계(三勤戒)」 개인 소장.

데 어떻게 할지 아버지에게 물었다. 황상의 아버지 황인담黃仁聃은 큰 스승에게 배우는 것은 매우 기쁜 일이라며 흔쾌히 허락했다. 다음 날, 황상은 주막으로 갔고 그날부터 정약용의 제자가 되었다.

정약용은 황상이 찾아와 배움을 청하고 일곱 날이 지나자 문학과 역사를 공부하라고 했다. 황상은 머뭇거리며 부끄러워하는 기색으로 자신에게는 세 가지 부족한 점이 있다고 고백했다. 첫째는 둔하고, 둘째는 꽉 막혔으며, 셋째는 미욱하다는 것이었다.

공부하는 자들은 큰 병을 세 가지나 가지고 있는데 너는 하나도 없구나! 첫째는 기억력이 뛰어난 것으로 이는 공부를 소홀히 하는 폐단을 낳고, 둘째는 글 짓는 재주가 좋은 것으로 이는 허황한 데로 흐르는 폐단을 낳으며, 셋째는 이해력이 빠른 것으로 이는 거친 데로 흐르는 폐단을 낳는단다. 둔하지만 공부에 파고드는 자는 식견이 넓어질 것이고, 막혔지만 잘 뚫는 자는 흐름이 거세질 것이며, 미욱하지만 잘 닦는 자는 빛이 날 것이다. 파고드는 방법은 무엇이냐. 근면함이다. 뚫는 방법은 무엇이냐. 근면함이다. 닦는 방법은 무엇이냐. 근면함이다. 그렇다면 근면함을 어떻게 지속하느냐. 마음가짐을 확고히 하는 데 있다.

—황상의 『치원유고厄園遺稿』「임술기壬戌記」 중에서.

정약용은 황상에게 이른바 「삼근계三勤戒」로 학문하는 자세를 일깨워주었다. 그 후 60년이 지나 제자 황상은 스승 정약용이 돌아가신 나이처럼 일흔다섯 살이 되었을 때 스승과 처음 만났던 동천여사東泉旅舍(당시 강진 읍성 동문 밖의 주막집)의 가르침을 회상하면서 "'학문을 놓지 마라'던 스승의 마지막 유훈을 지켰다"며 제자로서 스승을 저버리지 않은 자신의 소회를 기록했다.

1801년 강진으로 유배 온 정약용은 그곳에서 자신을 이어 참다운 학자가 될 제자들을 만났다. 모두가 두려워하며 문을 닫아걸고 그를 꺼려할 때 인연을 맺은 강진 제자들은 손병조孫秉藻와 황지초黃之楚 등 여섯 명이었다. 정약용은 이들을 근심과 걱정을 함께한 사람이라 여겼고, 해배되어 고향으로 돌아갔을 때도 '다신계茶信契'에 참여하게 해 평생 잊지 않았다.

사연 어린 강진 땅을
둘러보다

 1802년 가을 어느 날, 정약용은 유배지 강진이 낯설지만 흥미로운 곳임을 알게 되었다. 고향과 닮았다는 느낌도 들었다. 강진의 누이령에는 바위가 우뚝우뚝 솟아 있었다. 길이 험해 지나는 사람들의 눈물로 사시사철 바위가 젖어 있다는 설화가 전해지는 곳이었다. 월출산月出山은 고향에서 빤히 보이는 도봉산과 닮아 고향을 떠올리게 했다. 강진의 동백나무는 잎이 나고 눈 속에서 꽃이 피면 학 머리처럼 붉디붉은 색이 무척 고왔다.

 강진에는 원래 유자나무 등이 많았는데 갑인년甲寅年(1734)에 '처녀풍'이 분 이후로 유자나무, 감귤나무가 모두 말라버렸다고 한다. 강진 사람들은 그것을 '갑인년 사건'이라고 불렀다. 여기에는 사연이 있었고, 정약용은 수소문 끝에 그 사연을 알게 되었다. 강진 고금도古今島의 어느 젊은 처녀와 관계된 사건으로, 가슴 아픈 이야기였다.

 고금도에는 17세기 영남 남인을 대표하던 유학자인 여헌旅軒 장현광張顯光의 후손이 살고 있었다. 정조가 승하한 뒤 이를 추모하던 인동 장씨가 역모의 누명을 써 가문이 풍비박산 났고, 장씨의 부인과 자식들이 고금도로 유배를 온 것이었다. 유배인의 처지이다 보니 양반 가임에도 관아의 포졸들로부터 멸시를 당했고, 한 포졸이 큰딸에게 자신과 결혼하면 어떻겠느냐고 희롱하기에 이르렀다. 양반가 후손인 딸은 분을 참지 못해 결국 바다에 몸을 던져 자살했고, 어머니는 딸을 만류하려다 함께 죽고 말았다. 사람이 둘이나 죽었으니 관아에서 철저히 조사해야 마땅하나 사건을 제대로 규명하지 않았다. 권력층에 붙어 아첨으로 사건을 무마하려는 지방관의 태도와, 횡포를 부리고 백성을 핍박하는 하수인들의 부정한 내막이 있었기 때문이다.

이런 암울한 사건이 있은 후 강진에는 이상한 현상이 일어났다. 하늘이 어두워지고 소금비가 내려 모든 농작물이 말라죽기 시작한 것이었다. 그러자 강진 사람들은 인간의 잘못을 하늘이 응징한 것이라 여겼다. 그리고 그때부터 모녀의 원한이 맺혀 바람이 분다는 의미로 이를 '처녀풍'이라고 불렀다. 정약용은 이 사건의 전말을 「기고금도장씨여자사紀古今島張氏女子事」와 「염우부鹽雨賦」라는 제목으로 기록했다. 또한 이를 계기로 하늘에 죄를 지으면 죗값을 받게 된다는 것을 깨닫고 삶의 바른 자세를 다시금 새겼다.

강진에는 그 외에도 몇 가지 흥미로운 점이 더 있었다. 강진 바닷가에 있는 대나무들이 무척 크고 좋았는데 대나무밭 정원지기가 날마다 잘 가꾼 덕이었다. 그런데 정작 그곳 사람들은 대나무를 자신의 상앗대로도 쓸 수 없었다. 서울 권문세가에게 죽력竹瀝(갑자기 생긴 중풍이나 가슴속의 심한 열 등 위급한 병에 쓰는 약제)을 매번 보내야 했기 때문이다. 날마다 열심히 가꾸고 만든 물건을 정작 본인들은 쓸 수 없는 현실은 조선의 일반 백성에게서 흔히 볼 수 있는 모순점이자 고통스

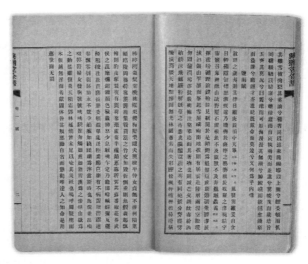

정약용이 강진에 전해 내려오는 원한 맺힌 일화를 바탕으로 쓴 「염우부(鹽雨賦)」. 다산박물관 소장.

러운 삶의 모습이었다. 정약용은 이런 일을 대할 때마다 가슴이 아팠다. 새하얀 무명베는 짜는 족족 관아의 이방이며 졸개들이 들이닥쳐 빼앗아갔고, 이렇게 독촉해 거둔 물자는 서울로 보내졌다. 나라에 바치는 세금도 곧 백성의 고혈이었다.

정약용은 강진의 중심인 청조루聽潮樓에도 가봤다. 강진은 읍성으로 둘러싸여 있지만 성은 무너진 지 오래였다. 여러 섬에서 자라는 나무가 해마다 베어졌는데, 강진의 건물들을 보수하기 위한 것이 아니었다. 이미 오래전에 부서졌으나 다시 중건하지 못하고 있는 읍성의 중심 청조루만 봐도 알 수 있었다.

강진 석제원石悌院 북쪽은 여기저기로 길이 나뉘는데, 특히 처녀들이 이별의 눈물을 흘리는 곳이라고 했다. 그만큼 한도 많은 곳이었다. 사람들은 거기에 서 있는 수양버들의 가지를 꺾어 이별의 슬픔을 서로 위로했다.

표류한 서양 사람들도 봤다. 강진은 제주도와 가까웠고 제주도로 가는 길목이기도 했다. 이에 외국의 표류선들을 볼 수 있었다. 표류인들은 머리털이 더부룩했다. 그들의 문서를 보니 한자가 아니었다. 자바섬이나 루손섬에서 왔을 것으로 짐작되는 사람들의 옥합玉盒에서는 야릇한 향기가 풍겼다.

정약용은 백련사白蓮寺도 찾았다. 백련사 앞에서는 바다를 바라볼 수 있었다. 조수潮水가 백련사 문 앞까지 다다를 정도였다. 강진에는 백련사 외에도 조선 최고로 여겨지는 절이 또 있었다. 두륜사頭輪寺(해남에 있는 대흥사大興寺의 다른 이름)였다. 그곳에는 서산대사(법명은 휴정)의 공적을 기리는 비석이 있어 특히 유명했다.

무엇보다 강진의 아이들에게서 흥미로운 점을 발견했다. 이곳 아이들은 엉성하지만 글씨를 제법 잘 썼다. 점 찍고, 건너긋고, 삐치고, 파임하는 것을 보면 비뚤비뚤하긴 해도 획이 제법 살아 있고 볼만했다. 여기에는 조선 명필가로 이름난 원교圓嶠 이광사李匡師의 필법이 있었다. 시서화詩書畫에 모두 능했던 이광사는 나주벽서사건羅州壁書事件(1755년 소론의 윤지尹志 등이 일으킨 역모 사건)에 연루되어 함경도 부령富寧으로 귀양을 갔고 다시 신지도로 이배되어 유배지에서 후학을 지도하다 죽었다. 이광사는 당대 문필로 이름을 날렸는데, 강진 사람들도 그로부터 영향을 받았다. 당시 아전들이 모두 이광사에게 배웠을 정도였다. 하지만 강진 사람들의 내면에 묻혀 있던 문한文翰의 전통은 정약용을 기점으로 본격적으로 발현되었다.

막내아들의 부음을
듣다

정약용은 1802년 여름부터 장독瘴毒(여름날 습한 기운으로 고열이 생기는 병) 때문에 고생하더니 원인을 알 수 없는 이런저런 병으로 10월까지 앓았다. 물론 그 후에도 고통은 이어졌으나 시간이 흘러 병세에 차도가 있고 마음이 조금 편해지나 싶을 즈음 이번에는 고향에서 비보가 날아왔다. 막내아들 학농學農이 죽었다는 소식이었다. 1802년 12월이었다. 비통에 빠진 그는 슬픔을 주체할 수 없었다.

정약용은 아홉 명의 자제를 낳아 아들 넷과 딸 둘을 잃었는데, 모두 품에서 한창 재롱을 피울 어린 나이에 죽었다. 운명으로 받아들일 수밖에 없었지만, 막내아들의 죽음은 유독 그의 마음을 찢어놓았다.

그리고 아내가 걱정되었다. 아버지가 살아 있는데도 자신의 품에서 죽은 아들을 혼자 땅에 묻었을 아내를 생각하니 마음이 아팠다. 두 아들은 이미 장성했지만, 막내는 겨우 세 살이었다. 아마도 아내는 어미 품에서 재롱을 피워 더더욱 기특하고 사랑스러웠을 막내아들의 모습이 눈에 밟히고, 말 한 마디 한 마디가 귀에 쟁쟁할 것이다. 게다가 뿔이 난 것처럼 톡 튀어나온 머리 모양이 아비를 꼭 닮아 막내아들이 각별했을 아내는 매일매일 아들의 재롱을 보면서 의지도 많이 했을 테다. 아내의 슬픔을 헤아릴수록 정약용은 더없이 안타까웠다.

　정약용은 막내아들을 잃은 상실감에 아내가 따라 죽지 않은 것이 다행이라며 두 아들에게 어머니를 잘 봉양하라고 간곡히 일렀다. 두 며느리에게는 아침저녁으로 부엌에 들어가 맛있는 음식을 장만하고 거처도 잘 보살펴 시어머니가 마음의 위로를 얻을 수 있도록 애써달라고 부탁했다.

두 아들에게 세 가지를 멀리하라
이르다

1803년 1월, 해가 바뀌자 정약용은 두 아들에게 편지를 보냈다.

군자는 새해를 맞이하면 반드시 그 마음과 행동을 한번 새롭게 해야
한다.

—정약용의 「두 아들에게 부침」 중에서.

누구나 새해가 되면 새로운 목표를 세우고 각오도 다진다. 정약용
역시 새해를 맞이할 때마다 스스로 목표를 정하고 그것에 대해 평가
했다. 무슨 책을 읽고 어떤 문장을 뽑아 적어야 하는지를 미리 정해놓
은 뒤 매달 순서대로 실행했다. 그는 한 해의 계획을 짜면서 "선善을
즐기고 전진하고자 하는 뜻"을 세우는 것이 무엇보다 중요하다고 생
각했다.

정약용은 이때 예악禮樂에서 의문스러운 점, 역사책에서 궁금한 점
이나 논란이 되는 부분에 대해 조목조목 묻지 않는 두 아들을 꾸짖기

도 했다. 그는 공부란 무릇 '의심을 품고 생각해본다'는 뜻의 '회의懷疑'에서 시작된다고 봤기 때문이다.

정약용은 막내아들이 1802년 12월에 죽어 심적으로 힘든 데다 그 전부터 병으로 고생해 몸이 약해진 터라 아버지로서 위기감이 들어 두 아들에게 더욱더 학문에 힘쓸 것을 요구했다. 두 아들이 상심해 무기력해지지는 않을까 염려한 탓도 있었다.

두 아들의 처지에서 보면 이미 그들에게는 희망이 보이지 않았다. 폐족 신세라 벼슬길에 제약이 따를 수밖에 없어 관직 기회가 박탈된 것이나 마찬가지였다. 이에 정약용은 두 아들에게 오히려 이를 장점으로 바꿔 생각하라고 일렀다. 폐족 신분으로 성인이나 문장가가 되고 진리에 통달한 옛 선비들이 있으니, 오히려 폐족이라는 환경이 과거시험에 대한 부담을 없애고 궁벽한 현실로 심지를 단련시키며 지식과 사고를 개발해 인정과 물태物態, 진실과 거짓을 두루 아는 계기가 될 수 있다고 강조했다.

그러면서 어버이에게 사랑받지 못해 그 괴로움으로 몇 해를 방황하다 마침내 한번 돌이켜 도道에 이른 율곡栗谷 이이李珥, 세상으로부터 배척받은 뒤 더욱 진보한 우담愚潭 정시한丁時翰, 집안에 화를 당한 뒤로 이름난 유학자가 된 성호星湖 이익李瀷 등을 본보기로 제시했다. 정약용은 영달榮達하려는 마음으로 공부하지 말고, 책을 읽어 이치를 연구해 진면목과 요점을 알 수 있어야 한다고 강조했다. 평민으로서 학문을 하지 않는 자는 용렬한 사람이 될 뿐이고, 폐족으로서 학문을 하지 않는 자는 마침내 어긋나고 비루해져 세상으로부터 버림받게 된다고도 했다.

이렇게 정약용이 학문에 정진하라고 강조한 이유는 그의 마음속에

곧 무죄가 밝혀져 부자가 만나 함께 경사經史를 연구하고, 시詩와 예禮에 대해 담론하며, 때때로 손님이 찾아오면 닭을 잡아 회膾를 만들고 탁주와 좋은 나물 안주를 마련해 서로 고금의 공과를 평론할 수 있으리라는 기대가 있었기 때문이다. 정약용은 부자가 마주 앉아 세상에 대해 이야기하고 토론하는 모습을 그렸던 것이다.

정약용이 사회적 성공을 위한 공부보다 자신의 목표를 완성하고 이를 세상과 함께 나누는 공부를 강조한 것은 한편으로는 아들들의 마음을 편하게 해주기 위함이었다. 즉 의기소침해 있을 두 아들에게 성공의 개념을 바꿔 설명하고, 가문 중흥이라는 압박으로부터 벗어나도록 해주면서 자유롭게 학문에 정진할 수 있는 길을 열어준 것이었다.

정약용은 두 아들에게 자신의 잘못부터 반성했다. 밖으로 드러나는 것을 의식해 가식적이면서 방탕하고, 속박을 싫어하며, 세상을 향해 거침없이 자신의 목소리를 내면서 세상을 삐딱하게 봐온 자신의 모습이 주경존심主敬存心('경을 중심으로 마음을 보전한다'는 뜻)에 반하는 것은 물론, 함부로 말하고 멋대로 행동한 잘못도 있다고 고백했다.

정약용은 두 아들이 자신과 같은 과오를 범하지 말라는 의미에서 세 가지 멀리해야 할 것을 제안했다. "거침과 태만함을 멀리하고(사원폭만斯遠暴漫), 비루하고 사나움을 멀리하며(사원비배斯遠鄙倍), 진실에 가깝게 산다(사근신斯近信)"가 그것이다. 이른바 정약용의 '삼사三斯'가 바로 여기서 기인했다.

자신의 과오를 반성해 두 아들의 정신적 압박을 풀어주고 삶의 지혜도 일깨운 정약용의 1803년 새해 편지는 두 아들에게 전해졌다. 이는 곧 학문의 동반자로서 아버지의 마음이었다.

석방하라는 특명이
좌절되다

1803년 겨울, 죽란시사의 일원인 채홍원蔡弘遠과 함께 정약용을 석 방하라는 정순왕후의 특명이 있었다. 그러나 재상 서용보徐龍輔가 격 렬히 반대했다. 결국 상관의 눈치를 보던 하급 관리가 관문關文(관에 서 발급하는 공문서)을 보내지 않아 정약용은 해배되지 못했다. 이 일이 있고 난 12월 10일, 정약용은 자신이 머무는 주막집 방의 당호를 '사 의재四宜齋'로 정했다.

생각은 마땅히 담백해야 하니 담백하지 않으면 오히려 빨리 맑게 해 야 한다. 외모는 마땅히 장엄해야 하니 장엄하지 않으면 오히려 빨리 엄정하게 해야 한다. 말은 마땅히 적어야 하니 적지 않으면 빨리 그치 게 해야 한다. 행동은 마땅히 신중해야 하니 신중하지 않으면 빨리 느 긋하게 해야 한다.

—정약용의 「사의재기四宜齋記」 중에서.

정약용은 무죄를 주장한 끝에 정순왕후의 특명을 받았다는 안도감과 끝까지 자신을 죽이려는 자들의 모함 사이에서 스스로 행동거지를 돌아보게 되었다. 그리고 더욱 의롭게 살기로 마음먹고 맑은 생각, 단정한 외모, 적은 말수, 진중한 행동을 실천하겠다는 뜻을 담아 자신이 머무는 방의 이름을 '사의재'라고 지었다. 모든 것을 자신의 문제로 돌리고 반성하려는 마음이 담겨 있었다.

정약용은 모든 문제의 원인을 남보다 자신에게로 귀결시키고, 그 결과도 자신의 책임으로 받아들임으로써 원망하는 마음이 사라지고 생각도 자유로워졌다. 이후 그는 사람을 대할 때마다 상하귀천에 대한 사회적 편견이 점차 사라졌고, 어떤 사람과도 격의 없이 이야기할 수 있게 되었다. 심지어 남자의 성씨를 따르는 것이 성인의 가르침이 아니라는 결론에 이른 주모와도 토론할 수 있을 정도였다.

이제 정약용에게 중요한 것은 빠르게 흘러가는 시간 속에서 자신이 생각했던 학문을 어떻게 이룰 수 있을까 하는 점뿐이었다.

생업에 분주한 강진 사람들을
만나다

1804년 3월, 강진은 전복이 한철이고 동백기름이 제철이었다. 더불어 말시장이 열려 온 마을이 시끌벅적했다. 강진 사람들은 좋은 말을 '천재마天才馬'라고 불렀는데, 강진 말시장에서는 500푼이면 천재마를 고를 수 있었다. 이런 말은 제주도 한라산 목장에서 왔다. 강진 사람들은 흰 말총으로는 체를, 검은 말총으로는 갓을 만들었다.

강진에는 도독都督(중국에서 군정을 맡았던 지방 관청)의 관아가 설치된 지 200년이 되어 부두에 왜나라 배가 정박하지 못했고, 정유재란丁酉再亂(1597) 때 조선에 파견된 명나라 수군 제독 진린陳璘을 기리는 사당도 세워져 있었다. 특히 사당은 강진 아낙네들이 아들을 낳게 해달라고 비는 곳으로 변해 있었다. 아낙네들은 그곳에 돌을 던지며 득남하게 해달라고 소원을 빌었다.

납일臘日(동지가 지난 뒤의 셋째 미일未日)이 지나 훈풍이 부니 강진에는 쟁기 끄는 소리, 머슴을 다그치는 주인 영감의 호통소리가 여기저기서 들려왔다. 이모작을 하느라 물을 뺀 논에 보리를 심었고, 보리를 베고 나면 다시 모를 심었다. 단 하루도 어느 곳 하나 노는 법 없는 강진의 들녘은 봄이면 보리로, 여름이면 벼로 철 따라 늘 푸르렀다.

정약용은 강진 사람들이 논일하는 것을 보고 강진의 농기구들도 유심히 살펴봤는데, 삽은 아이들이 한 손으로 들고 다닐 정도로 작아 둑을 치고 물을 대기가 쉽다는 장점이 있었다. 하지만 김을 매거나 흙으로 식물의 뿌리를 덮을 때 호미를 쓰지 않았고, 논에 있는 잡초는 손으로 뽑았다. 정약용은 농부들의 피폐한 삶을 임금에게 알리려면 강진 사람들의 이러한 모습들을 보여주어야 한다고 생각했다. 송나라 정협鄭俠이 「유민도流民圖」를 그린 것처럼 상소문은 물론, 그림으로도 그려 임금에게 보여주고 싶었다. 강진의 어려움은 조선 전체의 문제이기도 했기 때문이다.

강진 아낙네들의 흥미로운 풍습에서 문학적 비유가 들어 있는 속담도 찾아냈다. 늦봄이 되면 강진 농가마다 모내기를 하느라 정신없었다. 아낙네들은 더욱 바빴다. 남편이 보리를 베고 있는데도 모품을 파느라 돕지 못했다. 그런데 옆집에 모품을 팔기로 약속하고도 뒷집에서 품삯을 더 준다고 하면 먼저 한 약속을 저버린 채 돈을 많이 주는 곳에서 품을 팔았다. 이것을 빗대어 "돈모가 밥모보다 더 낫다"는 속담이 생겨날 정도였다. 돈으로 온전히 품삯을 치르는 것을 '돈모(전앙錢秧)', 밥을 제공하되 품삯을 덜 주는 것을 '밥모(반앙盤秧)'라고 표현했다. 돈모를 선호한 강진 사람들의 풍속을 엿볼 수 있는 속담이었다.

강진 사람들은 돈을 아껴 썰물 때 돌들을 쌓아 올려 바다를 막았다. 조개를 줍던 바다를 간척해 벼를 수확하기 위해서였다. 간척지는 논이 되어 옥토로 변했다. 아낙네들은 전복을 채취하느라 험한 바다에 들어가기도 했다. 그래도 온 가족이 과수원에 매달리던 장기현 사람들과 비교하면 옥토가 많은 강진 사람들이 더 한가한 편이었다. 해가 높이 떠야 일어나고, 느릅나무 그늘에서 술을 마시며, 느지막이 소를 끌고 나와 마른 밭을 갈기도 했다. 연못이 넓어도 물고기를 기르지 않는가 하면, 애들은 연꽃을 심지 않았다. 물론 이 점은 이해가 되었다. 연잎을 따면 관가에 바쳐야 하고, 연못에 고기를 기르면 관리들의 낚시터로 바뀔 것이 뻔했기 때문이다. 강진의 가을걷이는 볏단째 털지 않고 이삭을 하나씩 훑는다는 점이 특이했다. 곳곳에 모래밭이 많아 목화 심기에도 알맞았다.

어촌 마을인 강진은 봄이 되면 뱀장어가 많이 잡혔다. 뱀장어를 잡으려고 배 위에 그물을 장치한 활배(궁선弓船)들이 푸른 바다를 갈랐다. 그 배들은 주로 동북쪽에서 높새바람이 불 때 바다로 나갔다. 그리고 남쪽에서 마파람이 세게 불면 돌아왔다. 강진의 어부들에게 바람은 나가고 들어오는 때를 알려주는 역할을 했다. 활배들은 닷새 정도 바다에 있다가 이레째 되는 날 돌아왔다.

강진 사람들은 바닷물고기 가운데 복어를 가장 높이 쳤다. 먹다 죽은 사람이 생겨도 복어를 즐겼고, 농어는 죄다 술과 바꿔 마셨으며, 어디를 가나 낙짓국이 빠지지 않았다. 붉은 새우와 조개, 연밥만 한 홍합은 아예 축에도 들지 못할 정도였다.

추자도와 고달도 앞바다에는 장삿배가 많았다. 제주도에서 생산된 갓을 가득 싣고 오는 배도 있었다. 그들은 장사를 잘하고 돈도 많이 벌었지만 가는 곳마다 거센 파도 때문에 마음 편할 날이 없었다.

정약용은 강진 어민들에게 바다는 생계의 보고이자 경외의 대상이라는 것을 알았다. 그들은 배를 띄워 바다 신령에게 자신의 안전을 기원하는 제를 올렸다. 칠산 앞바다에서는 순풍을 기원했다. 동쪽 울릉도까지 낙지를 잡으러 가는 사람들이 있었기 때문이다.

정약용은 강진의 여러 모습 가운데 서슬 퍼런 육방관속六房官屬(지방 관아의 육방에 속한 구실아치)이 가장 마음에 들지 않았다. 그 아전들은 날마다 마을을 찾아왔다. 선첩船帖(배 등록증)의 진위 여부를 확인하고 관의 자재 등을 관리한다는 명목이었지만, 이는 어디까지는 구실일 뿐이었다. 선첩의 진위를 확인하면서 그것을 빌미 삼아 어부들에게 돈을 요구했다. 임금의 관을 만드는 데 쓰는 소나무를 관리한다며 뇌물을 챙겨가기도 했다. 여기저기 국가의 녹祿(관리의 봉급)을 먹는 사람은 대부분 뇌물을 챙겼다. 심지어 수군이 근무하는 수영水營의 방자까지도 뇌물을 먹을 정도였다. 이렇게 해서 생긴 강진만의 비속어가 '인정人情'이었다. 강진 사람들에게 인정은 뇌물을 일컫는 말이었다.

정약용은 강진의 이모저모를 알게 될수록 고향 집 생각이 더욱 간절해졌고, 다들 잘 지내고 있는지 걱정만 쌓여갔다.

다듬이 소리를 들으니 아내가
그립구나

1804년 4월, 정약용은 주막에 앉아 있었다. 기러기가 허공을 가로질러 날아갔다. 기러기는 철 따라 터를 옮기지만 때가 되면 어김없이 다시 돌아온다. 아내는 그런 기러기를 보면서 밤잠을 제대로 이루지 못하리라. 정약용은 어쩌다 남편의 편지라도 받으면 이러지도 저러지도 못하는 아내, 남편 생각에 밤을 지새울 아내, 아침이면 또다시 어린 자식들의 옷을 부여잡고 속상해할 것 같은 아내의 모습이 그려졌다.

정약용은 장기현에서 유배 생활을 할 때 아내가 누에를 친다는 소식을 전해 듣고 가정형편이 어려워져 직접 경제활동에 뛰어든 아내를 걱정했던 일이 생각났다. 또한 지난번 강진 유배 길에 아내와의 추억이 깃든 금강을 건너면서 아내 생각에 가슴 아파했던 기억이 되살아났고, 그만큼 걱정도 커졌다.

정약용은 아내가 아무리 의지가 강하다지만 그저 한 여인이라는 사실을 잘 알고 있었다. 세상 흐름에 맞춰 살아갈 뿐, 세속을 거스르는 일을 하지 못하는 여인이 얼마나 많은 화를 가슴에 담은 채 하루하루를 보내겠는가? 술이라도 한잔 마시고 취기에 속상한 마음과 응어리진 화라도 풀 수 있으면 좋으련만, 아내에게는 그것조차 쉬운 일이 아니었다. 그는 아내와 이별하던 순간을 잊을 수 없었다. 그때 이미 부부는 모두 희끗희끗한 반백이었으니, 아내의 모습도 세월 따라 많이 변했을 것이라고 짐작했다.

그런데 강진에서는 고기 잡는 통발 소리, 문전 앞을 지나는 말굽 소리 등 모든 소리가 아내 생각으로 이어졌다. 특히 밖에서 들리는 세 가지 소리(삼성三聲)는 곧 아내를 떠올리게 했다. 다듬이 소리(도의성擣衣聲), 빨래 소리(병벽성洴澼聲), 물레 소리(남차성攬車聲)가 그것이었다.

다듬이 소리는 정약용을 울린 유배지에서의 첫 번째 소리였다. 별이 초롱초롱 빛나는 밤에 들리는 다듬이 소리는 걷잡을 수 없을 정도로 마음을 흔들었다. 처음에는 조용조용 부드럽게 들리다 갑작스레 '또드락 뚝딱' 두 쌍의 방망이가 서로 내기라도 하듯 마구 울려댔다. 그러다 이내 호리병에 떨어지는 물방울처럼 방망이 한 개만 소리를 냈다. 얼마 후 두 쌍의 방망이가 또다시 연못에 줄기차게 쏟아지는 소낙비 같은 소리를 낼 때면 정약용은 문을 열고 하늘의 둥근 달을 바라봤다. 다듬이 소리는 아내의 다듬이질로 이미 귀에 익어 있었다. 서로 주고받으며 호흡을 맞추는 다듬이 소리는 깊은 밤 잠들지 못하게 가슴을 두드리는 아내의 소리였다.

봄날 빨래하는 소리 또한 정약용의 마음을 흔들었다. 따뜻한 봄바람과 함께 내리던 비가 그친 뒤 구름이 걷히고 맑게 갠 호수에 물이 불어나면 여기저기서 빨랫방망이 소리가 세차게 들려왔다. 느릿느릿한 소리는 어린 딸의 방망이 소리 같아, '톡톡 탁탁' 방망이질에 정성이 담긴 듯했다. 빨랫방망이질을 마치면 얼마 후 옷들이 눈서리처럼 새하얘졌다. 하지만 여인들의 손과 발은 얼어터지거나 갈라졌고 벌겋게 동상에 걸리곤 했다. 이 모습을 보고 빨랫방망이 소리까지 듣고 있자니 아내 생각이 파도처럼 밀려왔다.

비가 개고 햇살이 따뜻해 처마 밑에서 고양이들이 볕을 쬐는 날, 앵무새와 제비새끼들이 재잘재잘댔다. 한쪽에 목화와 솜이 쌓여 있고, 작은 창으로 햇빛이 들어왔다. 즐겁게 모여 앉아 있는 가족들과 그중에서도 특히 어미 곁에서 물레를 만지는 어린 여자아이의 모습은 고향에서 자주 보던 풍경이었다. 자신만 홀로 떨어져 있는 정약용은 그 모습을 지켜보는 것조차 힘들었다.

이즈음 정약용은 자신의 앞길을 열어줄 사람이 아무도 없다는 사실을 잘 알고 있었다. 그래서 움츠러들 수밖에 없었지만, 넓은 마음으로 운명에 순응하며 기나긴 밤이 지나 새벽이 오기를 기다리기로 했다. 고향 집 자신의 방에 '여유당與猶堂('조심조심 살겠다'는 뜻)'이라는 당호를 붙이면서 삶의 방향을 '선하게 살기'로 잡은 만큼, '선善'을 실천하기 위해 노력할 뿐이었다.

자신의 남근을 자른 사건이
벌어지다

　1804년 늦봄, 이제 막 올라오는 꽃의 마음을 알아채기라도 하듯 한 밤중에 부슬부슬 비가 내렸다. 하지만 예쁘게 핀 꽃들은 늦바람의 시샘으로 하나씩 떨어졌다. 정약용은 병을 앓아 꽃구경 한 번 가지 못한 것이 아쉬웠다. 버들가지가 못 안에 가득 떨어지는 완연한 봄날을 병마로 신음하며 보냈다. 아쉬움에 그는 꽃나무 가지를 꺾어 병에 꽂은 뒤 시를 지어 마음을 달랬다.

　이 무렵 강진을 발칵 뒤집어놓은 사건이 발생했다. 노전蘆田마을 젊은 아낙네의 통곡 소리가 요란했다. 관아 앞에서 하늘이 떠나가라 울부짖었다. 그 젊은 아낙네의 손에는 남근(양근陽根. 남자의 성기)이 들려 있었다. 사정을 들어보니 어처구니가 없었다. 세상에서 처음 듣는 일이었다. 전쟁터에 나간 남편이 죽어 못 돌아온다는 소리는 들었어도, 남자가 자신의 남근을 잘랐다는 것은 듣도 보도 못한 이야기였다.

　젊은 아낙네는 억울함을 토로했다. 시아버지가 돌아가신 지 3년이 넘었고 아들이 태어난 지 얼마 되지도 않았는데, 할아버지와 손자가 모두 군적軍籍에 올라 있었다. 남편이 이 사실을 알고 관아에 가서 바로잡아달라고 했지만 들어주지 않았다. 아무리 호소해도 소용없었다. 문지기는 호랑이처럼 매섭게 남자를 관아 밖으로 몰아냈다. 관아에서는 군적에 올라 있다는 이유로 세금 납부를 독촉했고, 농사일에 없어서는 안 될 소까지 잡아갔다. 남편은 부당하다고 애원했지만 관아에서는 들어주지 않았다. 급기야 남편은 칼을 갈아 방으로 들어간 뒤 "사내아이를 낳은 기쁨은 고사하고 도리어 재앙을 받게 되어 한스럽다"고 통곡했다. 그러고는 궁궐의 내시도 아니고 사마천司馬遷처럼 죄를 지어 거세하는 벌을 받는 것도 아닌데, 자신의 남근을 잘라버렸다. 남자는 하늘을 보며 "자식 낳은 내 죄로다!"라고 울부짖었다.

정약용도 탄식했다. 자식을 낳고 키우는 것은 하늘의 이치다. 불깐 말, 불깐 돼지가 있다지만 동물도 감정이 있고 말을 할 줄 안다면 서럽다고 할 터인데, 하물며 사람이 어떻게 이 지경까지 되었는지 납득하기 어려웠다. 이리 된 데는 조선 사회의 모순이 있었다. 부자들은 1년 내내 풍류를 즐기면서도 세금 한 푼 내지 않는 반면, 같은 땅, 같은 하늘 아래에서 똑같이 밥을 먹는 양민들은 크고 작은 세금을 내야 했다. 이런 사회적 차별을 생각하니 정약용은 가슴이 답답했다.

이 사건을 들은 정약용은 군자君子의 마음이 공평무사해야 한다는 것을 새삼 깨달았다. 이에 경전을 다시 보기 시작했고, 경전과 고전의 가르침을 새로운 시각에서 분석했다. 그 깨달음은 지방관이 지켜야 할 실천 사항을 제시하고 관리들의 폭정을 비판한 『목민심서牧民心書』를 저술하는 밑바탕이 되었다. 그래서 『목민심서』에는 백성들의 고초가 어떠한지 고스란히 담겨 있다. 현실 사건을 중심으로 사회의 문제점을 해결하고자 하는 실천적 가르침이 나온 배경이다.

농민들이 값나가는 황칠나무를 베어 죽이다

1804년 늦봄, 정약용은 강진 사람들이 살아가는 모습을 보기가 고통스러웠다. 남편이 스스로 남근을 자른 아낙네의 절규에서도 봤듯이 세금과 부역은 물론, 지방 수령들의 수탈까지 극심해 궁핍한 삶이 지속되었기 때문이다.

농민들이 잘살고자 농작물을 열심히 키우고 생산량을 늘리려 노력하는 것은 당연한 일인데, 어찌된 영문인지 강진 사람들은 높은 값을 받을 수 있는 좋은 작물을 재배하지 않았다. 대표적인 것이 황칠(단풍)나무였다.

강진 마량항에서 완도까지는 거리가 멀지 않았다. 완도에는 궁복산弓福山이 있는데, '궁복'은 장보고張保皐의 자字였다. 바로 장보고의 정기가 서린 산으로, 그 지역 사람들이 자랑스러워하는 곳이었다. 궁복산에는 예부터 황칠나무가 많았다. 황칠나무는 껍질을 벗기면 금빛 윤이 나는 액즙이 나오는데, 이 액즙으로 칠을 하면 옻나무 칠보다 효과가 뛰어났다. 밀랍을 발라 장식용으로 쓰는 납지(종이)나 양의 뿔을

푹 고아 투명하고 얇은 껍질로 만들어 쓰는 양각보다 품질이 우수했다. 황칠나무로 만든 종이는 글씨가 더 잘 쓰였다.

강진과 완도의 황칠나무는 공물貢物로 지정되어 세금으로 징수되었다. 강진 사람들은 이 나무를 '악목惡木'이라 불렀고, 밤이 되면 도끼를 들고 나가 몰래 찍어냈다. 정약용은 그것이 공납을 면제받으려는 고육지책苦肉之策임을 알고 가슴이 아팠다. 그리고 고민했다. '등걸에서 다시 싹이 나고 비바람을 맞으며 쑥쑥 자라, 가지가 뻗고 푸른 잎도 무성한 황칠나무 군락을 다시 볼 수 없을까? 백성들을 고통으로 내모는 황칠나무가 아니라, 백성의 삶을 윤택하게 하고 모두가 좋은 품질의 상품을 사용할 수 있는, 그래서 모두에게 즐거운 그런 일은 왜 일어나지 않는 것일까?'

값나가는 작물의 경우 못된 아전이 세금 징수를 빌미로 농민들을 고통스럽게 한다면, 농민들의 또 다른 고충은 바로 자연재해였다. 바닷가에서 푸름을 자랑하는 해송은 나라에 진상하는 품목인데, 송충이가 솔잎을 모조리 먹어치워 소나무가 말라 죽었다. 해충으로 인해 시원한 바람과 울창한 숲이 사라져버렸다. 나라에서 큰 공사를 하거나 주요 건물을 지을 때 긴요한 목재로 사용되고, 왜놈의 침략에 대비해 큰 전함을 만드는 재목으로도 쓰여야 할 나무가 사라진 것이었다.

농민들의 힘겨운 삶을 옆에서 직접 목격한 정약용은 이래저래 마음이 무거웠다.

야위어간다는 둘째 형의
편지를 받다

1804년 4월 어느 날, 언덕에 풀들이 자라고 누에가 껍질을 벗고 나
오자 아낙네들은 밤낮으로 길쌈을 하느라 하루하루 바쁘게 지냈다.
들 밖에서는 크고 작은 풀들이 나날이 자라났다. 살구꽃은 졌지만 열
매들이 탐스럽게 익었고, 어느새 살림을 차린 제비는 처마 밑에 집을
지었다. 정약용은 때로는 시를 짓고 옛사람의 산수화를 감상하기도
하면서 봄을 보냈다.

흑산도에서 유배 생활을 하는 둘째 형 정약전이 편지를 보내왔다.
정약전은 고기를 먹지 못한 지 1년이 넘어 체력을 지탱하기 어려울
정도로 야위었다는 소식을 알려왔다. 신지도에서 처음 유배 생활을
하다가 다시 흑산도로 이배된 정약전은 어물魚物로 젓갈을 담그고 보
리를 삶아 먹으면서 그렇게 3년이라는 세월을 보낸 것이었다. 육지에
서 나고 자란 둘째 형의 고생이 동생의 마음을 찢어놓았다.

보내주신 편지에서 짐승의 고기는 도무지 먹지 못하고 있다고 하셨

는데 이것이 어찌 생명을 연장할 수 있는 도道라 하겠습니까.

—정약용의 「중씨에게 보내는 편지寄仲氏」 중에서.

둘째 형의 사정을 알게 된 정약용은 걱정이 앞섰다. 정약전은 육지에서 자란 탓에 유독 바닷물고기에 익숙지 않았다. 흑산도 사람들은 귀신을 믿어 살생을 금하는 풍습이 있었고, 참기름 같은 재료는 무척이나 귀했다. 마른 육포 역시 주옥보다 구하기 어려웠으며, 복어는 독이 있어 위험했다. 정약용은 형이 기름기 있는 섬 음식에 젓가락을 대기가 쉽지 않으리라 짐작했다. 평생을 잘 먹고 지내다 이제는 비위에 맞지 않는 섬 음식 때문에 고생하고 있을 형의 건강이 염려되었다.

정약용은 둘째 형에게 편지를 썼다. 먼저 고기를 먹어야 한다고 강조하면서 섬에는 산개(산견山犬)가 있을 것이니, 이를 잡아서 삶아 먹으라고 권했다. 또한 섬에서는 활이나 화살을 구하기 어렵고 총과 탄환도 없으리라 짐작해 덫을 놓아 산개를 잡는 방법까지 자세히 알려주었다. 이 방법은 강진에서 사냥으로 유명한 사람이 쓰는 기술이었다. 덧붙여 아주 옛날부터 강진에 내려오는 전통 요리법도 함께 적어 보냈다.

형제는 이처럼 서로를 걱정하고 위로하며 외로움을 견디었고, 편지로 학문에 대한 토론도 이어나갔다.

보은산 형제봉에 올라 흑산도 형제봉을 찾아보다

　1804년 4월 9일, 정약용은 사의재 뒤에 있는 보은산寶恩山에 올랐다. 여름이 시작되는 계절의 길목, 산 정상에는 갖가지 고운 꽃들이 피어 정약용의 산행을 맞아주었다. 그는 최정상에 올라 서쪽 멀리 바다 끝을 향해 섰다. 그곳에서 흑산도 우이산牛耳山 쪽을 바라봤다. 얽혀 있는 산과 옅은 구름 사이로 나주의 올망졸망한 섬들이 보일락 말락 했다. 어디가 둘째 형이 있는 흑산도인지 알 수 없었다.

　정약용은 형이 있는 흑산도를 보려고 올라왔건만 오히려 마음만 쓸쓸해졌다. 그의 속상한 마음을 읽었는지, 같이 간 승려가 보은산은 우이산으로도 불리며 봉우리 이름이 형제봉이라고 말해주었다. 서로 바다를 사이에 두고 있지만 형이 사는 흑산도에도 우이산이 있고, 정약용 자신이 있는 산도 우이산이며 그 정상이 형제봉이라니 자신과 형의 처지처럼 불우한 산이라는 생각이 들었다.

　둘째 형이 있는 흑산도와 강진은 200여 리(약 80킬로미터) 떨어져 있었다. 두 우이산은 험준하기로 이름난 곳이었다. 정약용은 강진에서 3년을 지내며 풍습과 지리에 익숙해졌지만, 우이산이 강진에도 있다는 것은 그때 처음 알았다.

정약용은 둘째 형과 처음 편지를 주고받을 때 형이 머무는 섬의 이름이 '흑산'이라는 이야기를 듣고 조금 으스스한 기분이 들었다. 그래서 그 지명을 싫어했고, 형에게 편지를 쓸 때마다 '흑산'이라는 지명을 언급할 일이 있으면 의미가 같은 '현산玆山'으로 바꿔 썼다. '현玆' 자에 원래 '검다'라는 뜻이 있었기 때문이다.

정약용은 강진에서 가장 높은 산에 올라도 형이 있는 흑산도를 볼 수 없었다. 거리가 멀어 둘째 형이 있는 섬을 분간하기조차 어려웠다. 그만큼 그의 마음은 더 쓰리고 괴로웠다. 그 속을 남들이 알 리 없었다. 꿈속에서나 만나볼 수 있을까?

괴로운 심경을 풀고자 산 정상에서 술을 몇 잔 마시니 눈물이 주르르 흘러내렸다. 흑산도 우이산 쪽을 바라보며 선 채로 눈물을 흘리던 정약용은 함께 온 일행들에게 자신의 심정을 말하기가 어려웠다. 그날 본 봄꽃들은 정약용에게 계절의 정취와 함께 슬픔도 안겨주었다.

장터에서 귀한 말을 만나고
운명을 정하다

    1804년 4월, 정약용은 여러모로 특이한 일을 경험했다. 강진 동리의 큰 거리에 시장이 열렸는데, 장터는 몰려든 사람들로 왁자지껄했다. 시장에서도 유독 사람이 많이 모여든 곳이 있었다. 정약용의 시선과 발걸음도 자연스레 그쪽으로 향했다. 칠량마을 사람이 말 한 마리를 가져와 파는 곳이었다. 그런데 특이하게도 말 머리에 뿔이 나 있었다. 칠량마을 사람의 설명에 따르면 처음에는 녹용처럼 부드러운 뿔이 밤톨만 한 크기로 튀어나왔고, 이후 가운뎃손가락 크기 정도로 뾰족하게 올라왔으며, 그것을 잘라내면 금세 또다시 자라난다는 것이었다.

    마을 사람들은 말의 모습을 보면서 놀라거나 신기해했고, 정약용도 의아해했다. 옛 책에 나오는 전설 속 동물인 '기린'이 이 말과 같은 동물이 아닐까 하는 생각이 들었다.

    머리에 뿔이 난 전설 속 기린과도 같은 동물은 정약용의 지적 호기심을 자극했다. 그는 이 신비한 동물을 보고 '말에 뿔이 난 이까짓 일을 누가 알리려 하겠는가?'라고 생각하면서 이 이야기를 기록해 역사에 남기기로 했다.

한편으로는 세상에 흔하지 않은 동물이 정약용 자신의 운명을 상징하는 하늘의 뜻은 아닌가 하는 생각도 하게 되었다. 그 옛날 공자가 자신을 알아주지 않는 세상을 여기저기 돌아다니다 노나라 서쪽에서 기린을 본 후 모든 욕망을 내려놓고 『춘추春秋』라는 최고의 역사서 저술에 몰두해 올바른 역사 집필의 본보기를 보인 것처럼 말이다.

서울 중앙 정계는 아직도 서용보 같은 정적들이 권력을 쥐고 있어 유배에서 풀려나기는커녕 하루치의 앞날도 내다볼 수 없는 상황이었다. 이에 정약용은 생각을 달리해 조금은 체념한 채 자신의 운명을 하늘에 맡기고 세상 사람들을 위한 저술과 연구에 더욱 몰두하기로 결심했다.

「절학가」를 지어 제자를
위로하다

1804년 4월 중순, 제자 황상이 학질에 걸렸다. 황상은 주기적으로 열이 나 춥고 온몸이 벌벌 떨린다고 했다. 하지만 아픈 와중에도 스승의 가르침을 실천하고 있어 정약용은 제자를 기특하게 여겼다.

화담옹은 종기 째도 찌푸리지 않았고	割疗不顰花潭翁
가려움 참고 긁지 않은 권공을 일컫는다.	忍疥不爬稱權公
너는 더욱 어린데도 학질에도 안 누우니	汝更少年瘧不臥
굳센 의지 앞선 분을 뒤쫓기에 충분하다.	執志頗足追前功
내가 처음 귀양 와서 이 병에 걸렸는데	我初南投罹此疾
소리치며 끙끙 앓기 어린아이 같았었지.	叫嚆懊憹如孩童
괴로운 비에 찬바람이 살과 뼈를 파고들고	苦雨凄風逼肌髓
찌는 더위 여름날에 겹이불만 생각했네.	炎天暑月思重被
손톱도 검어지고 입술 점차 파래져서	指爪漸黑脣漸靑
다듬이질하는 소리 이 사이로 들렸었지.	已聞砧杵生牙齒

학질에 걸려서도 스승의 가르침대로 베끼고 옮겨 적으며 책을 놓지 않은 제자 황상을 위로하고자 정약용이 쓴 「절학가(截瘧歌)」 개인 소장.

장사도 제 주먹을 감히 펴지 못하였고	壯士不敢伸其拳
학자도 무릎 꿇기 능히 지탱 못 했다네.	理學不能支其跪
타고난 네 신채가 오롯이 엉겨 있어	汝乃天然神采凝
다시 능히 붓을 잡고 번거로이 등초謄鈔한다.	復能捉筆煩鈔謄
파리 대가리 가는 글자 네댓 쪽을 쓰는데도	蠅頭細字四五葉
점획이 생동하여 덜덜 떨림 하나 없네.	點畫跳動無凌兢
훗날의 성취야 말을 할 게 뭐 있겠나	他年成就且休説
이 일 보면 나보다도 한층 더 높겠구나.	卽事視我高一層
큰 소가 자빠져도 너는 묻지 아니하니	大牛立斃汝不問
성질을 타고나서 배워서 됨 아니로다.	性質有然非由訓
괴로운 공부 마땅히 한 말 식초 마심이니	苦工宜從吸斗醋
날랜 뜻 어이해 해진 솜을 부끄러워하랴.	勇志豈肯羞敝緼

| 원컨대 너 노력해서 문사를 전공하여 | 願汝努力攻文史 |
| 우주의 만사를 내 분수로 하려무나. | 宇宙萬事皆己分 |

—정약용의 「절학가截瘧歌」.

병에 걸린 제자는 해가 지면 추워 몸을 잔뜩 움츠렸고 밤중이면 열이 심하게 났다. 학질에 걸리면 일주일가량 미열이 있고, 이후 다시 열이 오르다 사흘 뒤쯤 한기는 줄어들고 고열만 나게 된다. 고열로 두통이 심해 밤새 끙끙 앓을 수밖에 없다. 정약용은 정자음正紫飲(한약) 두 첩을 직접 지어 황상에게 달여 먹였다. 이후 조금 차도가 있더니 밤이 되자 다시 증세가 악화되었다. 통증은 조금 줄었지만 완쾌되었다고 보기는 어려웠다. 정약용은 다시 약방문을 참고해 다른 약을 지어 먹였다.

정약용의 「절학가」를 보면 그의 제자들은 가난했고 책을 사는 것조차 쉽지 않았음을 알 수 있다. 정약용은 제자들에게 가난한 처지니 선배와 동료, 고전의 좋은 글들을 베끼고 옮겨 적으면서 공부하라 가르쳤다. 제자 황상은 스승의 가르침대로 아픈 와중에도 베끼고 또 베꼈다. 어른도 고통을 견디지 못한다는 학질에 걸려서는 바른 자세로 붓을 잡고 초록 작업을 계속하는 등 스승의 가르침을 따랐다.

정약용은 의지가 강하고 학문에 대한 열의도 가득한 황상이 파리 머리만큼 작은 글씨로 하루에 네댓 쪽씩 베껴 쓰는 모습을 보면서 제자의 학문적 성취를 더욱 기대하게 되었다.

강진의 명승 금곡을 가장
좋아하다

1804년 4월 26일, 정약용은 강진에서 동쪽으로 2.5킬로미터쯤 떨어진 금곡金谷을 유람했다. 강진에 오고 나서 오랜만에 하는 유람이었다. 사실 유람이라기보다 가벼운 등산이었다. 그는 경쾌한 발걸음으로 높고 험한 산을 넘고 큰 강을 건너 나뭇길을 따라 걸었다. 계곡으로 들어서니 푸른 절벽이 멋지게 자리한 석문石門에 구름이 내려앉아 있었다. 샘물은 햇빛이 반사되어 붉은색을 띠었다. 한쪽에는 탑이 서 있고 뜰에는 높은 누각이 있었다. 예전에 절이 자리했음을 알 수 있었다. 새들의 노랫소리는 부드러웠고, 이리저리 꼬인 기이한 소나무가 바위 비탈에 위태롭게 서 있었다. 절경이었다.

정약용은 갓과 겉옷을 벗어두고 잠깐 누웠다. 그리고 잠시 뒤 일어나 술잔을 들었다. 걱정과 근심이 조금은 달래졌다. 유배라는 뜻하지 않은 상황에서 멋진 명승을 감상하니 이 또한 거부할 수 없는 즐거움이었고, 이전의 여행과는 다른 느낌이었다. 계곡에 바람이 불고 석양까지 지자 그는 어쩔 수 없이 절경을 남겨둔 채 산을 내려왔다.

그리운 친지와 가족의 무사 건강을
기원하다

1804년 4월 마지막 날, 강진의 날씨는 습하면서 무더워지기 시작했고 정약용의 마음은 예전보다 더 답답하고 우울했다. 그가 머무는 동문 밖 주막집의 뜰에서는 어미 닭이 갓 태어난 새끼병아리들을 이리저리 몰고 다녔다. 그 모습을 물끄러미 바라보니 정겨운 마음이 들었다. 멀리 들에서는 농부들이 초벌김을 매고 있었다. 고향 소식이 더욱 그리워진 그는 가을이 오기 전 가족과 고향의 소식을 들을 수 있을지 기다려졌다.

가족과 고향에 대한 생각은 하루에도 몇 번이고 연기처럼 피어올랐다. 작은아버지들, 큰형, 둘째 형, 동생 정약황丁若鐄, 그리고 두 아들과 조카들까지 생각이 그치지 않았다. 정약용의 둘째 작은아버지는 새로 이사하고 자신의 서재를 '감와실堪臥室'이라고 명명했다고 한다. 둘째 작은아버지는 조카인 정약용이 유배 길에 올라 서울 석우촌 주점에 도착한 순간부터 눈물을 흘리더니 헤어지는 순간까지 멈추지 못했던 분이다. 정약용은 둘째 작은아버지가 서재에 '감와실'이라는 이름을 붙였다는 것에서 전원으로 돌아가 여생을 보내겠다는 의지가 있음을 알아챘다. 흰머리 노인이 작고 낮은 초가집에서 세속의 뜻을 버리고 맑게 지내는 모습이 그려졌다.

막내 작은아버지는 어떻게 지내실까? 천주교 신앙 문제로 집안이 쑥대밭이 되면서 여기저기를 떠돌아다니던 막내 작은아버지는 '가곡稼谷'에 정착해 살고 있었다. 마을 이름이 가곡이라는 이야기를 전해 들은 정약용은 막내 작은아버지가 농사지을 땅이 넓고 산이 깊은 곳에서 살기로 결정했음을 눈치 챘다. 막내 작은아버지는 아마도 시골 농부가 되어 세상사와 담쌓고 늙어가기로 마음먹은 것 같았다. 막내 작은아버지의 편지에서 이러한 사실들을 알게 된 정약용은 눈물 흘리며 깊은 한숨을 내쉬었다.

동생 둘이 유배를 가고 동생 한 명은 사형당했으며 막냇동생까지 여기저기 떠돌아다니면서 안정을 찾지 못하는 상황을 지켜만 봐야 했던 사람, 집안 어른으로 고향 집에 남아 가문을 지켜야 하는 사람이 바로 큰형 정약현이었다. 정약용에게 아버지 같은 존재인 큰형은 쓸쓸한 고향 마을에서 외롭게 늙어가고 있었다. 세 아우가 살아 있다지만 두 아우는 살아도 만날 수 없으니 죽은 것이나 마찬가지였다. 큰형은 고향 마을에 의지할 만한 친지도 없어 홀로 모든 것을 헤쳐 나가야 했다. 제사 등 집안 대소사를 관장하지만 변변치 못한 형편 탓에 어려움이 많았다. 정약용이 그런 큰형을 위해 할 수 있는 일은 장수를 기원하는 것뿐이었다. 이번 생에 더는 볼 수 없다면 다음 생에라도 다시 형제로 만나기를 기원했다. 정약용의 시 「일곱 그리움(칠회七懷)」에 나오는 '중결차생인重結此生因('이 생의 인연을 다음 생에서도 꼭 다시 맺읍시다'라는 뜻)'은 큰형에 대한 동생의 애정을 표현한 것이다.

둘째 형 정약전은 자신과 가장 가까이에 있지만 만날 수 없었다. 둘째 형은 경제經濟에 뛰어난 학자였다. 그런 형이 재주를 펴보지도 못한 채 늙을 때까지 고기 잡는 어부처럼 섬에서 살아야 한다는 사실이 정약용의 마음을 아프게 했다. 둘째 형을 생각하면 정조에 대한 추억도 동시에 떠올랐다. 정약용을 아끼던 정조는 동생보다 형이 낫다며 형을 늘 재상감으로 인정했다.

정약용에게는 동생이 한 명 있었다. 아버지가 늦게 아들을 낳아 생긴 동생이었다. 아버지 정재원은 막내아들을 유독 사랑했다. 그 동생이 바로 정약황이다. 동생은 어머니를 모시고 살았고, 어릴 때부터 그림을 좋아했다. 그 동생에게 정약용은 의서를 읽으라고 권했다. 풍비박산 난 집안에서 살아갈 방편을 마련하려면 의술을 익히는 것이 도움이 된다고 생각했기 때문이다. 더불어 누이는 어떻게 되었는지 궁금했지만, 죽었는지 살았는지 소식을 알 수 없었다.

두 아들과 조카들도 생각났다. 두 아들은 과거시험을 봤더라면 틀림없이 조정에 들어가 큰 역할을 할 인재들이었다. 그러나 이제는 과거조차 볼 수 없어 오두막지기로 살아가게 되었다. 아들들을 생각하면 "100년이나 눈물을 흘릴 정도"의 안타까운 마음이 들 뿐이었다.

정약용은 두 아들과는 석 달에 한 번꼴로 편지를 주고받았다. 두 아들에게 부지런히 보리농사를 짓고 채소 심는 법을 배우라고 주문했으며, 주경야독晝耕夜讀을 실천해 진정한 선비로 살아가기를 바랐다.

앞길이 막힌 것은 두 아들만이 아니었다. 조카들도 같은 운명이었다. 정약용은 조카가 태어나고 자라는 모습을 보면서 가문에 준수한 인물이 나왔다며 흐뭇해했다. 책 읽는 소리가 또랑또랑했고, 문장을 짓는 솜씨가 창창蒼蒼했다. 포부가 크고 웅장했으며, 작은아버지인 자신을 닮아 체구도 건장했다. 정약용은 이런 조카를 매우 자랑스럽게 여겼다. 이런 재목이 집안에 나온 것은 몇 대의 선조가 덕을 쌓은 결과가 아닐까 생각했다. 자신은 비록 유배형을 받아 늙어가고 있지만 뛰어난 재주를 가진 조카가 집안을 빛내주리라 기대했다. 그 조카는 바로 둘째 형 정약전의 아들 정학초丁學樵로, 어릴 때부터 이미 서書와 사史를 읽고 그 잘잘못을 의논할 만큼 학문을 좋아한 인재였다. 하지만 1807년 열일곱 살에 후사 없이 요절했고, 정약용은 몹시 슬프고 안타까운 마음으로 조카의 묘지명을 지었다.

　무더위가 기승을 부리기 전, 정약용은 그리운 친지들과 가족의 무사 건강을 기원했다.

여름밤 모기에
시달리다

1804년 6월 여름은 모기가 극성이었다. 정약용은 사나운 호랑이가 담 밖에서 울어대도 무서워하지 않으며 잠을 잤고, 뱀이 처마에서 꿈틀대는 모습 정도는 누운 채로 대수롭지 않게 볼 수 있었지만, 모기 한 마리가 날아와 왱왱거리면 속이 타고 공포감이 몰려왔다.

모기는 주둥이를 피부에 박아 피를 빼는 데서 그치지 않고 독을 뼈까지 넣는 것 같았다. 이불을 덮어쓰고 있다 모기가 갔나 싶어 이마만 살짝 내놓으면 그 틈을 타 물어대는 모기가 싫었다. 이마는 울퉁불퉁 혹이 나 마치 부처 머리 같았다. 모기 소리가 나서 제 뺨을 쳐보지만 매번 헛치고 만다. 넓적다리에 있는 듯해 또 쳐보지만 이미 사라져버린 뒤다. 잡아보겠다고 싸우느라 공연히 잠만 설친다.

정약용에게 모기가 있는 여름밤은 1년과 맞먹을 만큼 지루하고 길었다. 몸통이 작고 하찮은 곤충인데, 왜 사람만 보면 침을 흘리는 것일까? 밤에만 다니는 것이 꼭 도둑 같다. 정약용은 여름 모기가 미워 글을 지어 응징했다.

예전에 정조를 모시고 규장각에서 근무할 때를 떠올려보면 한여름에도 소나무 그늘에 새들이 찾아들어 그림 같은 풍광이 펼쳐지고, 6월에도 파리가 없을 정도였다. 대자리를 편 채 편하게 매미 소리도 들었다. 하지만 이제는 흙바닥에 볏짚을 깔고 사는 유배인 신세라 가진 것 하나 없는데, 부르지도 않은 모기까지 찾아와 정약용을 괴롭혔다.

한여름밤 모기에 시달리는 것보다 더 시름겨운 것은 백성들이 겪는 고통을 지켜보는 일이었다. 유배지의 백성들이 술을 찾는 이유였고, 정약용이 술을 찾는 이유이기도 했다.

백성들이 고통으로 신음하니
괴롭구나

　1804년 여름 어느 날, 정약용은 억울함에 신음하는 이웃의 고통 때문에 속이 상해 술잔을 들었다. 백성들의 고통을 곁에서 직접 지켜보는 것이 너무 괴로웠다. 정약용은 '무릇 임금이란 땅을 가진 부잣집 영감과도 같다'고 생각했다. 아들이 열 명인 부잣집 영감이 백 마지기의 밭을 가지고 있다면 그는 당연히 아들들에게 열 마지기씩 나눠줄 것이다. 그래야 아들들의 사는 형편이 같아지기 때문이다. 만약 약삭빠른 자식이 팔구십 마지기를 가져간다면 못난 자식은 늘 가난하게 살 수밖에 없다.

　정약용은 아버지라면 자식들에게 공평하게 분배해 먹고사는 형편을 같게 해주어야 한다고 생각했다. 못난 자식은 늘 곳간이 비기 마련이다. 약삭빠른 자식은 화려한 비단옷을 입고, 못난 자식은 병에 시달린다면 아버지로서 속이 쓰리고 마음이 불편할 수밖에 없다. 이에 정약용은 가정 운영 지침서인 『거가사본居家四本』을 엮었고, 모든 자식에게 공평해야 한다고 강조했다.

정약용은 한밤중에 책을 읽다 격분해 책상을 치면서 일어났고 하늘을 향해 소리 질렀다. '똑같은 부모 밑에서 태어나 자랐는데 왜 불공평한가?', '무엇인가 거둬들여야 한다면 부자들을 상대로 더 거둬야 옳지 않은가?', '이 나라는 어찌하여 무언가를 거둬들일 때면 유독 힘없는 사람들에게서 긁어가는가?' 꼬리를 무는 질문이 머릿속을 가만두지 않았다.

양인으로서 신역身役을 면제받은 자가 신역을 지는 정병正兵의 토지를 대신 경작해주던 제도가 '군보軍保'인데, 역役 대신 일정한 양의 쌀이나 베를 바치게 해 그 폐단이 이루 말할 수 없는 상황이었다. 군보 때문에 제 몸 하나 숨길 길 없는 백성만 1년 내내 힘들었다.

본래 군역은 15세 이상 성인만 지는 것이었지만 이제 막 엄마 배에서 나온 아기도 군보의 대상이 되었다. 또한 60세 이하까지로 상한선이 정해져 있음에도 나이가 많은 노인, 심지어 죽은 지 오래된 사람에게도 요역徭役(국가가 백성의 노동력을 무상으로 징발하는 수취 제도)이 부과되었다. 나라 곳곳에 하늘을 원망하는 소리와 울부짖는 소리가 넘쳐났다. 어느 고을의 젊은 남자는 자신의 남근까지 잘라버렸을 정도다. 이처럼 비참한 일들이 지금 세상에서 벌어지고 있으니 정약용은 비통했다. 그래서 술을 마시지 않고는 견딜 수 없었다.

유배인 정약용이 술을 찾는 이유는 또 있었다. 군역을 지지 않는 양인이 그것 대신 국가에 군포軍布를 바쳐오던 제도에서 여러 폐단이 파생하자 이를 막기 위해 새로 도입한 것이 '호포법戶布法(신분에 관계없이 양반들도 군포를 내게 한 세금 제도)'이었다. 효종은 양인에게만 부과하던 군포를 신분에 관계없이 양반들도 내도록 한 호포법을 시행하려 했다. 오랜 논의를 거쳐 균등한 방안이 마련되고 시행되는가 싶

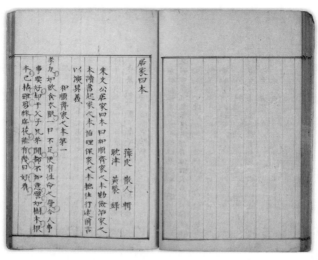

선인들의 좋은 행실과 명언을 중심으로 가정교육에 도움이 되고자 정약용이 쓴 『거가사본(居家四本)』 개인 소장.

더니 평양에서 겨우 얼마간 시험해보다 말았다. 이에 많은 사람이 산에 올라 통곡했다.

평양 사람들은 오랜 세월 억눌려 살았다. 각 집안이 10여 대를 내려와도 변변한 벼슬자리 하나 얻는 사람이 드물었다. 이들은 겉으로는 공손한 척해도 속으로는 불평, 불만이 있었을 것이다. 임진왜란 때 왜놈들이 나라를 침범하자 의병이 일어나 활약했는데, 평양을 중심으로 한 서쪽 백성들은 수수방관했고, 정약용은 그렇게 행동한 그들을 탓할 수 없다고 생각했다. 이렇게 원인이 명확한데도, 여전히 조선은 인재를 차별하고 당파까지 득세하고 있었다. 정약용은 이런 상황을 생각하면 할수록 울화가 치밀었다. 술을 진탕 마셔야 풀릴 것 같았다.

가난한 농민의 고통은 극심했다. 농민이라면 반드시 식량을 저장해 둬야 한다. 3년간 농사지으면 여러 상황에 대비해 1년가량 쓸 양식을 비축하고, 9년간 농사지으면 약 3년을 대비할 수 있는 양식을 비축해야 한다. 3분의 1 정도는 항상 위기 상황에 대비해 쟁여두어야 하는 것이다. 천재지변이나 전란, 각종 재난 때 그것을 활용해 굶주리고 헐벗은 이들을 구제하기 위한 방편이기도 했다.

그러나 조선의 농가 상황은 그렇지 못했다. 3년은 고사하고 한 달도 버티기 어려운 실정이었다. 정약용은 한숨이 절로 나왔다. 이는 농민들이 게으르거나 농토가 절대적으로 부족해서가 아니었다. 제도가 정비되지 못한 문제점에 관리들의 부조리함까지 더해진 결과였다. 물론 자연재해도 영향을 끼치긴 했지만, 정약용은 자연재해보다 인재人災가 훨씬 크다고 판단했다. 그래서 또 술잔을 잡게 되었다.

환곡還穀 제도를 시행하면서 떠돌아다니는 백성이 더 많아진 점도 정약용에게는 근심거리였다. 환곡이란 곡식이 떨어져 구하기 힘든 봄철에 가난한 백성에게 쌀을 빌려주고 가을에 추수하면 갚게 하는 제도였다. 어려운 백성들을 돕기 위한 이 제도가 도리어 백성을 위험에 빠뜨렸다. 그 이유는 의외로 단순했다. 봄철에 잘살아서 굳이 필요없는 백성에게 곡식을 빌려주고 정작 가진 것이 없는 가난한 백성에게는 잘 빌려주지 않았기 때문이다. 말하자면 떼먹지 않을 정도로 사는 사람에게만 곡식을 빌려주었다. 그러다 보니 정작 가난해서 당장 곡식을 빌려야 하는 사람은 높은 이자를 감당할 수 없어 떠돌이로 전락하고 말았다.

관의 입장에서는 환곡 제도가 있으니 곡식을 빌려주고 이자 수익을 올려야 했다. 하지만 정작 필요한 사람은 갚을 능력이 의심되어 주저하게 되고, 오히려 잘사는 백성에게 억지로 빌려주는 어처구니없는 상황이 연출되고 있었다. 즉 잘사는 백성은 필요가 없는데도 억지로 빌려 불필요한 이자를 물어야 하고, 못사는 백성은 빌리고 싶어도 높은 이자가 부담되어 이용하지 못했다. 이에 환곡 제도는 잘살거나 못살거나 모든 백성이 싫어하는 제도가 되었다.

환곡 제도는 봄에 쌀 한 말을 빌리면 가을에 두 말을 갚아야 하고, 빌린 쌀이 좀먹은 불량품이어도 갚을 때는 꼭 돈으로 내야 했다. 정당한 값을 쳐주기는커녕 도리어 빌린 것보다 더 많은 이자를 내야 하는 것이었다. 문제는 또 있었다. 이런 과정에서 생긴 이윤이 교활한 관리의 배를 불리는 용도로 쓰인다는 점이었다. 농사짓는 백성들이 논밭을 가지고 있어야 하는데, 관리가 모든 토지를 가지고 있었다. 백성들은 고생만 할 뿐이었다. 관리들은 긁어가고 벗겨가는 것도 모자라 매질과 폭행까지 일삼았다. 가마솥이며 냄비며 살림살이까지 죄다 빼앗아갔다. 힘없는 농민은 고난의 악순환에 빠졌고, 자식들은 팔려갔으며, 농사짓는 소를 비롯해 송아지까지 빼앗겼다.

관리들은 물정 모르는 백성들에게 나라에서 조금 높은 이자를 걷고 법을 엄격히 집행해 환곡을 갚게 하는 이유가 군량미를 비축하기 위해서라고 말했다. 정약용은 이 말에 교묘한 술수가 숨어 있음을 알았다. 군량미를 비축한다지만, 한 해의 마지막 날인 12월 31일이 다가오면 곡식 창고의 문을 닫아걸고 새봄이 되기 전까지 곡식을 쌓아두는데, 봄이 되면 다시 곳간이 비었다. 심하게 말하면 한겨울 석 달가량만 제외하고는 비축된 군량미가 없는 것이나 마찬가지였다. 국가가 재난이나 위기를 맞았을 때 써야 할 군량미를 한겨울에만 쌓아둔다는 것은 말도 안 되는 이야기이고, 앞뒤가 맞지 않는 말이었던 것이다.

정약용은 나라에서 농가에 식량을 빌려준다고 은혜를 베푼 것처럼 굴어서는 안 된다고 생각했다. 지나친 사랑은 간섭과 다를 바 없다는 판단에서였다. 자녀들이 시집가고 장가를 들어 각각 살림을 차렸을 때 부모라면 자식들이 각자의 방식으로 잘 꾸리며 살아가는 모습을 지켜볼 것이다. 대개는 부부가 서로 상의해 그 나름의 방법을 찾아내기를 바란다. 헤프든 아끼든, 죽을 쑤든 밥을 짓든 간섭하지 않고 지켜보는 것이 좋다.

　정약용은 과거시험과 지방에서 보는 소과시험의 문제점에 대해서도 고민이 많았다. 서울에서는 해마다 창경궁의 춘당대春塘臺에서 과거시험을 치렀고 수많은 사람이 한자리에 모여 재주를 겨루었다. 아무리 눈 좋은 감독관 100여 명이 지켜본다 한들 모든 응시자를 철저히 감시할 수는 없었다. 전국 각지에서 과거시험을 보려고 몰려든 사람들은 혼신의 힘을 다해 시험을 치렀다. 하지만 그들의 당락은 시관試官의 손에 달려 있었다. 시관은 붉은색 붓을 잡고 자신의 기준대로, 혹은 멋대로 그어댔다. 정약용은 이런 과거시험이 젊은 학생들에게 참다운 학문이나 실질적인 기술을 일깨워주기보다 요행심만 길러준다고 생각했다. 또한 과거시험 제도가 형식적인 성격이 강해지고 진정한 인재 선발이라는 취지를 구현하지 못하게 된 것은 과거시험 체제를 잘못 정비했기 때문이라고 봤다.

　정약용은 잘못된 과거시험 제도에서 잘못된 문학이 만들어지고 잘못된 관직 풍토가 조성되었다고 판단했다. 격조가 떨어지는 시가 엄청난 해악을 끼치는데도, 마을 훈장들은 고전을 제대로 가르치기보다 어디서 온 것인지 모르는 백련구百聯句(7언 율시 가운데 뛰어난 시구 100개를 가려 뽑아 한글로 음을 달고 풀이한 『백련초해百聯抄解』로, 처음 공부하는 학동들이 한시를 배우는 입문서)나 『천자문千字文』 따위를 가르쳤다.

그 아래서 학동들은 무턱대고 그것을 읊고 외웠다. 그리고 중국 역사에 나오는 항우項羽나 패공沛公에 관한 내용을 쓰고 또 썼다. 시골 마을의 훈장집 서재에서 나오는 시험 주제나 문제가 모두 초나라 때, 혹은 한나라 때 시문들로 채워지는 것도 이 때문이었다. 정약용은 이런 문인들이 한 시대를 풍미하고 장식하긴 했어도 그 명성이 다음 세대를 지나 그다음 세대까지 이어지는 것은 무리라고 생각했다. 한마디로 이런 문인들을 높이 평가하지 않았다.

정약용은 현실의 삶을 개척하지 않고, 선현들의 고전을 탐독해 우주 질서를 깨우치지 않으며, 세상을 위한 자신의 사회적 역할을 찾지 못하는 사람을 매우 싫어했다. 이들에 대해 "대나무 1만 그루로 천 길이나 되는 빗자루를 만들어 쭉정이 먼지 쓸듯 싹싹 쓸어 한번에 바람에 날려버리고 싶은 사람들"이라고 비판했다.

정약용은 이런저런 고민을 하며 한여름 무더위를 술로 달랬다.

인재가 없는 것인가, 인재를 버린 것인가

1804년 6월 어느 날, 정약용은 조선의 인재에 대해 고민하고 있었다. 조선의 과거시험 제도는 적재적소에 필요한 인재를 뽑을 수 없었다. 그는 옛사람들처럼 산천의 정기가 영재를 만들어낸다고 생각했다. 즉 좋은 산천을 보면 그 기상을 배울 수 있다고 믿었다. 다만 산악이 영재를 만들어낸다고 해서 씨족을 따로 특정하거나 한정하거나 선택적으로 가리지는 않는다고 확신했다. 육조시대부터 당나라까지 중국의 오랜 역사를 살펴봐도 명망 있는 가문으로 명성을 날린 최씨, 노씨 문중에서만 뛰어난 재주를 가진 인재가 나온 것은 아니었기 때문이다. 반면 조선에는 특정 가문이 권력을 쥐고 있는 것을 보며 자포자기하는 인재들이 있었고, 정약용은 그런 안타까운 현실에 고민만 깊어갔다.

그는 "솥은 솥발이 뒤집어져야 좋다"는 격언이 떠올랐다. 솥이 엎어지면 솥발도 뒤집어지고, 솥 안에 있던 오물까지 다 쏟아져 나와 새로운 것을 앉힐 수 있게 된다는 뜻이다. 중국 송나라의 이름난 재상이던 한기韓琦는 비첩婢妾의 아들이었고, 한기와 쌍벽을 이루던 명신 범중엄范仲淹도 어머니가 재혼해 낳은 자식이었다. 명나라의 명신이자 대학자인 구준丘濬은 시골에서 태어났다. 향기 좋은 난초가 골짜기에 피는 것처럼, 지모가 뛰어난 역사적 인물은 시골이나 한미한 집안에서도 많이 나와 좁디좁은 등용문을 통과했다.

반면 조선에서는 시골 선비들이 등용되기 어려웠고, 다양한 계층에서 인재가 나오지 않았다. 정약용은 이를 보면서 제도에 문제가 있다는 것을 자각하기 시작했다. 그는 재주가 특출하다고 인정받는 사람이 낙방해 등용되지 못하는 문제점은 능력을 평가하는 과거시험 제도가 공정하지 않기 때문이라고 생각했다. 중국 역사서에 신라시대 귀족을 '제일골第一骨'이라고 기록한 것처럼, 특정 계급에만 등용의 혜택이 있고 나머지 사람들에게는 자격조차 주어지지 않는 상황이 조선에서도 벌어지고 있었다.

정약용은 대표적으로 서북 사람들(평안도, 함경도)의 경우 조금 과장하자면 종처럼 여겨지고 있다고 봤다. 그들은 늘 불평하고 통곡했다. 몇몇 집안은 가문을 일으켜 벼슬자리에 오르고 명맥을 이어가기도 했지만, 그 속을 들여다보면 불평등한 차별로 패가 갈리고 갈등이 깊어갔다. 반면 서울 관리 중에는 대대로 별다른 노력 없이도 벼슬길에 오르는 사람들이 있었다. 높은 자리는 이들이 독차지했고, 주요 지방 관직도 이들의 몫이었다. 이들은 나라의 입이 되고 귀와 눈이 되는 요직에 앉았다. 내로라하는 관직은 모두 이들이 꿰차고 있었다. 이러한 세상에서는 판결이 제대로 진행될 수 없었고, 나라가 제대로 돌아갈 리 만무했다.

정약용은 예전에 들었던 두 가지 일화가 떠올랐다. 하나는 시골 양반집 부자와 관련된 일화였다. 어느 시골 양반이 아들을 낳았는데 기품이 빼어났다. 여덟아홉 살이 되고 가을 대나무처럼 지식과 지혜가 자란 아들은 아버지 앞에 무릎 꿇고 앉아 물었다.

"저는 지금 『시경詩經』, 『서경書經』, 『역경易經』, 『주례周禮』, 『의례儀禮』, 『예기禮記』, 『춘추좌씨전春秋左氏傳』, 『춘추공양전春秋公羊傳』, 『춘추곡량전春秋穀梁傳』 등 구경九經을 모두 읽고 터득해 경술이 누구 못지않습니다. 홍문관弘文館에 들어갈 수 있겠지요?"

아버지는 머뭇거림 없이 대답했다.

"너는 신분이 낮다. 그래서 임금을 곁에서 보필할 수 없다."

그 말을 들은 아들은 분노했지만 문신이 될 수 없다는 현실을 받아들였다. 그 대신 무예를 익히기로 했다. 활을 쏘고 말을 달리며 훈련했다. 문인은 무예를 멀리하고 우습게 여기니 무신이 되어 나라를 지키기로 한 것이었다. 오영五營(조선 후기 서울과 외곽 지역을 방어하기 위해 편제된 다섯 개의 군영)의 장수가 되어 말에 올라 대장기를 세우고 싶었다. 아들은 다시 아버지에게 말했다.

"아버지! 지금 무예를 익혔으니 나라를 위해 쓰이고 싶습니다."

아버지는 한숨을 쉬며 말했다.

"너는 신분이 낮아 장군 수레를 타지 못할 것이다."

아들은 또다시 실망했지만, 낙담하기에는 이르다고 판단해 아전들이 주로 하는 사무 관리를 배우기로 했다. 한나라 순리循吏(법을 잘 지켜 백성들을 위하는 관리)들처럼, 또는 자기 전공을 살려 치적을 많이 쌓은 아전들처럼 고을의 수령 밑에서 사무를 보며 한세상 먹고사는 걱정 없이 지냈으면 하는 마음으로 아버지에게 물었다.

하지만 아버지는 이마저도 안 된다고 했다.

"너는 신분이 낮아 순리가 될 수 없고, 심지어 악독한 관리조차 될 수 없다. 이 모두가 너와는 상관없는 자리다."

아버지는 말끝에 한숨지었고, 아들은 그제야 깨친 듯 노발대발했다. 책이며, 활이며 배우고 익혔던 것들을 모두 내던지고 이후 두 개의 주사위(투자骰子)로 승부를 겨루는 쌍륙雙六이나 골패 놀이, 마작, 공차기로 일과를 보냈다. 허랑방탕한 생활이 이어졌으며 자포자기해 아무것도 되지 못한 채 시골구석에서 늙어 죽고 말았다.

또 하나의 일화는 부유하고 권세 있는 집안에서 태어난 아이들도 자포자기하기는 매한가지라는 것을 보여주었다. 대대로 고관대작을 지낸 어느 집안의 아이는 재주가 좋아 천리마처럼 기세등등했다. 여덟아홉 살이 되자 예쁜 옷을 입고 다녔고, 찾아오는 손님마다 "너는 걱정이 없다. 너희 집은 하늘이 내린 복 많은 집안이다. 너의 벼슬도 이미 하늘이 정해놓았다. 너는 바라기만 하면 청관요직清官要職은 떼어놓은 당상이다. 헛고생해가며 글공부를 할 필요가 없다. 때가 되면 좋은 벼슬이 저절로 올 것이다. 편지 정도나 쓸 줄 알면 된다"고 말했다. 아이는 이런 말을 들을 때마다 깡충깡충 뛰며 좋아했다. 이후 아이는 책상 앞에 앉지 않고 책을 거들떠보지도 않았다. 마작과 골패 놀이, 장기, 바둑, 쌍륙 등 노름에 빠졌다. '먹줄 한 번 안 맞아본 나무는 큰 집 재목이 될 수 없다'는 격언에 딱 맞는 상황이었다. 이런 상태로 높은 자리에 오른다 해도 아무 일도 못 하니 이 또한 자포자기와 같았다.

이 두 가지 일화 모두 매우 극단적으로 보일지 모르지만, 잘못된 인재 선발 제도와 차별로 생겨난 조선의 슬픈 현실이었다.

정약용은 이렇게 대조적인 두 아이의 일화를 통해 조선의 모든 재목이 자포자기하고 있다는 공통점을 발견하고 고민했다. 서울에 비해 지방은 더 심각했다. 타고난 재주가 뛰어나지만 신분이 낮아 뜻을 펼칠 수 없자 울분에 차 자포자기하는가 하면, 재주가 있고 명망가에서 태어났으나 노력하지 않아도 높은 자리에 오를 수 있으니 공부와 단련을 멀리한 채 향락에 빠져 살며 자포자기하는 것이었다. 이러한 조선의 모습을 볼 때마다 정약용은 속만 타들어갔다. 그리고 인재 양성을 위한 새로운 제도 개혁이 필요하다는 것을 절감했다.

가뭄 끝에 비 내리니 세상의 이치를 헤아리다

1804년 7월 3일, 오래도록 가물어 마을 사람들도, 정약용도 많이 걱정했는데 반갑게도 비가 조금 내렸다. 정약용은 마을 상황을 살피고자 밖으로 나갔다. 낚시터를 지나는데 땅에서 비린내가 나더니 곧 먹구름이 밀려왔다. 비가 두세 방울 떨어지자 개구리들이 떠들어댔고, 서북쪽에서 불어오는 바람에 송아지들도 기뻐 날뛰었다. 말랐던 골짜기에 물이 흘렀다. 비는 해질녘까지 내렸다. 무더위와 가뭄 끝에 내린 비에 불그레한 석양빛이 아름다웠다.

이날의 비는 곡식을 잘 익게 했다. 그렇다고 세상 사람의 근심이 모두 사라진 것은 아니었다. 곡식 많은 이는 먹을 사람이 없고, 자식 많은 이는 배가 고파 걱정이었다. 높은 벼슬은 어리석은 사람들만 하는 것인지, 영리한 백성은 나라의 중책에 쓰이지 못했다. 이에 정약용은 온갖 복을 다 갖춘 사람은 없기 마련이라고 생각했다. 아비가 인색하면 자식이 방탕하고, 아내가 지혜로우면 남편이 어리석기 쉽다. 그는 세상 이치가 그런 것이라고 믿었다.

칠석날 나방 한 마리가
날아오다

　1804년 7월 7일, 견우와 직녀가 1년 중 한 번 만난다는 칠석날이었다. 정약용은 책을 읽고 있었다. 나방 한 마리가 방으로 날아 들어와 책상 위에 내려앉았다. 혼자 앉아 있는 나방을 보니 문득 이런저런 생각이 번져나갔다.

　나방은 누에에서 나온다. 책상 위에 앉은 나방은 누에로 있을 때 곰실곰실 다정스럽게 지내던 짝이 있었을 것이다. 하지만 지금 혼자만 누에고치에서 나온 것인지, 짝으로 같이 지내던 누에도 나방이 되었지만 다른 곳으로 날아간 것인지는 알 수 없다. 나방이 되기 전 두 짝은 한자리에서 같이 뒹굴며 즐겁게 지냈을 것이다. 그런데 나방이 된 지금 남남이 되어 홀로 다니는 모양이었다.

　새들도 한 둥지에서 함께 살 때는 순수한 사랑에 빠져 서로 날개를 맞대며 정겨움을 표현하기도 하고, 목을 포개어 깊은 정을 나누기도 한다. 그러다 멀리까지 날 수 있게 되면 짝을 이루던 사랑은 거들떠보지도 않는다. 정약용은 지각없는 세상 미물들의 이런 움직임을 바라보면서 환경이 변하면 다시는 옛정에 끌리지 않게 되는 상황이 안타까웠다.

혼자 날아온 나방을 지켜보던 정약용은 고향에 남은 아내와 생전에 다시 만날 수 없을 것 같다는 예감이 들었다. 죽어서 눈 한번 감으면 깜깜해질 뿐, 끝내 골육도 진토가 될 것이다. 그런 뒤에 부부가 한 무덤에 묻힌다 한들 살아 있을 때 함께 지내는 것과 같을 수는 없다. 하지만 현실의 벽에 가로막혀 다시는 만날 수 없을지도 모른다는 생각이 들수록 정약용은 슬픔이 깊어지고 괴로움은 커져갔다. 남자인 본인도 이러할진대 아내는 오죽할까 싶어 더욱더 마음이 아팠다.

그날 강진의 밤하늘은 은하수가 맑고, 비단 같은 별들이 총총하게 떠 반짝거렸다. 풀벌레들은 서로 주거니 받거니 하며 울어댔다. 뜰 앞 대나무에 이슬이 맺힐 만큼 밤이 깊었는데도 정약용은 잠을 이룰 수 없었다. 고향 쪽을 바라보고 서 있던 그의 눈에서 눈물이 떨어져 옷을 적시고 수건을 적셨다. 두 날개로 구름 속을 멀리 날아갈 수 있는 학이 그토록 부러운 적이 없었다. 학이라도 되어 보고픈 아내에게 날아가고 싶은 마음뿐이었다.

어리석은 사람을
자처하다

1804년 8월 초, 정약용은 문득 몇 가지 걱정에 휩싸였다. 어린 시절부터 '성인聖人'이 되는 것이 목표였던 그는 중년이 되면서 '현자賢者'로 목표를 내렸고, 유배를 와서는 '하우下愚(어리석은 사람)'도 어렵다는 생각에 이르렀다. 나이 들수록 인생의 목표를 성취해가는 것이 아니라, 목표치를 점점 낮추게 되는 자신의 모습이 첫 번째 걱정이었다. 나태해지거나 현실과 타협하며 사는 것이 싫었기 때문이다.

강진에는 학문적으로 훌륭한 업적을 쌓은 사람이 없었다. 당연히 모르는 것이 있을 때 물어보거나 토론할 데가 마땅치 않았다. 이 무렵 『주역周易』 연구에 몰두하고 새로운 주석을 쓰고 있던 정약용으로서는 답답한 부분이 아닐 수 없었다. 세상 이치와 우주의 질서를 탐구하는 과정이자, 유교 경전 가운데 가장 깊은 철학 체계를 갖춘 『주역』은 동양 사상의 정수라 할 수 있었다. 정약용은 이에 대한 새로운 해석을 시도하는 과정에서 토론할 사람이 없다는 것이 학자로서 여간 걱정이 아니었다. 그는 『주역』을 연구할수록 혀가 갈라지고 목이 쉬며 입술이 타고 입이 바짝 말랐다. 자신의 초조함을 알아주는 사람이 없는데다, 시간이 빨리 흘러가는 것도 큰 걱정거리였다. 세상 돌아가는 모습에 이런저런 근심이 쌓여 북쪽 산에 올라가 소리도 질러봤다. 마을 사람들은 정약용의 속도 모른 채 신세가 궁해서 운다고 여겼다. 그는 가슴속 답답함을 이겨낼 수 없었다.

술에 취해 떠들어대는 군중 속에 의젓하고 장엄한 선비가 한 명 있으면 으레 군중은 그 선비를 손가락질하며 미쳤다고 하는 법이다. 사람은 어쩔 수 없이 늙어 죽게 마련이고, 한번 죽으면 다시 태어나지 못하는데, 사람들이 인간 세상을 천상으로 여기는 모습을 보고 있자니 그것도 걱정스러운 일이었다.

정약용은 눈앞에 펼쳐지는 세상일 중 제대로 되는 일이 하나도 없는 것 같았다. 모든 것이 헝클어진 듯했다. 어디서부터 어떻게 정리하고 바로잡아야 할지 방법이 보이지 않아 암담했다. 그래서 마음이 아팠다. 시인 도연명이 "마음이 육신의 노예가 되었다"고 했던 것처럼, 정약용 역시 육신의 노예가 되면 백 번 싸워도 백 번 다 진다고 굳게 믿었다. 하지만 자신도 점점 육신의 노예가 되어가고 있는 것 같아 걱정이었다. 이는 자신을 끊임없이 돌아보고 경계하는 사람의 모습이기도 하다.

시간은 총알보다 빠르게 흘러갔다. 그것을 잡아맬 길이 없었다. 인생에서 단 하루도 태양을 잡아둘 수는 없는 법이다. 정약용은 앞으로도 흐르는 시간을 잡을 수 없다고 생각하니 걱정을 넘어 슬픔이 밀려왔다. 예쁜 복숭아나무는 봄이면 가지가지에 고운 꽃을 피우지만 그 꽃도 곧 떨어지고 만다. 화려함은 사라지고 쓸쓸하게 가지만 남는 현실이 정약용에게 걱정과 슬픔을 안겨주었다.

고난의 연속이지만 포기해서는
안 된다

1804년 8월 중순, 유배지에서 정약용의 삶은 고난의 연속이었다. 익숙지 않은 바닷가 사람들의 식습관, 자주 찾아오는 신병의 고통 등 이루 다 말할 수 없었다. 그럼에도 바르게 살아가려면 해야 할 일이 많았다. 할 수 없는 것에 매달려 괴로워하며 자포자기할 수는 없었다.

정약용은 즐겁고 유익한 부분을 찾아 극대화하고, 긍정적인 것을 찾아 힘을 내려 했다. 이는 곧 지식을 확장하거나 세상의 이치를 찾아내거나 사소한 즐김에서 긍정의 에너지를 발견하는 것이었다. 이에 그는 먼저 걱정을 없애고 생활에 활기를 불어넣기 위해 해야 할 일 몇 가지를 고민했다.

그중 하나가 고정관념을 버리는 것이었다. 아무리 외진 곳에 떨어져 있다 해도 이것이 끝이 아니라고 생각을 바꾸었다. 이는 인도가 세계지도 가운데에 있어도 지구의 중앙은 아니라는 생각에까지 이르렀고, 둥근 지구는 원래 동쪽도 서쪽도 없다는 식으로 사고방식이 전환되었다.

이런 이치로 정약용은 강진이 지구의 끝이 아니고, 궁벽하거나 외진 곳은 더더욱 아니며, 도리어 세계의 중심부에 자신이 서 있다고 믿었다. 그가 세계지도를 그려 황상 등 제자들에게 벽에 걸어두고 보라고 선물한 것도 바로 이러한 사고방식에서 기인했다. 자기 자신이 어디에 있는지, 어떤 존재인지 생각해보도록 한 것이었다. 자신을 세상의 중심으로 인식하고 스스로 긍정의 에너지를 만들기 위함이었다.

정약용은 하늘이 자신을 귀하게 여겨 유배라는 선물을 주었고 진정한 선비로 살게 했다며 유배의 고통을 긍정적으로 받아들이고자 했다. 하늘이 있고, 땅이 있고, 물이 있고, 곡식이 있어 발을 디디고 배를 채울 수 있으니 그 또한 기쁜 일이라 여겼다. 가난한 유배인의 고난을 즐거움으로 바꾸는 발상의 전환이었다.

정약용에게 부귀는 한순간의 꿈과 같은 것이었다. 돌이켜 생각하면 자신이 당하는 유배와 궁액窮厄도 똑같은 꿈이었다. 언젠가는 좋든 나쁘든 이 꿈에서 깨어날 것이라고 믿었다. 그러면서 우주의 일들을 모두 가볍게 여길 수 있다고 확신했다. 절망을 희망으로 바꾸는 긍정의 논리를 역발상으로 찾은 것이었다.

세상을 살아가면서 일반적으로 걸림돌이나 근심거리가 무엇이냐고 물으면 사람들은 대체로 가족이라고 답했다. 정약용은 그런 집을 나와 호탕하게 놀 수 있게 되었다고 자신을 위로했다. 걱정해도 해결되지 않는 일로 고민하기보다 할 수 있는 즐거움을 찾아 현실적으로 생각하기로 한 결과였다.

대개 사람은 높은 데 오르면 떨어질까 염려한다. 높은 데서 내려오면 오히려 마음이 후련해진다는 것을 모른다. 큰 갓을 쓰고 비단 옷에 의관을 갖춘 사람은 늘 떨어지지나 않을까 걱정한다. 위태위태하게 매달려 있는 것 같은 심정이다. 그래서 부귀하고 권세 있는 사람이 상대적으로 불행한 결말에 도달하곤 한다. 그들은 나쁜 짓을 하기 쉽고, 이 때문에 환란을 당하기도 한다.

정약용은 깃 잘린 새처럼 사납게 굴지도 못하니 오히려 잘되었다며 스스로를 위로했다. 고기를 먹는 사람은 좋은 맛을 즐길 수 있지만 나쁜 독소도 함께 섭취함으로써 고통을 당할 수 있다. 좋은 맛을 즐기려 하지 않는다면 독 때문에 토할 일도 없을 것이다. 그는 또한 사람은 언제나 얻는 것이 있으면 잃는 것이 있고, 잃는 것이 있으면 얻는 것이 있으니 끝까지 포기해서는 안 되는 이유가 여기에 있다고 생각했다.

정약용은 아이처럼 웃을 일을 찾고자 노력했다. 어린아이가 까닭 없이 울다가 갑자기 헤죽헤죽 웃는 모습을 보고 배운 것이었다. 또한 기쁘고 슬픈 건 원래 까닭이 없다는 사실을 깨달았다. 감정에는 나이가 없고 성별도 없으며 오직 나이에만 어른과 아이가 있을 뿐이었다. 그는 웃음을 찾는 것이 슬픔을 고민하는 것보다 더 현명한 방법임을 알게 되었다.

어떤 사람이 뜻을 펴지 못한 채 좌절하면 주변 사람들은 그를 더욱 아껴주고 위로해준다. 반면 어떤 사람이 성공하고 중요한 일을 처리하는 자리에 오르면 주변에서는 그 사람의 단점만 이야기한다. 중국 요임금 시대에 소보巢父나 허유許由 같은 사람들이 머리를 흔들며 일을 맡지 않으려 한 것도 이런 이유에서였다. 정약용은 자신이 거세되어 중요한 일에 쓰이지 못하는 처지라 사람들로부터 위로를 받을 수 있는 것이라고 생각을 바꾸었고, 이로써 슬픔보다 웃음을 더 찾고자 노력했다.

백성들은 자신이 굶주리니 정약용을 원망하지 않았으며, 또 무지하니 정약용을 알아주지도 않았다. 그는 후세에 본인을 알아주거나 언급하는 이들은 분명히 "정약용이 만일 뜻을 얻었다면 무엇인가는 이루었을 사람이다"라고 평가할 것이라 믿었다.

정약용은 천재적이고 명석한 두뇌에, 식견이나 통찰력이 다른 사람들보다 뛰어나다는 자신감만으로 학문을 좋아했던 것은 아니다. 그는 늘 바르게 살고자 했으며, 세상일을 자신의 문제로 자각하고 실천을 자기 몫으로 인식했다. 또한 문제의 원인을 다른 사람이나 외부로 돌린 채 자신의 가치를 알아주지 않는다고 울분에 차 불평하기보다, 이웃의 고통을 자신의 고통으로 공감하는 자세와 한 사람의 천재보다 백 사람의 힘이 모이면 더 큰일을 할 수 있고 세상도 변화시킬 수 있다는 긍정적인 마음을 중시했다.

정약용은 타인의 말이나 평가에 일희일비하기보다 자신이 할 수 있고 책임질 수 있는 실천에, 그리고 과거와 추억에 집착해 소비적이고 퇴폐적인 생각으로 시간을 보내기보다 자기 시대의 역할과 미래 세대의 발전 가능성에 무게를 두었으며 그것을 신뢰했다. 또한 사회적 역할을 방기한 채 일군 부귀보다 가난하지만 올바른 세상의 길을 깨달아가는 학문적 자유를 높이 쳤고, 소모적인 비판에 그쳐 한 발짝도 실행해보지 못하는 삶보다 지금 당장 현실을 바꿔나가기 위해 무엇이든 하는 용기와 위로를 더 중요하게 여겼다.

들창 가득 풍월이
들다

1804년 8월 19일, 강진에 궂은비가 내렸다. 가을이 가까워지자 비가 자주 내렸는데 채소밭에는 아직 팥꽃이 남아 있었다. 정약용이 머무는 주막의 초가지붕에서는 노래기가 떨어졌다. 자신을 찾아오는 사람이 없어 의관을 갖출 필요도 없었다.

정약용은 몸이 여기저기 많이 아팠다. 맑은 날이라고 탄식이 없었던 것은 아니지만, 비만 오면 몸이 쑤시고 탄식과 신음소리가 잦아졌다. 그럴수록 그는 스스로 아픈 상처를 달래지 못하고 마음을 추스르지 못한 것이 원인이라는 생각이 들었다. 시름에 잠길 때면 글 쓰는 일로 마음을 달랬다.

정약용은 이날 꿈을 꾸었다. 꿈에 시 한 수를 지었는데 일부는 생각이 났지만 몇 구절은 좀처럼 떠오르지 않았다. 잠자리에서 일어나 고민 끝에 시를 완성했다. 이날 꿈에서 얻은 시의 중심 구절은 '일창풍월一窓風月(들창 가득 풍월이 들다)'이었다.

나이가 들어 찾아오는 수심을 어떻게 할 수 없는 상황에서 꿈에 나타난 시의 내용은 딱 유배인의 심정이었다. 정약용은 탁주 한 잔을 마시며 아직은 흰머리보다 검은 머리가 많다는 것을 위안 삼아, 나쁜 사람보다 좋은 사람이 많다는 것을 기뻐하는 내용으로 시를 완성했다. 자신의 바람을 담은 시였다.

산에 오르려다 말고 소리 내어
책을 읽다

1804년 9월 1일, 강진의 가을 하늘은 높고 맑았다. 하늘이 티 없이 맑다는 표현이 거짓말이 아니었고, 시냇가의 꽃들도 선명했다. 날씨는 새색시가 얼굴을 씻은 뒤 연지곤지를 찍은 것보다 환했다. 집에만 있기엔 너무나 아까운 날씨였다. 정약용은 금곡이나 북산에 오르면 좋겠다는 생각이 들었다. 얕은 시냇물이 졸졸 흐르는 소리를 들으면서 걷기만 해도 시원할 것 같았다.

그는 함께 산에 오를 벗을 찾아 나섰다. 그러나 시골 강진에는 문교文敎가 드물었다. 세상물정을 조금 안다 싶으면 유배인인 정약용과 어울리기를 꺼려했다. 정약용은 좋은 날씨에도 자신을 찾아올 사람이 없고 함께 산행할 사람도 없다는 사실이 실망스러웠다. 자연스레 서울 명례방明禮坊에 살았을 때가 그리웠다.

유배를 오기 전 명례방에 살 때는 화창하고 맑은 날이면 다정한 벗들과 만나곤 했다. 정약용이 사는 명동의 집을 중심으로 아랫마을과 윗마을에 친구들이 살고 있었고 종종 그들을 초대해 모임을 가졌다.

그 친구들과 만나면 대토론회가 펼쳐졌다. 때로는 감정을 품고 싸우듯이 격정적으로 토론하기도 했다. 그래도 이때까지 마음 변하지 않고 참다운 친구로 남은 사람은 그들뿐이었다. 그들은 바로 '대나무처럼, 난초처럼 변치 않고 향기로운 사람의 모임'이라는 뜻의 '죽란시사' 친우들이었다.

덩달아 아내 홍씨도 생각났다. 친구들과의 즐거운 만남은 홍씨의 내조가 있었기에 가능했기 때문이다. 정약용은 사리에 밝은 아내가 싫은 내색 한 번 없이 남편의 여행 준비를 해준 것을 떠올렸다. 옥같이 깨끗한 인절미와 밥, 정갈한 전골, 잘 저민 회 등 남편이 좋아하는 음식을 매번 준비해준 아내였다. 정약용은 그런 아내의 음식 준비와 내조 덕분에 친구들로부터 칭찬과 부러움을 사곤 했다. 서울에서 관료 생활을 했다지만 사실 넉넉한 형편은 아니었다. 어디든 여행을 가려면 말이라도 있어야 했지만 말을 살 형편이 안 되었다. 그래서 말이 필요할 때면 아내는 이웃에서 빌려와 남편이 이용할 수 있게 해주었다. 그렇게 정약용은 친구들과 만나 시를 짓고 이야기도 나누었다.

정약용은 하루아침에 유배를 오게 되고, 연잎 위 물방울처럼 바람 부는 대로 굴러다니는 꼴이 되고 만 자신의 신세가 곤궁하고 한스러웠다. 특히 강진에서는 자신을 경계하는 사람들 사이에서 우정을 나눌 만한 벗을 찾기가 어려워 못내 아쉬웠다. 친구들을 다시 볼 수 없는 상황인 데다 자신을 지지하고 믿어주며 사려 깊게 챙겨주던 아내조차 곁에 없었다. 그는 갑자기 가슴이 죄는 느낌이 들고 맥이 풀렸다. 이에 산에 오르려던 마음을 접고, 혁대를 풀어 윗목에 던져버렸다. 그리고 들창 아래 누워 책을 한 권 들고 소리 내어 읽었다.

엄하면서도 덕을 풍기는
금곡을 닮고 싶다

1804년 9월 5일, 정약용은 나흘 전 가려다가 포기한 금곡을 유람했다. 그는 산수가 그리워지면 꼭 갔다 와야만 직성이 풀렸다. 규장각에 근무할 당시, 답답한 도시 생활과 반복되고 짜증나는 검서관의 일과가 싫어 정조에게 보고도 하지 않은 채 형들과 고향으로 몰래 놀러 간 적이 있을 정도로 산수를 좋아했다. 그때 형들과 한강을 건너 천진암天眞庵(지금의 경기도 광주시 퇴촌면 우산리 앵자봉鶯子峰에 있던 사찰) 일대를 유람했다. 정조의 호된 꾸지람을 듣고 서울로 돌아오긴 했지만 1797년에 있었던 이 무단 일탈은 그가 산수를 얼마나 좋아하는지를 잘 보여주는 일화다.

정약용은 대문만 나서면 우울한 마음이 금세 달아나 유쾌해졌다. 멀리 보이는 마을들, 시내를 따라 머리털같이 가늘고 길게 이어진 길들, 들국화가 활짝 핀 산골짜기가 눈에 들어왔다. 이때까지 정약용은 금곡을 세 번 찾았다. 흔히 사람은 가까우면 가까울수록 서로 닮는다고 했던가. 그는 자신이 금곡을 조금씩 닮아가는 것 같다는 느낌을 받았다.

정약용은 금곡이 무척 좋아 닮고 싶을 정도였다. 이는 결코 산에 아첨하거나 영혼 없이 산을 미화하려는 것이 아니었다. 금곡 서쪽에 있는 산은 험하고 날카롭고 예리해 꼭 찔릴 것만 같았다. "재주는 출중하나 성격이 강퍅하고 오만해 마음 맞는 이가 별로 없는 사람"과도 같은 느낌이었다. 남쪽 산봉우리는 말쑥했다. 바위가 쌓여 있는데, 앞으로 나서기보다 양보하는 것 같은 형상이었다. 그래서 겁은 없지만 차분한 사람 같아 보였다. 동쪽 봉우리는 관리로 치면 높은 벼슬아치인 대신감이었다. 엄한 모습으로 좌우를 잘 누르고 발아래로는 구름이 끼어, 바람이 불어대고 우레가 쳐도 꿈쩍하지 않은 채 굳게 버티고 있는 듯한 느낌이었다.

금곡은 정직하게 1천만 년을 보냈다. 그래서일까? 가까이 가면 덕이 풍겨나고 누가 봐도 단박에 마음에 들어온다. 정약용은 술 한 잔을 따라 산에 부었다. 마치 그립던 믿음직한 친구를 만나 밤이 깊어가는 줄도 모르고 서로 술잔을 권하는 듯한 기분이었다. 이날 정약용은 이 친구의 자급資級이 올라가기를 바라면서 미미한 생물들까지 그 은택을 입었으면 좋겠다고 기원했다.

금곡에 대한 평가는 정약용이 자신에게 바라는 삶의 모습이기도 했다. 말쑥한 모습에 겸손함을 갖췄으면서도 차분하고 날카로우며 예리하고, 세파에 흔들리지 않으면서 변함없이 정직하고 엄하며, 덕이 있는 모습이 바로 그것이었다. 거기에 더해 여러 사람에게 은택과 도움이 되는 삶을 준비하고 있다는 점에서 정약용 자신이 지향하는 삶의 태도와도 닮은 것 같았다.

정약전의 『몽학의휘』를 받아 보고 서문을 짓다

1804년 겨울, 정약용은 정약전이 『몽학의휘蒙學義彙』를 보내주어 읽고 수정한 뒤 서문도 지었다.

정약용은 장기현에 있을 때 『이아爾雅』(중국의 가장 오래된 훈고서訓詁書이자 세계 최초의 백과사전으로 취급되는 책)와 여러 운서韻書 등에서 일상생활에 쓰이는 것들을 가려 뽑고 의미에 따라 분류한 뒤 간략하게 해석을 덧붙여 『이아술爾雅述』을 편집했다. 그가 이 책을 편집한 이유는 사례별로 자세히 부가 설명을 해 훈고의 자료로 활용하기 위해서였다. 그런데 그해 겨울, 두 번째로 체포되어 서울에 잡혀갔다가 강진으로 유배되는 과정을 겪으면서 이 책을 완성하는 일은 흐지부지되었다.

흑산도에 있던 정약전은 동생이 장기현에서 편집한 『이아술』의 내용 가운데 일부를 취사선택해 추가로 주석을 달았다. 그리고 이것을 흑산도의 학동들을 가르치는 교재로 활용했다. 그가 이 책으로 학동들을 가르치던 곳이 사촌서당沙村書堂(복성재復性齋)이었다.

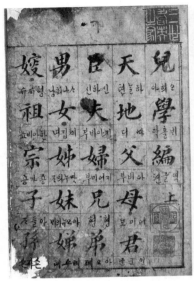

정약용이 제자들과 함께 엮은 아이들을 위한 교재 『아학편(兒學編)』(왼쪽)과 『아학편』의 간기 (刊記). 실학박물관 소장.

또한 정약전은 생활과 자연 속에서 보고 들은 것을 학술적으로 정리하는 일을 학업으로 삼았다. 대표적인 것이 흑산도 바다 어족을 정리하고 분석한 뒤 기록해 사람들에게 유용하도록 저술한 『현산어보玆山魚譜』다.

정약용은 곧바로 형이 지은 『몽학의휘』를 다시 보충해 『아학편兒學編』을 편찬했다. "하늘은 검고 땅은 누렇다(천지현황天地玄黃)"는 첫 구절부터 현실적이지 않고 중국 중심적인 『천자문』과 달리, 『아학편』은 "하늘과 땅, 아버지와 어머니(천지부모天地父母)"로 시작함으로써 가장 근본에 해당하며 또 아이가 제일 먼저 배우는 우리말을 근거로 하고 있다.

산사에서 승려 유일의 유적을
만나다

1805년 4월 16일, 약초들과 느릅나무가 비를 맞아 깨끗하고 색도 짙어졌다. 정약용은 외로운 마음을 달래고자 절을 찾았다. 놀랍게도 그 절에는 연담蓮潭 유일有一의 시가 붙어 있었다. 유일은 1777년 무렵 정약용과 둘째 형 정약전이 부친을 따라 전라도 화순 동림사에서 공부하던 시절에 처음 만나 서로 환담을 나눈 승려였다. 정약용은 자연스럽게 옛일을 회상했다.

세속에 있을 때 유일의 성은 정씨丁氏였고, 전주 사람이었다. 전라도 해남 대흥사의 대강백大講伯(강백은 강사의 높임말)이던 유일은 자신의 견해를 덧붙여 경전을 재해석한 것으로 이름을 알렸다. 또한 유일은 영조와 정조 연간에 문장 솜씨가 당대 제일인 승려로 평가받았다. 정약용이 강진에 유배를 왔을 때 유일은 이미 죽은 뒤였다.

정약용이 젊은 시절에 만난 유일은 시 짓기를 좋아하지는 않았지만 시와 불법이 따로 있다고 생각하는 사람은 아니었다. '미혹'이냐 '깨침'이냐를 관건으로 여길 뿐, 형식이나 이념을 문제 삼지는 않았다. 벌을 쫓으면서 꿀을 따는 일이 문제될 것이 없고(제봉취밀리무상除蜂取蜜理無爽), 삼을 지고 금을 버리는 일을 졸렬하게 여겼다(담마기금법소출擔麻棄金法所黜). 유일은 자신의 근본적이고 본질적인 부분을 굳게 지킨다면 먹고 입는 것의 좋고 나쁨은 문제될 것이 없다는 점을 정약용에게 일깨워준 사람이었다. 정약용은 둘째 형과 유일을 한자리에서 다시 볼 수 없음을 안타까워하며 산을 내려왔다.

정약용의 궁핍한 생활은 여전했지만 그로 인한 근심에는 익숙해졌고 심지어 좋아지기까지 됐다. 그나마 위로를 건네는 것은 서가의 책들과 작은 채마밭이었다. 유배인에게는 멈춰 서는 곳이 곧 집이나 마찬가지라고 생각했다. 정약용은 승려를 만나면 꽃구경을 가자고 조르기도 하는 등 유쾌한 일을 찾으려 했다. 삶이란 뗏목과도 같다고 여기면서 늘그막에 만난 지기知己를 소중한 인연으로 삼고 허송세월하지 말아야겠다고 다짐도 했다.

비가 많이 내린 탓에 봄보리 농사를 망친 것 같았다. 우물도 진흙탕물이 되었다. 시냇물이 불어나고 뗏목까지 잠겼다. 정약용은 이웃집에 갈 수도 없게 되자 난간에 기대어 시를 읊조렸다. 그런 다음 사의재의 울타리를 손봤다.

큰 학승 혜장을 사귀고
차를 얻다

1805년 4월 17일, 정약용은 백련사에 들렀다. 그곳에서 아암兒菴
혜장惠藏 선사를 만나 강진에 내려온 이후 겪은 일들과 감정을 살짝
드러내 보였다. 혜장은 이른 나이에 남쪽 지역에서 명성이 자자한 이
름난 승려였다. 호남 지역의 많은 사람이 혜장의 학식에 대해 전해 듣
고 만나보기를 원할 정도였다.

정약용은 어린 나이에 노숙하다는 의미로 혜장을 '수동壽童'이라고
불렀다. 혜장에 대한 그의 평가이기도 했다. 혜장은 어렸을 때 불교에
입문해 부처의 법을 깨치고 깊은 산속 암자에서 수도를 계속했다. 정
약용이 혜장을 처음 만난 백련사는 옛날 장보고가 '청해대사淸海大使'
가 되었던 곳으로, 청해(지금의 완도)를 마주하고 있었다.

혜장은 이치를 터득한 승려였다. 말하는 것마다 자신의 억측이 아
니었으며, 시도 지을 줄 알았다. 이런 면에서 정약용은 혜장이 문장가
가 되었다면 세상에 내로라하는 작가로 이름을 날렸을 것이고, 벼슬
을 했다면 재상에도 올랐을 것이라고 칭찬했다. 혜장은 일찍이 춘계

春溪 천묵天黙이라는 승려에게 경전을 배우고 연담 유일, 운담雲潭 정일鼎馹로부터 내전을 전수받았다. 스물일곱 살에 정암晶巖 즉원卽圓의 법을 받았으며, 서른 살에는 두륜산頭輪山 대흥사의 강석講席을 맡았다. 이미 서른 살에 여러 제자를 거느린 큰 스승이 된 혜장은 불가佛家의 승려들 사이에서 '하늘을 나는 새'와도 같은 존재로 높은 대우를 받았다. 그런 혜장도 정약용을 꼭 만나보고 싶어 했다.

정약용이 볼 때 혜장은 침상에서 대나무만 바라보며 지내는 것 같았다. 불가에서는 신조晨朝 · 일중日中 · 일몰日沒을 '주삼시晝三時'라 하고, 초야初夜 · 중야中夜 · 후야後夜를 '야삼시夜三時'라고 해 그때마다 예불을 올리는데, 정약용은 혜장이 예불하는 것을 보지 못했기 때문이다. 한편으로는 흥에 따라 놀 만도 하건만 인간 세상을 떠나 사는 것 같았다. 혜장은 가는 곳을 정하거나 얽매이지 않은 채 지팡이를 짚으며 약밭과 구름 낀 숲속을 걸어 다녔다. 그리고 방에서 수행하는 결하結夏가 시작되면 계율을 엄하게 지키면서도 마음에 드는 시를 지으려 무척 애를 썼다.

혜장은 다산茶山에 살았는데, 다산은 차나무가 많았던 만덕산萬德山의 별칭이었다. 정약용이 혜장을 처음 만났을 때 혜장은 하안거夏安居(불가의 승려가 여름 장마 때 밖에 나가지 않고 한 방에 모여 수행하는 일)에 들어 먹지도, 말하지도 않는 수행을 자주 했다. 그때 정약용은 근육이 땅기는 병을 앓고 있어 돼지고기나 닭고기 등 고기 음식은 먹기 어려운 상황이었다. 근육 통증이 심해 간혹 술로 잊어보려고도 했지만 근본적인 치료 방법은 아니었다.

이에 정약용은 산사에서 주는 차를 얻어먹으면 좋겠다는 생각으로 혜장에게 물에 빠진 사람 건져주는 셈치고 차를 좀 보내달라고 간곡히 부탁했다. "100근을 주어도 마다하지 않는다", "많이 주면 어떠냐?", "술이라도 가지고 가서 같이 마셔야 하나?", "오지그릇도 비어 있고 솥도 있는데 그냥 놀려야 하나?", "이웃에서 아픈 사람이 오면 무엇으로 구제하나?" 등등 정약용은 마치 떼쓰는 어린아이처럼 혜장에게 차를 요청했다.

정약용의 간절한 요청에 혜장은 자신의 제자인 색성顯性을 통해 차를 가져다주었는데, 정약용이 색성을 만난 것은 이때가 처음이었다. 색성은 혜장의 제자들 가운데 가장 기걸한 승려였다. 색성도 혜장으로부터 배워 불교 화엄종의 근본 경전인 『화엄경華嚴經』의 교리를 이미 터득했고, 두보의 시까지 익혔다. 좋은 차도 잘 만들었다.

정약용은 색성이 마음에 들었다. 진중한 언행으로 나그네 신세인 자신을 위로해주었기 때문이다. 색성도 정약용을 스승처럼 따랐으며, 그의 지도 아래 강진군 만덕사의 유래 등을 기록한 『만덕사지萬德寺誌』의 제작 및 편찬에도 참여했다.

백련사의 풍광을 시로
읊다

　1805년 초여름, 정약용은 다시 만난 혜장에게 산속에서 지내는 감정을 시로 지어보라고 권했다. 그 자신도 혜장과 같은 처지라면 어떨까 상상해봤고, 수도하는 승려는 아니어도 곤궁한 신세니 조용한 수도처에 숨어 살고 싶다는 마음이 문득 들기도 했다.

　날이 저물고 갈 길도 먼 유배인의 복잡한 심경 속에서 정약용은 세상의 시끄러운 소리가 듣기 싫고, 시간의 흐름을 의식하기도 싫으며, 모든 것을 회피하고 싶은 마음이라 산 생활에 관심이 많았다. 물론 승려의 삶과 사고방식을 부러워하거나 좋아한 것은 아니었다. 혜장은 정약용의 뜻을 알았는지 시를 보내왔고, 정약용도 이에 화답하는 형식으로 시를 지어 산사의 모습을 읊었다.

　정약용이 그린 산사는 어떨까? 새벽 참선을 끝마치면 밥때를 알리는 종이 울렸다. 불경을 읽고 쓰다가도 안개가 걷히면서 담장 너머 꾀꼬리 소리가 들려오면 모두가 붓을 놓고 그 소리를 들었다. 활짝 핀 아침 꽃과 연녹색, 청녹색 잎의 나무가 색색으로 단장한 듯했다. 스님은 순창의 백색 다구를 갖추고 시내를 건너 맑은 샘에서 차 끓일 물을 길어왔다. 늦게 익은 앵두, 파릇하게 막 올라온 죽순을 좋아하는 승려들은 밥을 먹고 나면 바릿대를 씻었고, 조금 한가해지면 먹다 남은 밥을 산새에게 먹였다.

산사의 승려는 땅거미가 살짝 지고 노을이 붉어지면 작은 침상을 놓은 다음 판향瓣香(승려들이 사람을 축복할 때 사용하는 꽃잎 모양의 향)을 사르고 발을 쳤다. 그리고 조용히 선종의 사상을 설파한 대승 불교의 경전『능엄경楞嚴經』을 한두 장 외웠다. 적적하고 쓸쓸해 적막하기까지 하며, 자색 비둘기는 돌아오고 흰 비둘기는 졸고 있는 이곳을 서성이면서 정약용은 자신의 복잡한 감정을 다스리고 정신을 통일하며 어지러운 잡념을 없애줄 평온을 찾기도 했다.

하루가 1년처럼 긴 그 여름날 정약용은『주역』에 정통한 명나라 내지덕來知德이 주석을 한데 모아 정리한『내가역來家易』을 읽었고, 송나라 소옹邵雍이 저술한『관매역觀梅易』1편을 검토했다.

차 끓이는 향보다 향기가 더 진한 치자꽃이 피어 있는, 번거로운 일 없는 산사의 아침 풍경은 정약용이 시상을 정리하고 시를 짓기에 좋았다. 남풍이 불어오고 칠성포의 적삼이 시원하며 찻잔과 술잔으로 쓰이는 표주박이 주렁주렁 달려 있는 곳, 대밭 속 불경 소리가 낭랑하고 송엽죽을 마시면서 남은 인생은 불교 교리나 배우면 좋겠다는 마음이 들기도 하는 곳이 바로 백련사였다.

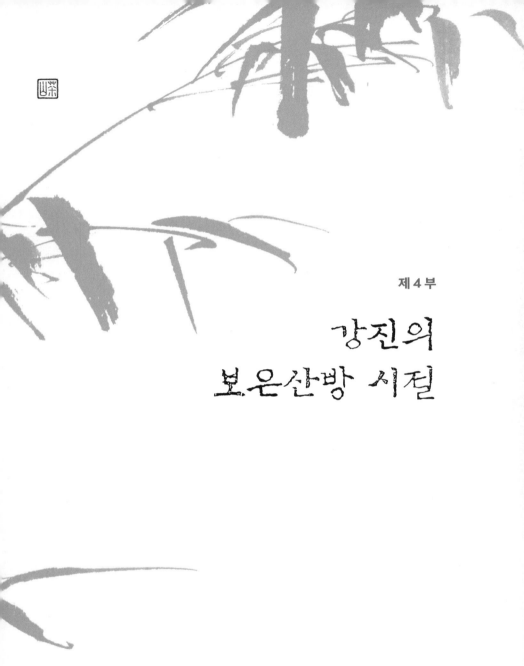

제 4 부

강진의
보은산방 시절

단비가 내려 백성의 마음을
달래다

　1805년 6월 2일, 고성사高聲寺에서 제자 황상이 「길기론吉氣論」을 지어 보내왔다. 정약용은 마침 「정체전중변正體傳重辨」(일명 「기해방례변己亥邦禮辨」으로 조선의 예禮와 관련된 글)을 막 마무리한 상태였다. 그는 황상의 글을 읽은 뒤 편지를 보내 문학에 힘을 쏟으면 일가를 이룰 수 있겠다고 격려해주었다. 그리고 다음 날 고성사로 들어가 제자와 함께 『예기』, 『주역』을 공부했다.

　이날 단비가 내렸다. 그간 논에 모가 말라 강진 사람들의 속이 타들어가고 있었다. 정약용도 이웃들만큼이나 가슴이 답답했다. 마치 어린 자식이 병이 들면 어미가 애간장을 태우는 심정과도 같았다.

　단비를 만난 강진 사람들은 삐걱대는 두레박으로 밤새도록 물을 퍼 올렸다. 오랜 가뭄 탓에 자기 논에 조금이라도 더 물을 대려고 다투는 일도 생겼다. 그러나 몇 바가지의 물로는 타들어가는 곡식을 살릴 수 없었고, 가뭄을 견뎌내기에는 턱없이 부족했다. 근처에 큰 강이 있었지만 조선의 여느 농촌과 마찬가지로 강진도 관수로가 발달하지 않아 물을 끌어오기가 무척 어려웠다. 정약용은 간절히 기원했다. 이런 상황에서는 하늘에 기댈 수밖에 없었다. 그런 마음의 소리를 하늘이 들었는지, 마침내 바다 위에서 바람이 불고 비구름이 산마루를 덮더니 이내 소나기가 퍼부었다. 빗소리가 사방 천지에 울리자 금세 골짜기가 폭포를 이루었다. 낮은 논에서는 물이 넘쳐 쏟아졌다. 높은 논에서는 둑을 튼튼히 쌓고 쟁기로 써레질을 하느라 야단이었다. 모내기에 분주해진 농부들의 노랫소리가 즐거웠다.

정약용은 강진과 마찬가지로 모내기를 하며 농사일에 분주할 고향의 가족과 마을 사람들을 떠올렸다. 유배 온 지 5년이나 되었으니 익숙해질 법도 하건만, 아직도 향수는 견디기 힘들었다. 부평초 같은 자신의 처지가 힘겨웠다. 이렇게 남은 인생을 혼자 지내야 한다고 생각하니 가슴이 먹먹했다. 하지만 시선을 조금 돌려 백성들의 생활을 보고 있자면 여간 염려스러운 것이 아니었다. 정약용 자신도 끼니를 걱정해야 했지만, 한평생 거친 밥을 먹어야 하는 백성들의 삶을 직접 보면서 임금이 이러한 상황을 개선해주었으면 하는 바람이 생겼다.

가뭄으로 모내기를 하지 못하던 백성들이 다행히 이번 단비로 풍년을 점치게 되어 정약용은 안도했다. 그리고 곤궁하게 살면서도 거친 밥을 달게 먹고, 풍년을 기뻐하며, 생명이 있는 모든 것이 배곯지 않고 살아가기를 바라는 소박한 꿈은 상하귀천 가리지 않고 다 똑같다는 사실을 다시 한 번 깨달았다.

비가 내린 날 정약용은 고성사 저녁 종이 울리자 백성들의 걱정을 날려준 단비에 고마워하며 승려들과 함께 나물밥을 맛있게 먹었다.

혜장과 시를
주고받다

　　1805년 6월 7일, 며칠 동안 내린 많은 비는 가뭄으로 고통받던 강
진 백성들에게 큰 위안이 되었다. 비가 개고 이틀 뒤 혜장이 정약용에
게 안부를 묻는 편지를 보내왔다. 정약용은 비를 맞으며 대둔사大芚寺
로 돌아간 혜장이 병이 나지는 않았을까 걱정했는데, 무탈하다는 편
지를 받고 안도했다. 그때 정약용은 산사에 며칠간 머물다 내려와 있
었다. 편지를 받은 그는 혜장과 헤어진 다음에 지은 여덟아홉 수의 시
를 보여주고 함께 이야기도 나누고 싶어졌다. 혜장의 편지에는 『화엄
경』에 대한 책을 옮겨 쓰고 장황粧繢(비단이나 두꺼운 종이를 발라 책, 화
첩畵帖 등을 만듦)했으니 제목 글씨를 써달라는 부탁이 들어 있었다.

　　정약용은 대둔사의 규율에 따라 절로 돌아간 혜장이 보고 싶었다.
여름 무더위가 가시고 가을이 되면 돌아가라고 했지만 혜장은 듣지
않았다. 이 무렵 정약용은 혜장과 주고받은 시문을 정성스럽게 적고
그것을 첩帖으로 만들어 혜장에게 선물했다. 그러면서 다른 사람들에
게 전해지지 않도록 조심해달라고 부탁했다. 구설에 오를까 염려한

것이었다.

정약용은 혜장과 헤어지면서 『능엄경』을 빌려달라고 부탁했는데, 혜장은 안부 편지와 함께 큰 판본의 『능엄경』을 보내왔다. 새로 지은 시도 몇 수 써 보냈다. 정약용은 산사에서 본 작은 판본의 『능엄경』을 보내달라고 다시 부탁하면서 혜장의 시가 청아해서 좋다는 평도 함께 적었다. 그리고 예전에 지나온 곳의 정경을 떠올리며 시를 짓는다면 더 좋을 것 같다는 조언을 덧붙였다. 산사의 정경을 담은 시는 세속을 떠난 승려의 청아한 심성을 엿볼 수 있는 데다 자신이 좋아하는 새로운 정경을 시로도 대하고 싶었기 때문이다. 이처럼 정약용은 혜장과 유불儒佛의 경계를 넘어 교유했다.

이 무렵 풍양 조씨 세도정치의 중심인물이던 조병현趙秉鉉이 정약용의 거처를 방문하고 시를 지었다.

첫 번째 시

저녁 무렵 다산을 방문하니 걱정스러운 마음 드네	夕訪茶山意悄然
산방에서 고독하게 지내니 하루가 1년 같고	琳房孤燭夜如年
봄꽃이 숲에 만발하고 꾀꼬리가 짝을 찾는데	春花萬木鶯求侶
부들 방석 깔고 불법 살피니 학이 신선 된 듯	法雨蒲團鶴化禪
귀한 것은 마음이 통하여 빈방은 환히 밝아지는 것	貴在通心虛室白
깨침은 공과 색에서 기인하니 묘문은 현묘하고	悟因空色妙門玄
향로 연기 한 가닥 피어오르매 세속의 잡념 사라지고	爐香一瓣銷塵念
예불을 올리는 종소리는 나그네 베갯맡에 들리네	禮佛鐘聲旅枕邊

두 번째 시

나는 영남으로 가고 그대는 호남으로 오니	我洛君湖日
항상 만날 수나 있을까 걱정했었네	常愁未合時
하물며 천 리나 떨어진 나그네 함께 만나니	況同千里客
어찌 하루아침의 슬픔을 이루겠는가	奈作一朝悲
바닷가 마을에 외롭게 꽃이 피니	海岸孤花發
산길 여정에 병든 말이 더디네	山程病馬遲
돌아가는 구름은 임 생각나게 하고	的雲相思地
밝은 달 뜨니 각각 시를 지어 마음 전하네	明月各留詩

　　―조병현의 「다산 정약용이 거처하는 곳을 찾으니 승도들과 경전을 공부하는 데 불사와 같았다訪茶山丁若鏞居停處僧徒學經無異佛舍」 중에서.

　조병현이 찾은 정약용의 서재 모습은 마치 사찰의 강학소 같았다. 조병현이 설명한 정약용의 근황을 보면, 유학과 불교에 정통한 그는 해박한 지식을 바탕으로 불교 경전을 이해하고 공부하고 있었다. 이에 조병현은 불사의 한 구석에 거처를 얻어 향로에 향을 사르고 불교 교리를 살피면서 세속의 잡념을 버린 정약용의 모습과 더불어 그런 고귀한 학자와 언제 다시 만날지 장담할 수 없는 안타까운 마음을 시로 남겼다.

세상에 알아주는 이가
있는가

1805년 7월 어느 날, 정약용은 고성사에 머물렀다. 고성사에는 오래된 종鐘이 하나 있었다. 누구도 눈여겨보지 않는 낡고 볼품없는 종이었다. 정약용은 그 종의 꼭지에 용 모양이 비늘까지 섬세하게 조각되어 있는 모습을 보고 무척 놀랐다. 세월의 흐름에 따라 용도를 다하고 버려졌을 것을 생각하니 처연한 마음도 들었다. 자신의 처지와 같다는 느낌을 받은 것이다.

정약용은 처음 이 종이 만들어졌을 때를 떠올려봤다. 아마도 훌륭한 기술자가 용종龍鐘(종을 매달기 위해 가장 윗부분에 용 모양으로 만든 고리)을 선명하게 만들고 소리도 웅장하게 주조해 큰 절이나 훌륭한 건물에서 중요하게 쓰이기를 바랐을 것이다. 그런데 어리석은 승려들이 큰 방망이로 우악스럽게 쳐대는 바람에 점점 실금이 가고 망가져버려 마침내 몹쓸 병이 든 소리가 나자, 사람들은 점점 종소리를 싫어하게 되었을 테다. 이후 종은 미움을 받았고 마침내 버려졌을 것이다. 마치 표범이 목이 쉬어 평상시와 달리 소리에 위엄이 없게 되자 사람들이 그 소리를 싫어해 끝내 버린 것과 같았다.

정약용은 좋은 소리를 구분하는 훌륭한 악사가 사라지면 그 후 좋은 악기 소리를 알아주는 사람은 없는 법이라고 생각했다. 절에 버려진 종의 경우 종이 나쁜 것인가, 종을 다루는 사람들이 문제인가? 아니면, 세상이 소리를 알아주지 못하는 것이 문제인가? 이런 답답함을 누구에게 호소할 것인가? 정약용은 고성사의 종이 슬픈 바람을 타고 오열하는 듯하다고 느꼈다. 용광로가 달아오르면 그 뜨거운 불에 종을 넣어 원래 모습으로 회복시키고 싶었다. 그러나 누가 그렇게 해줄 것인가? 세상에 알아줄 사람이 있을까? 소리를 듣고 제대로 평가해줄 사람이 있을까? 정약용은 회의가 들었다.

옛 성인들은 뛰어난 악기를 만들었다. 좋은 음악을 듣고 바른 일을 생각하며 옳은 행동을 하는 것과 올바른 사람을 알아보고 가치 있는 데 쓰는 것은 상통하는 일이다. 정약용은 훌륭한 종이 좋은 소리를 내도록 조심히 다루지 않고 함부로 쳐 부서지게 만든 모습을 보고, 바른 사람이나 능력 있는 사람을 제대로 쓰지 못한 채 망가뜨리는 조선의 형국과 같다고 생각했다. 그는 종 앞에서 긴 한숨을 내쉬었다.

제자 황상을 시로
위로하다

1805년 7월 말, 제자 황상이 고성사 보은산방寶恩山房에 머물며 시를 지을 때마다 사의재에 있는 정약용에게 보내왔다. 정약용 역시 황상에게 시로 답장을 써 보냈다.

초가을이 다가오는데도 더위가 기승을 부려 정약용은 제자가 머물고 있는 고성사에 가고 싶었다. 다만, 뜨거운 햇빛을 받으며 산을 오르는 것이 엄두가 나지 않았고 무섭기까지 했다. 모기떼도 극성이었다. 아직까지 더위가 찌는 듯했고 날도 여전히 길었다. 밤이면 더위 탓에 발광이 날 지경이라 옷을 벗고 우물가로 나가 차가운 물로 등목을 했다. 그러면 시원한 바람이 얼굴에 불어왔다. 그러나 그것도 잠시뿐이었다. 반면 산사에는 나무 그늘과 시원한 바람이 있었다. 그곳에 머물고 있는 황상이 조금 부럽기도 했다.

봄에 『장자』를 옮겨 적고　　　　　　　春謄莊子著

가을에 육유의 시를 베꼈네　　　　　　秋錄陸翁詩

제자 황상이 옛 선현들의 문헌을 초록해 만든 『치원총서(巵園叢書)』(왼쪽)와 황상이 베껴 쓴
『장자초(莊子抄)』 다산박물관 소장.

손수 베낀 것이 천여 수인데	手得千餘首
눈이 뻑뻑하여 몇 번이나 눈병이 났던가	眦凝幾合眵
(중략)	
평소 바둑 두고 놀이하는 것 싫어하네	素兼惡著棊
한 편이 끝나면 근심도 모두 사라져	編終愁盡止
뜻은 큰데 일은 지루하네	志遠事支離
궁벽한 유자의 부스럼이라 스스로 웃음 짓고	自笑窮儒腐
아내는 진사 나셨네 기롱하며	妻譏進士期
아이들은 개미집 같다 놀라고	少年驚陣蟻
친구들은 부적 같다 한탄하네	知己歎蓍龜
어떤 이는 소요하라 권하는데	或有消搖勸

어찌 골몰하여 병들까 걱정하지 않나　　　盍思汨沒疲

　—황상의 「육유의 시를 가려 뽑아 쓰고 느낌을 읊다鈔陸詩了詠懷」.

　정약용은 고성사에 머물고 있는 제자 황상에게 문학과 역사를 전공하라 이르고, 그중 문학에서는 고매하고 낭만적이며 애국적인 기풍이 있고 개성적인 시를 썼던 육유陸游의 시를 우선 배우라고 했다. 황상은 스승의 가르침대로 육유의 시를 열심히 읽고 좋은 문장을 가려 뽑아 옮겨 적었다.

　정약용은 제자가 중인이라는 낮은 신분이라 공부해도 과거시험을 볼 수 없어 아내가 잔소리를 해대고, 글을 모르는 아이들이 이상하다 웃음 지으며, 처지가 같은 친구들이 성공할 수 없다고 놀릴 것이 뻔했지만 황상에게 단호하게 말했다. 남자나 여자, 늙은이나 젊은이, 높은 사람이나 낮은 사람 모두에게 해당되고 세상에서 가장 아름다운 유일한 일이 '독서'라고 말이다.

　정약용은 출세를 지향하고 윤리와 관념을 주로 공부하던 조선 유생들과 달리, 제자들에게는 당대의 여러 가지 문제에 올바르게 대처하기 위한 공부를 주문했다. 그 공부의 출발은 옮기고 베껴 쓰는 것에서 시작되었다. 제자 황상의 문학적 재능을 발견한 정약용은 문학과 역사 공부를 더하면 이 방면에서 일가를 이룰 수 있을 것이라고 격려하기도 했다.

제자들과 정수사를
찾다

　1805년 9월 16일, 정약용은 읍내 아전 집 제자인 김세준金世俊과 황상을 데리고 정수사淨水寺(지금의 강진군 대구면 천개산에 있는 사찰)에 서 놀다가 남성南城까지 갔다. 타향살이를 하면서 외롭고 쓸쓸하게 늙 어가는 착잡한 마음을 달래고 싶었기 때문이다.

　남성에 도착하니 가을바람이 불어 날씨가 제법 쌀쌀했다. 성은 무 너져 황폐해지고 담쟁이 잎만 우거져 붉게 물들고 있었다. 함께 온 두 제자는 꼭 담쟁이를 닮은 듯 보였다. 그들의 글 짓는 솜씨와 문체를 보면 물들어가는 가을 담쟁이 잎처럼 예뻤기 때문이다. 1801년 가을 읍성 동문 밖 주막집 공터에서 공놀이를 하던 두 제자는 열다섯 살이 었는데 지금은 이십대 청년으로 성장했고, 스승에게 잘 배워 제법 훌 륭한 솜씨로 시도 지을 줄 알게 되었다.

　스승과 제자 일행은 남당포南塘浦(지금의 강진군 남포)에도 들렀다. 남당포에 저녁 밀물이 밀려올 때였다. 넓게 펼쳐진 갯벌과 푸른 바다 가 어우러져 포구에 멋진 경관을 만들어냈다. '진린섬'으로 불리는 고금도에도 가을 구름이 덮여 있었다.

정약용은 남당포에서 고향이 있는 북쪽을 바라봤다. 바위산이 천 겹 만 겹이었다. 고향에 가려면 저 높은 바위산을 넘어야 하는데 엄두조차 나지 않았다. 정약용 일행은 해가 질 무렵 가령假嶺을 넘었다. 강진에 험한 고개가 있으리라고는 예상하지 못했는데 가령은 꽤 험했다. 이들은 산길에 오르기 전 마을 사람들로부터 가령에 전해지는 이야기를 들었다. 가령에서는 호랑이가 민가까지 내려와 소를 잡아가기도 하고, 사람을 공격하기도 한다는 것이었다. 정약용은 5년 넘게 유배 생활을 하면서 죽음에 대해 숱하게 생각해온 터라 심적으로 조금은 여유로워져 있었다. 갖은 풍상을 겪으면서 실낱같은 목숨이라 여기게 되어 어떤 경우에도 담담했지만, 그래도 호랑이가 나온다니 덜컥 걱정이 앞섰다.

정약용과 두 제자는 산을 오르는 길에 한 무리의 나무꾼을 만났다. 짐을 벗고 산마루에서 이들과 함께 쉬었다. 정약용은 속으로 기쁘고 반갑기가 마치 객지에서 친척을 만난 것 같았다. 그제야 마음이 놓였다. 여러 명이 함께 험한 산을 넘었다. 마침내 정수사 문이 눈에 들어오고 대밭과 기와지붕이 보이자 기운이 솟고 흥도 났다. 호랑이가 나올까 봐 조마조마했던 조금 전과는 달리 옷을 펄럭이며 당당하게 걸었다.

일행이 절에 도착하니 산바람이 정약용의 수염에 불어왔다. 절에는 단풍나무와 까치콩이 많았다. 다래도 덩굴을 이루어 구불구불 나무를 휘감고 있었다. 깨끗한 바위 사이로 개울물이 흘렀고 그 소리마저 시원했다. 세속에 찌든 속내를 씻어주는 듯했다.

정수사에 들어서자 불탑은 무너지고 향대는 황폐해져 있었다. 경내에는 벌들이 집을 짓고, 목어木魚는 썩어 버섯이 필 정도였다. 이 절의 불자라면 슬플 것 같았다. 절 앞에 있는 어느 학사의 묘비는 세운 지 얼마 되지 않은 듯 번듯했다. 정약용은 명아주의 대로 만든 청려장靑藜杖(지팡이)을 짚은 채 비문을 읽고 여기저기 주변도 돌아봤다. 산사가 있는 정상에는 송대松臺라는 누대樓臺와 우거진 다래 덩굴이 있었고, 법당 앞에는 어느 승려의 공적비가 자리하고 있었다. 정수사 앞쪽에는 오래된 산배나무가 있어 이곳을 찾는 목마른 사람들의 갈증을 풀어주었다. 이 산배나무가 사람들을 이곳으로 오게 하는 것 같았다.

정약용과 두 제자는 이 절에서 석봉石峯 현장노賢長老를 만나 편하게 담소를 나누었다. 웃옷을 훌훌 풀고 앉아서는 주는 것을 받아먹었다. 현장노는 불심이 깊고 법을 잘 지키는 뛰어난 승려였다.

큰아들 학연이 유배지로
찾아오다

　1805년 9월, 정약용이 머무는 사의재는 적막했다. 유배인이 산다는 이유로 찾아오는 사람이 드물어 읍내 제자들만 드나드는 정도였다. 그런데 어느 객이 사의재 문을 두드렸다. 정약용은 의아해하며 문을 열고 누가 왔는지 살폈다. 자세히 보니 아들 학가學稼(정학연의 어릴 적 이름)였다.

　유배 올 때 울며불며 아버지를 부르던 큰아들 학연은 어느새 장성해 수염이 더부룩한 사내가 되어 있었다. 몇 년 만에 얼굴을 보는 것이지만 미목眉目은 아버지를 닮아 아들임이 분명했다. 오랜만에 학연을 만난 정약용은 어릴 적 아들의 모습을 떠올렸다. 네다섯 살 먹은 아들은 꿈에서 봐도 예뻤다. 눈에 넣어도 아프지 않을 만큼 귀엽고 예쁘던 아들이 어느새 장부가 되어 유배지로 아버지를 찾아온 것이었다. 무척이나 보고 싶었던 아들이 앞에서 큰절을 하는데 그 모습이 조금은 어색했다. 오랫동안 얼굴을 못 본 데다 이런 장면을 한 번도 상상해본 적이 없어 서먹서먹했고, 입이 쉽게 떨어지지 않았다. 한동안 부자는 서로 안부나 가정형편도 묻지 못하고 우물쭈물했다.

정약용은 큰아들이 보름가량 입고 내려왔을 옷을 찬찬히 살펴봤다. 황토 범벅이었다. 말을 타고 먼 거리를 오느라 혹시 허리뼈라도 다치지 않았을까 은근히 걱정될 정도였다. 정약용은 종을 불러 아들이 타고 온 말을 자세히 살펴봤다. 그런데 말이 아니라 새끼 당나귀였다. 학연은 큰 말을 탈 수 있었지만 먼 길을 가는 데는 힘 좋은 당나귀가 좋을 것 같아 말 대신 당나귀를 타고 왔다고 둘러댔다. 정약용은 아들의 마음을 읽었다. 내색하지는 않았지만 아버지에게 걱정을 끼치지 않으려는 아들의 모습에 속이 쓰렸다. 정약용은 속상함을 억누르고 억지로 웃음 지으면서 화제를 돌려 대화를 이어갔다.

정약용은 큰아들로부터 농사짓는 이야기, 밤나무가 해마다 늘어가고 있다는 이야기, 옻나무도 잘 번성하고 있다는 이야기 등 고향 소식들을 전해 들었다. 그리고 배추와 겨자는 얼마나 심었는지, 마늘은 또 얼마나 심었는지 이것저것을 물었다. 아들은 특히 마늘 농사를 자랑했다. 마늘을 심었는데 배만큼이나 커서 시장에 내다 팔았고, 그것을 노자 삼아 아버지를 뵈러 왔다고 했다. 아들은 흥이 나서 자랑스럽게 농사 이야기를 했는데, 아버지로서 정약용은 듣는 소식마다 슬픔이 몰려왔다. 그래서 또다시 일부러 화제를 돌렸다.

정약용은 유배 초기에 책들이 다 없어졌고, 정조가 준 친필도 더러 잃어버렸다는 이야기도 들었다. 「대경도代耕圖」, 「항성의恒星儀」 같은, 아무 죄도 없는 서적과 학술 자료들을 누군가가 불태웠다고 했다. 이웃들이 한 일 같지만 어쩔 수 없었다. 다만 정조가 승하하기 직전 마지막으로 준 『한서선』은 다행히 무사하다고 하니 그나마 안심이었다. 학연은 고전과 경전은 시골에서 귀한 책이라 두릉斗陵(지금의 경기도

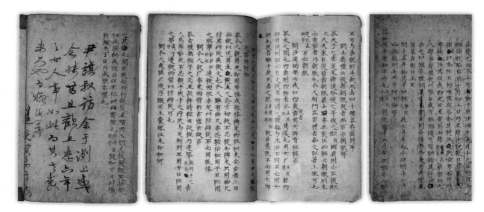

정약용은 강진까지 찾아온 큰아들 학연과 주고받은 문답 내용을 『승암예문(僧菴禮問)』으로 엮었으며, 제자들과 주고받은 문답은 『다산문답(茶山問答)』으로 정리했다. 사진은 『승암예문』 개인 소장.

남양주 조안면 팔당호 일대) 사람들이 모두 중요한 보물처럼 여긴다는 이야기도 전해주었다. 이런저런 소식을 들은 정약용은 아들이 차가워진 바람에도 먼 길을 찾아와줘 무척이나 기뻤다.

정약용은 곧바로 학연의 손을 잡고 고성사 보은산방으로 올라갔다. 산을 오르면서 아들에게 "너와 어디라도 가고 싶구나. 넓고 넓은 천지로 나가고 싶지만 기껏 갈 수 있는 곳이 절간이구나"라고 말했다. 그러면서 아버지로서 그동안 아들과 함께하지 못한 것에 대한 미안한 마음을 전했다.

어렵게 찾아온 아들과 며칠간 함께 지내면서 학문에 대해 토론하기에 주막집은 너무 비좁았다. 정약용은 큰아들이 묵을 숙소를 당장 구해야 했기에 급히 읍내 뒷산의 보은산방으로 올라간 것이었다. 절에서 얼마간 숙식을 구걸해야 했다. 반 칸짜리 방을 얻은 이들 부자는 함께 지내기에 적당한 공간이라며 좋아했다. 강진이 한눈에 내려다보이고, 멀리 바다도 보였다. 시의 소재를 얻을 수 있고, 『주역』도 볼 수 있어 학문을 좋아하는 아버지와 아들은 의미 있는 시간을 보냈다.

작은 선방인 보은산방은 대나무가 담을 두르고 있었다. 산방 안에는 책 상자가 놓여 있었다. 낭떠러지 아래로는 바다가 이어졌다. 아들과 함께 오른 보은산방은 이전과는 달라 보였다. 보은산방에 도착한 정약용은 아들에게 "인생은 약한 풀과도 같고 하루아침에 풀잎에 맺힌 이슬과도 같다"고 말했다. 이는 곧 희비에 연연하지 말고 초연하게 살아가라는 의미였다.

사흘이 지난 뒤, 고요한 산사에서 정약용이 학연과 함께 책을 보고 있는데 혜장이 보은산방에 들렀다. 정약용은 혜장, 큰아들 학연과 함께 눈 내린 보은산방의 정경을 시로 읊었다. 이후에도 정약용은 아들과 여행할 때마다 시를 지었다.

아버지와 아들은 고성사에 함께 있는 동안 학문에 대해 토론했고 문답을 통해 서로의 견해를 주고받았다. 이 과정에서 얻은 결과를 책으로 엮기도 했다. 학문적 수준은 중요하지 않았다. 남의 시선도 의미 없었다. 아버지와 아들은 그렇게 서로를 이해하고 존중했다. 이때 이들 부자가 묻고 답한 것을 한데 묶어 공동으로 만든 책이 『승암예문僧菴禮問』이다. 여기서 승암은 고성사를 가리킨다.

이별을 앞두고 큰아들 학연에게
당부하다

1805년 12월 31일 한 해의 마지막 날, 정약용의 마음은 여느 때와 달랐다. 사실 한 해가 저물어도 그동안은 무덤덤했다. 슬플 것도, 기쁠 것도 없었다. 한 해가 끝날 무렵인 세모라지만 끊임없이 흘러가는 세월 가운데 하루일 뿐이고, 또 여느 하루의 시작과 다르지도 않았다. 그동안 정약용은 홀로 몇 번의 세모를 맞이하고 보냈다. 이번에 달라진 것이 있다면 큰아들과 함께 있다는 점이었다. 아들이 찾아와 함께 세모를 보내니 흐뭇했다. 이제는 넓고 평온한 마음으로 세월에 흔들리지 않을 수 있을 것 같았다. 걱정거리가 없지 않았으나 정약용은 슬퍼하지 않겠다고 마음먹었다.

보은산방은 읍내와 가까웠고 절에는 여덟아홉 명의 승려가 있었다. 그곳 승려는 대부분 『화엄경』, 『능엄경』을 알지 못했다. 입에 올리는 것은 귀신 부르는 주문뿐이었으며, 마치 이것저것 음식을 차려놓고 이상한 깃발들을 세운 뒤 징과 북을 치면서 뛰거나 팔을 휘두르며 중얼중얼 『조왕경竈王經』(부뚜막에 사는 조왕의 공덕을 기록한 경전)을 외우는 봉사처럼 시끌벅적했다. 새해를 앞두고 정약용과 학연은 이를 어리석게 여겼다.

정약용의 눈에는 학연의 얼굴이 초췌해 보였다. 아버지로서 제대로 돌봐주지 못해 그런 것 같아 또다시 부끄러워졌다. 특히 이날은 친구와 화로 앞에 앉아 술을 한잔할 때와는 분위기가 많이 달랐다. 그런 면에서는 준수하게 자란 큰아들이 친구만 못했지만 아버지의 마음은 뿌듯함과 대견함, 미안한 감정이 뒤섞였다. 집에 있는 아내와 남매가 등불 아래 앉아 먼 남쪽 하늘을 바라보며 이들 부자를 그리워할 것이라고 생각하니 고향 집이 더욱 그리웠다.

정약용과 학연은 바다 건너 흑산도, 큰 고래들이 들끓을 그곳에서 기가 꺾이지 않은 채 올곧게 지내고 있을 한 선비에 대해 이야기했다. 그는 오랫동안 곤욕을 견디며 여러 번의 세모를 홀로 보낸 선비였다. 요행을 바라지 않고, 구차하게 살지 않으며, 하늘의 이치에 따르고자 하는 선비였다. 아버지와 아들은 그 선비가 노심초사 혼자 걱정하며 늙어가는 것을 애석하게 생각했다.

정약용은 갈수록 근력이 약해지고 눈도 어두워졌다. 눈은 반년 전부터 잘 보이지 않았다. 글씨를 쓰려고 하면 손도 시큰거렸다. 아직 할 일이 많고, 고향으로 돌아가 농부를 자처하며 살고 싶은 꿈도 있었다. 저술하는 일에 온 힘을 쏟아 백대 이후를 기다려보자는 마음이 여전히 굴뚝같았다. 그러나 몸이 의욕을 따라가지 못했다.

멀리 떨어져 지내 경전 한 권도 제대로 가르치지 못하는 아버지이지만 한 해를 마무리하는 날 정약용은 곧 고향 집으로 돌아갈 아들에게 부탁했다. "너는 압해押海 정씨丁氏로 이름난 유학자 집안에서 태어났다. 아비는 이대로 늙어가도 괜찮지만 시골에 숨어 살면서 채소

밭을 가꾸다 벼슬길이 열리면 마다하지 마라. 흙을 갈아엎어 마늘을 심고, 깨끗하고 부드러운 땅을 골라 부추며 파 등을 심어라. 친구는 신중히 가려 사귀어야 한다. 말도 신중히 해야 한다. 남들의 의미 없는 말 속에서도 교훈 삼을 만한 것을 찾아야 한다. 돌아가서 일을 잘 처리하고 이 아비에게도 허물이 되지 않아야 한다."

아버지는 아들에게 삶에서 중요한 점들을 일깨워주었고, 아들은 이날 아버지의 말을 기억해 평생 실천했다. 『종축회통種畜會通』이라는 농서를 남기고 농사를 지으면서 학문을 놓지 않은 것은 이런 아버지의 가르침 때문이었다. 학연이 19세기 서울의 저명한 인사들과 교유交遊를 통해 이름을 알리게 된 것도 이와 무관하지 않다.

아들을 알아봐줄 임금이 있기를
바라다

병인년丙寅年(1806)이 시작되고 봄이 왔다. 정약용은 세월이 참 덧없게 느껴졌다. 세월이 흐르는 것을 어찌하지는 못하겠지만 빠르긴 하다는 생각이 절로 들었다. 아들과 함께 꽃구경을 가자는 약속은 정약용 자신이 아파서 안타깝게도 취소할 수밖에 없었다.

큰아들 학연은 가난을 이겨내고자 나무 심는 방법을 연구했다고 아버지에게 이야기했다. 정약용은 이 말을 통해 아들이 뜻을 크게 세우고 열심히 공부한다는 것을 알게 되어 기뻤지만, 아들이 겪는 생활의 어려움과 자신의 처지를 떠올리자 답답한 마음이 들었다. 그는 다시 벼슬자리에 나가지 못한다 해도 좋은 세상이 되어 아들이 제 역할을 할 수 있기를 바랐다. 또한 자신을 알아준 임금이 있었던 것처럼, 아들이 인재라는 것을 알아봐주는 임금이 있기를 바랐다. 다만, 지금은 어디 갈 곳도 없고 마음 붙일 곳도 없는 아들의 신세가 아버지 정약용을 슬프게 했다.

며칠이 지나 정약용은 학연과 함께 수도암修道庵에 들렀다. 그곳에 약속도 없이 혜장이 불쑥 나타났다. 정약용이 그리워 찾아온 것이었다. 등불 아래 다과를 내놓고 그들은 이야기꽃을 피웠다. 다 늙어가는 두 노인의 몰골은 말이 아니었다. 그날 정약용과 혜장은 함께 지은 시들이 매우 뛰어나 졸다가도 눈이 번쩍 떠질 정도라며 좋아했다. 둘은 그렇게 마음이 잘 맞았다.

흑산도에서 보내온 편지를
황상에게 주다

1806년 3월 10일, 정약용은 한 통의 편지를 황상에게 건넸다. 흑산도에서 유배 생활을 하는 둘째 형이 보내온 편지였다. 편지 내용은 대부분 황상이 지은 글을 보고 평한 것이다.

정약용은 황상의 글에 안일한 태도나 가벼움이 없다고 칭찬하곤 했다. 그리고 세상에서 가장 소중한 둘째 형이 보내온 친필 편지였지만 그것을 제자에게 주면서 간직하라고 했다. 제자를 향한 격려였다.

황상은 나이가 올해 몇이던가? 월출산 아래서 이 같은 문장이 나오리라곤 생각지 못했네. 어진 이의 이로움이 어찌 넓다 하지 않겠는가? 그가 내게로 오려는 마음은 내 마음을 상쾌하게 하네만, 뭍사람은 섬사람과 달라 크게 긴요한 일이 아니고서는 경솔하게 큰 바다를 건널 수가 없을 거네. 인생에서 귀하기는 서로 마음을 알아주는 것일세. 어찌 꼭 얼굴을 맞대면해야만 하겠는가? 옛 어진 이 같은 경우도 어찌 반드시 얼굴을 본 뒤에야 이를 아끼겠는가? 이 말을 전해 뜻을 가라앉혀주는

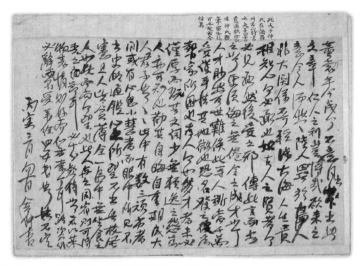

황상에 대한 평가를 적어 보낸 정약전의 편지. 개인 소장.

것이 좋겠네.

모름지기 더욱 부지런히 가르쳐서 그로 하여금 재주를 이루게 하는 것이 어떻겠는가? 인재가 드물어 지금 세상에서는 이 같은 사람을 기다리기가 어려우니, 결단코 마땅히 천 번 만 번 아끼고 보살펴주어야 할 걸세. 애석하게도 그 신분이 미천하니 이름이 난 뒤에 세도 있는 집안에 곤궁함을 당할까 염려스럽네.

사람됨은 어떤가? 재주 많은 자는 반드시 삼가고 두터움이 없는데, 그 문사를 살펴보니 조금도 경박하고 안일한 태도가 없어 그 사람됨 또한 알 수 있을 것 같네. 부디 스스로를 감추고 스스로를 무겁게 하여 대인군자가 될 수 있다고 권면하는 것이 어떠하겠는가?

이 섬에도 몇 명의 부족한 아이들이 있는데, 간혹 마음과 생각이 조금 지혜로운 자도 있다네. 하지만 눈으로 본 것이라곤 『사략史略』과

『통감通鑑』을 벗어나지 않고, 마음으로 바라는 바는 장교나 면面의 서기라도 되는 것을 넘지 않는다네. 게다가 모두 가난해 온 섬 가운데 편히 앉아 밥 먹는 사람이 없고 보니, 이러고서야 오히려 무엇을 바라겠는가?

편지 보내는 사람과 같이 잠을 자면 내 근황을 자세히 들을 수 있을 걸세. 반드시 십분 환대해주는 것이 어떻겠는가? 어떤 물건으로 정을 표하는 것도 좋겠네만, 형편이 그렇지 못하거든 노자 외에는 반드시 사양하고 받지 않으려 들 터이니, 다만 서너 전쯤 쥐어주는 것이 어떻겠는가? 다 적지 못하네.

1806년 3월 초10일 둘째 형 씀.

― 정약전의 「미용에게 부침寄美庸」 중에서.

이 글에는 "이것은 선생님(정약용을 지칭함)의 둘째 형님께서 나주 흑산도에 귀양 가 계실 적에 쓰신 편지다. 선생님께서 말씀하시기를 '편지의 내용이 온통 네 이야기로 가득하고, 또한 둘째 형님의 친필이니 네 거처에 보관하는 것이 좋겠다'고 하셨다. 그래서 여기에 붙여둔다"는 황상의 주석이 붙어 있다.

산사의 풍광과 백성의 고통을
시로 짓다

1806년 3월 18일, 정약용은 산속에서 지내고 있었다. 정겹고 아름다운 풍광이 여기저기 펼쳐져 있어 봄을 잡아두고 싶을 정도였다. 특히 더운 여름이면 그 어떤 곳보다 만덕산이 좋았다.

산에는 누대와 정자가 있고 송골매도 있었다. 정약용은 하늘로 치솟는 송골매가 되어 누구 집이든, 어느 곳이든 무작정 찾아 날아갈 수 있으면 좋으련만 싶었다. 또한 산사에는 비록 좋은 안주는 없어도 번잡하지 않게 안주거리를 마련할 수 있어 만족스러웠다. 숲에서는 조금만 걸어도 나무마다 꾀꼬리 소리가 들려왔다. 고향 마을 흥복사興福寺의 꾀꼬리 소리처럼 듣기 좋았다.

산사에서 바라다보는 바닷가 풍광도 아름다웠다. 강진의 바닷가 백사장에는 어시장이 열렸다. 다리 옆에 탁주를 파는 주막집이 있었는데, 붉은색 머리를 한 여자들이 술을 팔았다. 흡사 네덜란드인의 후예처럼 보였다. 정약용은 이런 이색적인 풍광도 좋았다. 그 옆 초가집에는 약장사 영감이 살고 있었다. 바닷가에서 산으로 오르는 오솔길에는 버드나무가 있어 발처럼 한들거렸다. 그 오솔길은 술 취한 중이 비틀거리며 오르기도 하고, 땔감을 머리에 인 아낙들이 지나가기도 했다. 정겨운 곳이었다.

산사는 첩첩으로 바위가 둘러 있고, 사람들이 땔감으로 베어낸 탓에 비록 작아지긴 했어도 철쭉꽃이 흐드러지게 피어 있으며, 기이한 봉우리에 비추는 석양빛이 멋진 풍광을 선사했다. 정약용은 산사에서 마음에 쌓인 울분을 토해냈다. 특히 시로 속마음을 써내려갔다.

산사 아래로는 비자나무 길이 있었다. 푸른 장막이 길게 펼쳐진 것 같았다. 길 양쪽으로 자란 나무들이 협곡을 이루었다. 그 산길을 걸어 선방에 도착하면 고향 집같이 편안했다. 산사 앞의 노란 나무들은 고운 꽃 못지않게 예뻤다. 언덕 여기저기에 자리한 동백나무에 붉은 꽃이 더러 남아 있었다. 아직 봄의 정취를 느낄 수 있는 마지막 꽃잎이었다. 여름을 알리는 연화풍棟花風(꽃이 피려는 것을 알리는 화신풍花信風 중 음력 3월 곡우穀雨 절기에 부는 마지막 바람)이 오지 못하도록 하고 싶은 심정이었다.

비가 내리는 한밤중에 누가 횃불을 들고 산사로 찾아왔다. 혜장이었다. 정약용이 머무르고 있다는 사실을 모르고 온 것이어서 둘은 마음이 통했다고 여겼다. 3월에 내린다는 매화비가 밤새 내렸다. 그 빗속에서 혜장과 정약용은 동이 틀 때까지 이야기로 밤을 지새웠다. 두 사람은 처지와 사상은 달랐지만 오나가나 나그네 신세라는 점은 같았다. 둘 다 산사를 떠날 생각이 없었다.

산사의 기둥이나 벽에 장식으로 써서 붙이는 글귀인 주련柱聯은 신라시대 명필가로 알려진 김생金生의 글씨였고 누각의 현판은 이광사가 쓴 글씨였다. 그들의 작품이 맞나 조금 의심이 들긴 했지만 그 명성에 걸맞은 솜씨였다.

옛날 태종의 둘째 아들 효령대군孝寧大君이 만덕사에서 잠깐 지낸 적이 있었다. 그 절을 원당願堂으로 삼고 기적비紀蹟碑를 세웠는데, 임진왜란 때 그 비석이 깨져 전하지 않았다. 또 태종의 큰아들 양녕대군讓寧大君이 효령대군에게 "나는 살아서는 왕의 형이요, 죽어서는 부처의 형이 될 것이다"라고 말했다는 설화가 전해지는데, 정약용은 아마도 만덕사 동용문銅龍門(임금의 궁궐을 의미하나 여기서는 만덕사의 출입문을 의미하는 듯함)이 그와 관련 있는 듯싶었다.

만덕사를 내려가려던 정약용은 눈길이 닿는 곳마다 좋은 풍경이라 머뭇거리며 다시 둘러봤다. 그는 산사에서 흥이 나 고악부古樂府(형식이 자유로운 민요풍의 한시) 몇 수를 지었다. 직책을 잘 수행하지 못하는 것을 풍자한 내용으로, 안찰按察 임무를 맡은 신하가 마냥 놀기만을 일삼아 고단한 백성들은 쉴 수조차 없는 현실을 비유적으로 표현한 작품이었다.

백성들은 씨 뿌리고 거두기도 힘든 형편인데, 고을 수령은 순찰을 자주 한다지만 가난한 사람들의 속은커녕 고통의 원인도 알지 못했다. 깃발을 앞세운 행렬의 위용은 대단하나, 백성들이 무엇 때문에 근심하는지는 찾지 못하는 것이었다. 눈이 있고 귀가 있고 입이 있다고 모두가 제대로 보고 잘 듣고 옳게 말하는 것은 아니었다. 마음으로 듣고 봐야 하는 것이 고을 수령인데, 정약용은 제대로 그 몫을 다하는 사람을 본 적이 없었다. 그는 도道를 구하는 사람은 어려움을 마다해서는 안 된다고 생각했다. 이때의 생각을 『목민심서』에 담았다.

한 잎새만 한 고기잡이 배　　　　　　　　　一葉漁舟

너랑 나랑 연파 위를 출몰하면서   我和你煙波出沒

서강의 거센 물결이야 전혀 상관 않지   了不管西江駭浪

인생 백발을 재촉하나니   催人白髮

청옥 차는 일일랑은 손을 들고 사양하고   擧手長辭靑玉佩

황금 궁궐은 머리 흔들며 안 들어가야지   掉頭不入黃金闕

단풍나무 새벽이슬 물억새에 부는 바람 듣노라니   聽楓梢曉露荻花風

추위가 뼈에 사무치는구나   寒侵骨

애절한 피리 소리   哀簫咽

단가가 터져 나오고   短歌發

저녁 밀물은 얇고   暮潮薄

새벽 밀물은 매끄러운데   晨潮滑

돌고래를 잡아 꿰기를   取江豚穿過

버드나무 가지로 했지   綠楊枝末

막걸리 석 잔으로 풀고서는   濁酒三杯酬至願

한 폭의 부들 돛에 남은 물건 다 맡기고   蒲帆一幅留長物

날이 밝을 때까지 흐리멍덩 잠만 잤더니   只曹騰熟睡到天明

강물에 달이 잠겼구나   江沈月

—정약용의 「만강홍滿江紅 어부漁夫」.

정든 사람들을 떠올리며 쓸쓸히
거문고를 켜다

1806년 4월 어느 날, 제비가 푸른 연못 위를 바쁘게 날아다녔다. 정약용은 이맘때 정조를 모시고 옥루에서 연회를 열던 지난날이 생각났다. 바닷가 땅끝마을로 내려오고 나서는 꿈속에서 정조를 자주 만났다. 봄바람 불고 복사꽃 향기 짙어지면 노래를 부르거나 음악 연주를 듣던 그때 그곳이 자주 떠올랐다.

벗들도 생각났다. 유배인이 머무는 숲속에서는 아침부터 저녁까지 뜰에 자라는 풀들만이 정약용의 한숨소리를 들어줄 뿐이었다. 복사꽃도 피고 살구꽃도 피었건만, 또 내리는 비에 꽃들은 더욱 붉어졌건만 함께 감상할 친구가 없었다. 격정적으로 토론하고, 꽃이 피면 세검정을 넘어 같이 꽃구경을 가던 친구들이 그리웠다.

고향 생각도 났다. 티 없이 깨끗한 월계粤溪, 담박하고 조용한 백병산白屏山, 그 사이 안개에 싸여 아득한 집, 산이 막고 물이 막아 갈 수 없는 곳, 기러기처럼 구름처럼 높이 날아 곧장 가고 싶은 곳, 바로 고향이었다. 술이라도 취해 잊고 싶지만 마음은 늘 고향을 향하고 있었다. 고향에 돌아가면 호숫가 정자에 덩그러니 누워 여울물을 바라보고 세상에 기댈 것 없이 한가롭게 살고 싶다는 마음이 들자 고향에 대한 그리움이 더욱 간절해졌다.

봄비에 꽃잎이 지니 정약용은 아내가 잘 지내고 있는지 궁금했다. 비둘기가 울어대고, 어미 제비는 지붕을 맴돌며 짝을 찾거나 새끼를 불렀다. 먼 곳에 있는 낭군만 돌아가지 못하고 있었다. 언제 다시 만나 꽃다운 인연을 맺을 수 있을지 알 수 없어 그는 한숨만 깊어졌다.

1795년 봄 아내와 함께 꽃구경을 하고 고기를 낚은 뒤 잔치를 벌인 일이 떠올랐다. 그때 정약용은 꽃이 지고 새잎이 돋자 계절이 지나가는 것이 못내 아쉬워 무작정 꽃놀이를 가자고 나섰다. 벌써 10년 넘는 시간이 지났다. 그때 일을 떠올리니 두 눈에 눈물이 맺혔다. 꼭 취한 것 같았고 꿈꾸는 것만 같았다. 그는 몇 번이고 아내의 얼굴을 떠올리다 이제 그리워하지도 말자며 고개를 떨구었다. 꿈속에서나 볼 그 얼굴을 더는 보고 싶어 하지 말자고 혼잣말로 중얼거렸다.

이번 봄에는 복사꽃이 유난히 붉었다. 사의재의 대나무 발에도 복사꽃의 붉은 빛이 비쳤다. 살구꽃은 봄비에 떨어져 물길 따라 흐르고, 느릅나무 꼭지는 더 짙어졌다. 강진의 봄은 그렇게 가고 있었다.

풍진 세상을 등지고 고기를 낚으며 한가롭게 살아가고픈 사람이건만, 예전에 무슨 큰 죄를 지었기에 늙어서 이토록 먼 곳까지 떠돌게 되었을까? 정약용은 이렇게 자문하면서도 바람 불면 누런 빛깔의 둥그런 모자를 쓰고, 비 내리면 푸른 풀로 엮어 만든 청약립靑蒻笠을 쓰는 궁벽한 삶일지라도 벼슬아치보다 낫다고 생각했다.

정든 사람들을 떠올리던 정약용은 차분히 앉아 거문고 악보를 편 뒤 쓸쓸히 소리를 내봤다.

술대접을 받고 노인의 호를
지어주다

1806년 2월 29일, 이웃집 영감이 정원에 마을 사람들을 불러 모아놓고 술과 안주를 내어 대접했다. 그 집 정원은 꽃과 나무들이 울창했다. 이웃집 영감은 맛난 안주에 향 좋은 술도 함께 내놓았다. 아침 내내 흐리던 날씨가 늦게 갰지만 바람이 불어 좋았다.

정약용은 초대에 대한 답례로 이웃집 영감에게 '뇌옹腦翁'이라는 호를 지어주었다. 그 뒤로 마을 사람들 또한 이 영감을 뇌옹이라고 불렀다. 정약용이 호를 뇌옹이라고 지은 이유는 이웃집 영감이 자기 머리를 자주 쳤기 때문이다. 그래서 타뇌打腦, 즉 '머리를 치다'라는 뜻으로 지어준 호였다.

그 자리에 함께한 사람들에게 뇌옹의 뜻을 말해주자 노인도, 마을 사람들도 한바탕 웃어댔고 모두 음식을 나눠 먹으며 담소를 즐겼다.

혜장이 도소주를 들고
찾아오다

1806년 5월 7일, 정약용은 보은산방에 머물고 있었는데 그곳으로 혜장이 술을 들고 찾아왔다. 승려가 직접 술을 들고 와 함께 마시는 것은 흔치 않은 일이었다. 정약용은 예부터 명주로 알려진 '앙제盎齊(제사에 쓰는 다섯 가지 술 오제五齊를 만들 때 세 번째로 얻는 술로, 빛깔이 매우 엷고 푸르다)'만큼 좋다며 혜장과 즐겁게 술잔을 주고받았다. 두 사람은 얼굴이 발그레하게 취했다. 한 잔 주고 한 잔 받고, 그렇게 주거니 받거니 하면서 시도 지었다. 도를 깨친 승려와 문장에 도를 얻은 대학자가 주고받은 시는 훌륭했다. 두 사람은 사리에 통달했다고 서로를 인정했다.

혜장과 정약용은 세속에 어울리려고 술을 마신 것이지, 술을 먹으려고 산방을 찾은 것은 아니었다. 두 사람은 세상이 알아주지 않았다는 공통점이 있었다. 이제 옛일은 어쩔 수 없는 것이고, 앞으로 마무리를 잘해 남은 생에는 탈이 없기만을 바라는 마음도 서로 통했다. 아무도 찾지 않는 산방과 산을 지키면서 보내는 세월에 재앙이 없으면 다행이라는 생각도 같았다.

혜장이 가져온 술은 육계肉桂, 산초山椒, 백출白朮, 길경桔梗, 방풍防風 등 한약재를 넣어 담근 뒤 정월 초하룻날에 마시는 것이었다. 이 술은 어른이나 어린이나 모두 의관을 정제하고 어린이가 어른에게 절을 올린 다음, 다 함께 앉아 서로 축하하면서 가장 어린 나이부터 순서대로 마시는 풍습이 있었다. 바로 '도소주屠蘇酒'라는 이름의 술이었다.

술을 마시던 정약용은 혜장에게 가는 길을 바꿔 육경六經(유교의 대표적 경전인 『시경』, 『서경』, 『역경』, 『춘추』, 『주례』, 『예기』를 일컬음)을 함께 연구하면서 성현의 삶을 따라가자고 제안했다. 그리고 그것이 가장 좋은 길이라고 일러주었다. 혜장의 학문적 성취를 인정한 것이기도 했다. 정약용은 혜장과 술을 마시며 함께 이야기를 나누는 동안만큼은 마음에 흥이 일었다.

두 사람은 공명이란 것이 원래 그림의 떡이기도 하거니와 재상이 되면 중상모략도 많고, 거기에 빠지면 한평생이 눈 깜짝할 사이에 지나간다는 데 동감했다. 바람 부는 들창 아래 자신이 누울 자리 하나만 있다면 고관대작이 되는 것도 필요 없었다. 하늘과 땅을 벗 삼아 마음껏 거닐고, 깨끗하게 허물없이 지내고 싶었다. 늙으면 늙은 대로 분수를 지키면서 즐겁게 지내야지, 대책 없이 늙음이나 한탄하고 있으면 좋지 않은 법이다. 정약용은 혜장과 함께하면 좋은 일도, 나쁜 일도 호탕하게 다 잊을 수 있어 마음이 편했다. 이렇게 두 사람은 만나면 늘 즐거웠다.

벌써 6년이나 유배 생활을 했지만 정약용은 아직도 술로 고통을 삭여야 했다. 사람들이 흔히 하는 "쓸모 있는 나무는 일찍 도끼를 맞고, 질그릇이 도둑을 안 맞는다"는 말이 참으로 맞는다는 생각이 들었다.

정약용은 현인賢人 달사達士들이 연달아 재앙을 맞고 죄에 걸려드는 현실이 애석했다. 정약용 자신이 겪은 일이기도 했다. 하지만 그는 자신에게 죄를 준 자를 원망하지 않았다. 다만 스스로 미연에 대비하지 못한 것이 잘못이라는 것을 분명히 알고 있었다.

이날 정약용과 혜장은 삶에 대해 진지하게 고민했다.

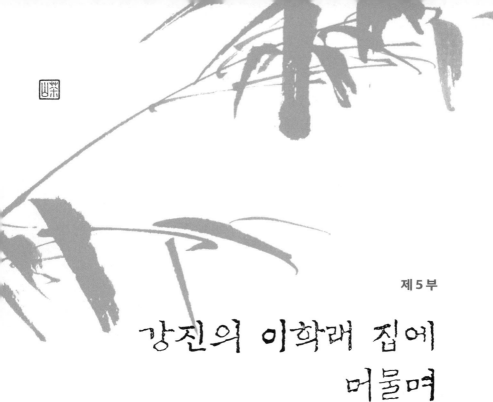

제 5 부

강진의 이학래 집에
머물며

감옥에서 매질을 당해 생긴
장독을 걱정하다

1806년 5월 13일, 비가 계속 내렸다. 이날은 죽취일竹醉日(대나무를 옮겨 심으면 잘 자란다는 음력 5월 13일)이었다. 궂은비가 산사를 내려가지 못하게 붙잡는 것 같았다. 천둥소리는 매질하는 듯했고, 여울물은 말 달리듯 흘렀다.

정약용은 병약한 몸에 습기가 차자 감옥에서 당한 매질로 생긴 장독杖毒이 도질까 걱정되었다. 감옥에서 당한 고문으로 장독이 생긴 것을 떠올리다 정조 생각이 났지만 이제 눈물도 마른 것 같았다.

월출산 영호정에 들러
팔경을 읊다

1806년 8월 17일, 정약용은 월출산 정상에 올랐다. 월출산은 높은 뿔이 하늘에 꽂혀 있는 듯한 모양새였다. 백제시대에 '두힐豆肹'로 불리기도 한 곳으로, 마치 은사隱士들이 휘파람을 부는 것 같았다.

정약용은 장흥長興 정씨丁氏 소유인 영호정映湖亭에 올라 그곳의 팔경八景을 읊었다.

높고 험한 뾰족 바위가 줄지어 하늘까지 솟고	嵯峨石角列天庭
비 맞은 협곡은 씻긴 듯 푸르다	雨過雙厓洗更青
해질 무렵 푸른 기운이 한 줄기 비추니	薄晚翠痕橫一抹
선녀가 구슬 같은 봉우리에 숨어 있는 듯	卻疑仙女隱瑤峯
―관악冠岳의 맑은 아지랑이	

대숲에 밤 짙은데 등잔불 홀로 마주하면	篁林暝色對孤檠
고요한 밤 작은 시내에 물소리 영롱하고	靜夜玎玲小澗鳴

갑자기 하얀 빛이 작은 방 비추니　　　　　忽見白毫光射室

갈고리 같은 조각달이 동쪽 창문으로 드네　一鉤殘月上東榮

　―상잠鶴岑의 새벽달

앞 시내에 물이 빠져 진흙 모래 드러나니　前溪水落見泥沙

떼 지어 모인 아이들 조개 주워 담는다　　隊隊兒童拾蚌蠃

저물녘 밀물이 드니 둥근 거울 하나　　　向晚潮來圓一鑑

가는 바람이 불어오니 물결 위에 갈매기 나네　細風吹作白鷗波

　―학포鶴浦의 저녁 조수

중류에 섬 하나 작기가 주먹만 한데　　　中流一島小如拳

넓고 고운 무늬 여명의 하늘에　　　　　千頃靴紋向曙天

괴이하다, 붉은 노을이 힘겹게 떠오르니　怪有紫霞騰贔贔

동쪽 하늘 불태운 듯하니, 몇 가지나 태우나?　扶桑燒得幾枝燃

　―마도馬島의 아침노을

가는 대나무 시내를 따라 낚시를 숨겨두고　細竹沿溪隱釣車

버들가지에 낚은 고기를 꿰어　　　　　綠楊穿取上鉤魚

서봉의 성자가 당시 불던 피리를　　　　西峯聖者當時笛

동해에 떠돌던 늙은 어부에게 주었다지　流落東溟付老漁

　―죽천竹川의 어부 피리 소리

고갯마루에 살짝 푸른 소나무의 그늘지고　嶺頭松翠帶輕陰

지는 석양이 바람 안고 대숲을 건너네　　殘照含風度竹林

나무꾼의 노래가 음정 없다고 말하지 말라　　莫道樵歌無節族

남쪽 지방 가락 거문고 소리와 잘 어울리네　　南腔端合和枯琴

—송령松嶺의 초부 노래

흔들거리는 산들바람 술집 깃발 펄럭이고　　獵獵輕風颭酒旗

물새가 울어대고 푸른 물결 일렁이네　　鷺鷈吹作翠漣猗

한 쌍의 돛배 어디에서 오는 것일까　　一雙蒲幔來何郡

순식간에 수사를 지나가네　　彈指聲中過水祠

—동차東汊로 돌아가는 배

절벽가에 비스듬히 거꾸로 소나무가 걸린 듯　　側壁斜連倒掛松

하늘 가운데 날아올라 푸른 못에 절구질하듯　　半空飛作碧湫舂

이 산에 관계없이 인간 세상 비 내리듯　　山中不管人間雨

연못 속에 누운 게으른 용을 차서 깨우네　　猶蹴潭心懶臥龍

—서암西巖에 내리꽂는 폭포

　　　　—정약용의 「영호정 팔, 장흥 정씨를 위해 짓다

　　　　　　映湖亭八景 爲長興丁氏作」.

제자의 마음 향기에 위안을
받다

1806년 12월 20일, 땅을 살짝 덮는 정도로 눈이 내렸다. 정약용은 1년 전인 1805년 겨울 황상과 함께 보은산방에 머물던 때가 생각났다.

젊은 나이로 문학에 출중한 면모를 보이는 황상은 참으로 쓸만한 재목이었다. 생김새는 투박하고 귀티가 나지 않았으나 거침없는 말솜씨가 뛰어났고, 옛것을 배우려는 자세도 훌륭했다. 정약용은 그런 제자를 좋아했다. 함께 있으면 동심을 얻는 것 같았다. 그는 황상을 아침저녁으로 가르쳤다. 황상은 『문선文選』(양나라 소통蕭統이 진·한나라부터 양나라까지 대표적인 문인들의 시문을 엮은 책)의 이치를 깨쳤고, 천성이 소탈했으며, 남을 쫓아 하는 것을 싫어하는 데다 세속의 추한 습속도 없었다.

정약용은 눈 내리는 고성사에서 황상과 시간을 보냈고 봄도 같이 지냈다. 그는 시골에서 태어나 부귀를 누릴 수 없고, 큰 재주를 가졌어도 잘 쓰이지 못하는 제자의 상황이 안타까웠다. 하지만 한편으로는 몇 이랑의 밭뙈기에 직접 농사를 짓고, 자신의 몸을 보전하면서 즐거움을 찾는 모습이 참으로 대견스러웠다. 황상은 직접 고구마를 심고, 추수해 얻은 멥쌀로 술도 담가 스승에게 보내는 제자였다. 정약용은 술 향기보다 제자의 마음 향기가 더 좋았다.

정약용은 해배된 후 고향 마현으로 돌아가 있으면서 강진 시절을 회상할 때면 말을 타고 강진을 떠나기 전 황상이 머뭇거리며 자신의 손을 꽉 잡았는데, 그 손길에서 제자의 아쉬움이 느껴져 마음이 심란했다고 술회했다. 정약용이 강진을 출발해 찬바람 부는 월출산을 지날 때 뒤돌아보게 만든 사람이 바로 제자 황상이었다.

술병으로 죽은 황상의 아버지를
애도하다

　1807년 2월, 혜장이 불쑥 찾아왔다. 혜장은 가끔 절을 떠나 비탈길이나 모래바닥에 있는 움집에서 지내곤 했다. 종잡을 수 없는 행동을 많이 했지만 자연과 함께 사는 즐거움이 혜장의 얼굴에 가득했다. 말세인 듯 인심마저 야박한 세상에서 정약용을 진실하고 솔직하게 대하는 몇 안 되는 사람 가운데 한 명이었다. 정약용은 혜장을 굳건하고 어질며 호탕한 인물로 받아들였다고 스스로 생각했다.

　이 무렵 황상의 아버지 황인담黃仁聃이 죽었다. 황인담은 고을 아전이었다. 정약용이 처음 강진에 와 읍내 아전 집 자제들에게 공부를 하자고 제안했을 때 누구보다 앞서 아들을 보내 배우라고 한 사람이었다. 또 죽고 사는 문제를 중요하게 생각지 않았으며, 큰 호수의 많은 물을 몽땅 술로 바꿔 먹고 싶다던 사람이었다. 황인담은 그렇게나 술을 좋아했는데, 결국 술로 병을 얻어 죽고 말았다. 정약용은 그를 위해 만사輓詞(죽은 이를 슬퍼해 지은 글)를 지었다.

생을 걸고 진실로 취하고 싶어	一醉眞堪換百年
살든 죽든 무슨 상관할 게 있겠나	生何如死兩茫然
어찌하면 남호의 모든 물과	那將萬斛南湖水
세상 모든 샘물을 술샘으로 만들까	盡與泉塗作酒泉

— 정약용의 「황상지부인담만사黃裳之父仁聃輓詞」.

아들 황상·황경 형제는 갑작스러운 아버지의 죽음에 망연자실했다. 정약용은 아직 어린 황상이 장례를 치르는 것을 보고 걱정이 되었다. 다행히 날씨는 산소를 정비하기에 좋았다. 곡哭을 하고 돌아올 제 자들을 생각하며 안타까운 마음에 위로의 편지를 썼다. 그는 장사 지내는 곳에 가보고 싶었지만 부스럼 병을 앓고 있어 가지 못했다. 삼우제를 지낼 때는 갈 수 있기를 바랄 뿐이었다.

황인담은 죽기 전 아들 황상에게 삼일장을 지내라고 유언을 남겼다. 아버지의 유언에 따라 삼일장을 지냈는데, 이 사실을 안 정약용이 황상에게 무척 화를 냈다. 자식이 아버지를 산에 묻고 내려와 집에 있는 것은 말이 안 된다며 5월 15일까지 여막廬幕(무덤 옆에 지어 놓고 상제가 거처하는 초막)에서 지내라고 했다. 어버이를 땅에 묻은 뒤 자식 중 어느 누구도 묘 옆에서 모시지 않는 것은 오랑캐와 같은 짓이라며 심하게 꾸짖기도 했다.

이 무렵 정약용은 황상에게 수차례 편지를 보내 스승으로서 부자간의 정과 '사람다움'에 대해 일깨워주었다. 이후 신분이 다른 정약용과 황상은 부자와도 같은 사제의 정을 나누게 되었다.

마음은 둘째 형이 머무는
흑산도에 가 있다

1807년 2월 무렵, 반곡盤谷(지금의 전라남도 장흥군 반산리)에 사는 정수칠丁修七이 먼 집안사람이라며 바다를 건너 정약용을 찾아왔다. 통정대부通政大夫를 지낸 정경달丁景達의 문집 출간 문제로 학문이 뛰어난 정약용에게 도움을 요청하고자 온 것이었다. 그런데 사의재에서 비를 만나 바로 돌아가지 못하고 며칠 머물렀다.

정약용은 정수칠과 막걸리를 마시면서 이런저런 이야기를 나누었다. 그리고 어렵게 자신을 찾아와준 것이 고맙고 늦은 나이임에도 학문에 뜻을 품은 것이 기특해 격려의 글(「위반산정수칠증언爲盤山丁修七贈言」)을 몇 편 써주었다. 여기에는 공부하는 자세, 가정에서 강조되어야 할 윤리, 학문하는 태도, 어린이를 교육시키는 지침 등이 담겼다.

몇 년 전인 1801년 11월 22일 나주 관아 북쪽 율정마을의 주막에서 작별한 후 정약용은 줄곧 둘째 형을 그리워했다. 그때 일이 생각나 동생으로서 그리운 마음을 시로 지어 보냈다. 형제는 율정마을의 주막에서 헤어졌고, 이는 한평생 가장 큰 슬픔 가운데 하나가 되었다.

그때 진정 미웠던 것은 주막 문 앞으로 나 있는 두 갈래 길이었다. 한 뿌리에서 태어났지만 이제는 헤어져야 하는 상황, 자기 한 몸 보살피는 것도 버거워진 상황 등이 한없이 슬펐다.

이별이란 것도 사실 다시 만난다는 보장이 있으면 잠깐의 아쉬움이고, 한편으로는 희망이라 견딜 수 있다. 하지만 두 형제의 이별은 잠깐의 헤어짐인지, 다시 만날 수 없는 헤어짐인지 몰라 더 슬펐다. 걱정 없이 풀들을 뜯어 먹는 들녘의 소처럼 이 상황을 모르는 편이 더 나을 것 같았다.

거센 바다에 갇혀 있는 둘째 형, 고향에 두고 온 아내, 고아 아닌 고아가 된 자식과 조카들이 계속 생각났다. 이들과 처음 헤어질 때만 해도 정약용은 호걸의 기풍으로 작별인사를 했다. 그리고 둘째 형 정약전은 백 번 짓밟혀도 백 번 일어나는 사람이었다. 하늘은 공정해 어려운 처지에서도 형제를 살려주었지만, 정약용은 절해고도에서 살아가야 하는 둘째 형을 만나볼 수 없다는 사실과 '두릉은 정씨의 고장斗陵丁氏之灣'이라고 일컬어지던 자랑스러운 가문이 폐족이 되어버린 것에 대해서 안타까움을 금할 수 없었다. 만약 둘째 형이 있는 사미沙尾, 즉 흑산도 사미촌으로 집을 옮겨 같이 살 수 있다면 큰 파도를 원망하거나 눈물 흘리는 일은 없을 것 같았다.

정약용은 봄이 되자 병을 털고 일어나 다시 옛 책을 들추고 붓도 잡았다. 그리고 둘째 형 정약전을 위해 「사촌서실기沙村書室記」를 지어 보냈다.

신이고를 만들어 옴을
치료하다

1807년 봄, 정약용은 지난 7년 동안 거친 음식을 먹어서인지 마침내 강진의 보리잎국이 냉잇국만큼 맛있다는 것을 알게 되었다.

타향에서 매일같이 책상 앞에서만 지낸 그는 이 무렵 백자白刺라고 하는 오가피五加皮로 술을 담가 풍병風病과 습기를 막고, 황련黃連으로 장람瘴嵐(장마철에 발생하는 습하고 뜨거운 기운)을 치료하기 위해 애썼다. 강진에는 병으로 아파도 보살펴주는 사람이 없고, 병이 낫는다 해도 함께 기뻐해줄 사람이 없었다. 다만, 문 앞에 흐드러지게 피어 있는 꽃들만이 병이 들면 걱정해주고 병이 나으면 축하해줄 뿐이었다.

이때 정약용은 고질적인 옴에 시달리고 있었다. 옴이 온몸으로 퍼지면서 근질근질 가려웠다. 참으려 해도 자신도 모르게 긁어대는 바람에 심하게 헐고 고름까지 나왔다. 너무나 고통스러웠다. 미지근한 물에 소금을 타 고름을 씻어보고, 썩은 풀과 묵은 뿌리로 뜸을 떠보기도 했다. 하지만 온갖 노력에도 치료가 되지 않았다. 이에 정약용은 직접 의서를 참고해 옴은 데 효능이 있다는 신이고神異膏를 만들어 발랐다. 벌집을 갈아 즙을 짜고 뱀 허물을 살짝 볶은 뒤 단사丹砂를 넣어 만든 약이었다. 다행히 효험이 있었다.

　정약용은 이를 둘째 형 정약전이 있는 흑산도로도 보냈다. 둘째 형도 같은 병이 나면 바를 수 있도록 한 것이었다. 형제로서 걱정하는 마음이자, 동병상련의 마음이었다.

자질들에게 세상을 밝히는 학문을
하라고 이르다

1807년 봄, 정약용은 백련사를 찾았다. 백련사에는 이광사가 쓴 주
련이 걸려 있었다. 이광사는 조선 후기에 이름을 날린 서예가로, 사람
들은 그의 서체를 '원교체圓嶠體'라 일컬으며 높이 평가했다. 또한 유
배 생활을 하면서 강진 천민들에게까지 예절과 글을 가르쳤는데, 포
의布衣(벼슬을 하지 않은 선비)로서 귀양 온 이광사가 강진에서 명성을
떨치게 된 이유였다.

정약용은 백련사에 있는 이광사의 글을 보며 "꿈틀대는 용처럼 헌
걸차고 기세가 있다"고 평가했다. 신라시대 유명한 서예가인 김생도
강진에서 지냈고 작품을 남겼지만 정약용은 그리 높이 평가하지 않
았다. 심지어 백성들의 계약서를 써줄 수 있는 솜씨 정도라고 혹평까
지 했다. 그는 이광사 이후 자신이 강진 땅에 문명을 띄운 사람이라는
점을 은근히 자부했다.

봄바람은 아무런 소식도 전해주지 않았지만 정원에 꽃을 피우고,
집 주위를 둘러싼 나무들을 푸르게 했다. 이웃들은 정약용에게 음식

을 나눠주고 때때로 술자리도 마련해 그를 초대했다. 매년 봄이 오지만, 정약용은 내년 봄을 다시 만날 수 있을까 하는 불안감이 떠나지 않았다.

왔다가 쉽게 가는 봄과 정약용의 공통점이 있다면 이 세상은 자신들이 살아 있음을 알아주지 않는다는 것이었다. 정약용은 이런 허탈함을 달래고자 시를 지었다. 노래도 불러봤다. 그러나 쓸쓸하기 그지없었다. 자질子姪들에게 자신의 마음을 시로 지어 편지로 보내기도 했다. 6년 전 마흔 살 때만 해도 부동심不動心(어떤 유혹에도 흔들리지 않는 마음)을 가져 호랑이를 만나도 태연할 수 있었다며 그런 호방함을 갖추라고 일렀다. 또한 유배형을 받고 가족과 헤어지던 날 자식들이 연약한 아녀자처럼 눈물 흘리는 모습을 보고 나무랐던 그는 자질들에게 『사기』에 나오는 조괄趙括과 『서경書經』에 나오는 채중蔡仲을 예로 들면서 글을 읽으려면 제대로 읽어 아버지의 허물도 덮어주는 사람이 되어야 한다고 주문했다.

조괄은 병법兵法을 배워 조금 이해하게 되자 천하에 자기를 당할 자가 없다며 자랑했는데, 아버지 조사趙奢는 조나라 군대를 망칠 사람은 틀림없이 내 아들 조괄일 것이라며 호되게 꾸짖었다. 그리고 실제로 염파廉頗를 대신해 전장에 나가 자기 멋대로 전쟁을 수행하다 진나라 장수 백기白起에게 패해 죽고 말았다. 채중은 주나라 채숙蔡叔의 아들로, 아버지가 무경武庚의 반란에 가담했다가 유배지에서 죽게 되자 이후 덕을 닦으며 착한 일을 계속했고 마침내 성왕의 신임을 얻어 높은 벼슬자리까지 나가게 되었다. 비록 아버지의 과오가 있긴 했지만 모범적인 학행으로 많은 사람으로부터 칭송을 들었다.

정약용은 자질들에게 목마른 천리마가 시내를 찾아 달리듯 기상을 가져야 하고, 독 안에 붙어 있는 파리처럼 구차하게 행동해서는 안 된다고 주문했다. 특히 둘째 아들 학유에게는 서고에 있는 책에 주석을 달고, 고향에서 전원을 가꾸며 농사일도 열심히 배우라고 주문했다. 조카 학초에 대해서는 학문 연구에 뜻이 있고 또 좋아하는 만큼 누구보다 식견이 높아질 것이라고 기대하면서, 한편으로는 스승처럼 가르쳐줄 사람이 집안에 있지만 수준을 높이는 데는 한계가 있음을 아쉬워했다. 정약용은 자질들에게 농부가 농기구와 연장을 갈아두고 농사철을 기다리듯이, 집안을 부흥시키고 때가 되면 쓰일 수 있도록 역량을 키우고 학문을 지속해 철저히 준비하고 있어야 한다고 강조했다.

정약용은 아들들과 조카들에게 국가에 쓰일 것에 대비해 연장처럼 갖추어야 할 것이 바로 학문이라고 수차례 강조했다. 그렇다고 고관대작처럼 높은 벼슬을 꿈꾸거나 성공을 위한 공부를 하라는 것은 아니었다. "문자를 잘 익혀 세상을 밝게 하라但令文字照四海"는 말로써 세상을 밝히고 세상에 쓰임이 있는 진정한 학문을 하라고 요구했다.

폐물이 되었지만 한편으론 자유롭게
살아가다

　1807년 4월 1일, 사방에 녹음이 우거지니 비록 길은 멀지만 정약용은 혜장과 함께 누대에 오르고 싶었다. 그런데 백련사에 가려고 물품들을 챙기다 계획을 취소하고 말았다. 몸이 좋지 않았기 때문이다. 마음을 알아주는 이를 만나는 기쁨을 누릴 수 없게 되자 그는 조금 허전했다.

　이틀 뒤인 4월 3일, 정약용은 백련사에 올랐다. 전날까지 몸이 아팠지만 하루 앓고 나니 괜찮아졌기 때문이다. 새벽에 가벼운 복장으로 길을 나서 백련사로 향했다. 말을 타고 모래밭을 거쳐 마을에 있는 어부의 집을 지나갔다.

　바다에도, 들에도 잔물결이 일었다. 봄은 갔지만 아직도 산에는 꽃이 피어 있었다. 따뜻한 바람이 머리카락을 날리고, 단풍나무는 잎 색깔이 짙어져 꽃보다 예뻤다. 안개가 내려앉은 시내를 건너 산에 올랐다. 산사에 도착하니 혜장은 없었다. 빈 방에 염주가 놓여 있는 것을 보아 바로 얼마 전 어디론가 훌쩍 떠난 듯했다.

정약용은 산을 올라가고 내려오는 동안 자신의 삶을 돌아봤다. 폐물이 된 몸이라 찾아오는 사람이 아무도 없었지만, 그는 걱정하지 않았다. 이렇게 된 상황을 받아들였기 때문이다. 오히려 청렴과 자유로움(청광淸狂)으로 세상을 살아가고 있다고 자랑스럽게 여겼다. 담박淡泊을 좋아하고 평온함도 유지하게 되었다. 그러자 타향살이가 외롭다거나 원망스럽다거나 하는 마음이 사라졌다.

마을로 내려온 정약용은 산책하다가 이웃집 영감을 만났고, 머지않은 날에 강진 앞바다로 배를 타고 나가기로 했다.

촌로들과 뱃놀이하다 서쪽 바다를 보며
눈물 흘리다

1807년 4월 12일 무렵, 정약용의 외척인 금호琴湖 윤규렴尹奎濂이 찾아왔다. 정약용은 평소 어렵게 사는 처지인지라 친한 손님이 아니면 누가 찾아오는 것을 좋아하지 않았다. 윤규렴을 만나서는 서로 눈물바람이었다. 인생 말로에 다정한 벗이 어렵게 찾아왔으니 그럴 만도 했다.

정약용은 윤규렴이 훌륭한 가문에서 뛰어난 가풍을 지키면서도 우정을 잊지 않고 찾아와주어 고마웠다. 윤규렴은 몇 번이나 억울한 일을 당했음에도 나라에 충성을 다하는 참다운 지식인이자 세상이 잘못되어가는 것을 안타깝게 여기는 충심 가득한 선비였다.

정약용은 윤규렴에게 서로 이웃하며 여생을 함께 보냈으면 좋겠다고 말했다. 하늘이 그의 말을 알아듣기라도 한 듯 부슬부슬 비가 내렸다. 땅이 질퍽해 나막신이 푹푹 빠지고, 굵은 빗방울에 옷이 다 젖을 것이 뻔해 손님은 길을 떠날 수 없었다. 정약용은 기분이 은근히 좋았다. 채마밭의 살찐 아욱, 부쩍 자란 채소로 친구를 대접했다.

아무리 친해도 돌아갈 곳이 있는 사람을 마냥 잡아둘 수는 없었다. 비가 그치고 날이 개면 보내주어야 했다. 정약용은 어렵게 찾아와준 손님을 그렇게 떠나보냈다.

그리고 며칠 뒤인 4월 15일, 정약용은 강진 사람 몇 명과 함께 구십포九十浦에 배를 띄우고 달이 뜰 때까지 놀았다. 촌로들과 뱃놀이를 하기로 한 약속을 지킨 것이었다. 정약용은 강진 노인들이 비록 촌사람이긴 하지만 진기한 것을 좋아한다는 사실을 알게 되었다. 노인들은 남당포가 바다인데 호수처럼 물이 맑다고 자랑했다. 실제로 남당포는 밀물 때면 천지가 광활해지고 바람을 만나면 푸른 유리처럼 부서졌다.

남당포에는 금사산金砂山과 석름봉石廩峯이 서로 마주 보고 있었다. 얼마 전까지 내리던 궂은비가 말끔하게 개어 하늘은 먼지 하나 없이 깨끗했다. 푸른 바다 한가운데 떠 있는 배에서 육지를 바라보니 풍광이 예전과 달랐다. 언덕과 산봉우리들이 배를 따라왔다 지나가는 듯했다. 그 바다에서 정약용과 강진 노인들은 배를 타고 놀았다. 작은 고깃배의 키를 틀고 바다 물결을 치면서 박자를 맞추며 흥을 돋우었다. 배 안에는 즐거움이 더해갔다.

정약용은 무심코 고개를 돌려 서쪽을 바라봤다. 멀리 서쪽 바다 어디쯤에 사미촌이 있을 것이라 생각하니 자꾸만 눈물이 났다. 울퉁불퉁한 검은 바위들로 이루어져 있고 힘차게 날던 새도 그곳에 가면 떨어진다는 섬에 둘째 형이 있었기 때문이다. 그는 남들이 볼까 봐 얼른 옷소매로 눈물을 훔쳤다.

정약용은 마을 노인들과 함께 노래하며 즐겁게 시간을 보냈다. 바다에서는 크고 작은 물고기들이 한 가족인 양 펄떡펄떡 뛰었다. 하늘에는 달이 뜨고 진주 같은 별도 가득했다. 날은 어느새 어두워졌고 뒤를 보니 거룻배도 그물을 걷어 돌아갔으며 어촌의 사립문들도 모두 닫혀 있었다.

남당포 뱃놀이를 끝내고 돌아오는 길에 삐걱삐걱 노 젓는 소리가 어둠을 헤치고 정약용의 마음에 와 닿았다. 이는 즐거움이 다하면 슬픔이 이어지는 격이었다. 떠돌이 신세였던 수많은 나그네가 그랬을 것이다. 늦은 시간에야 일행은 월고포越姑浦에 배를 댔다.

죽순이 올라오는 것을
보다

　1807년 5월 1일, 정약용은 강진 읍성 동문 밖 주막, 고성사의 보은 산방, 제자 이학래李鶴來(이청李睛)의 집 등을 옮겨 다니며 유배 생활을 하다 마침내 안정된 곳으로 이사했다. 사방이 푸른 초목으로 둘러싸인 곳이었다. 다만 담장 안에 자신이 좋아하는 대나무가 하나도 없다는 점이 아쉬웠다. 그래서 채소밭을 조금 할애해 대나무를 정성껏 심었다. 도와줄 사람이 없어 혼자 해야 했다. 모두 심은 뒤에는 흙을 북돋아주고 물도 주었다. 심은 대나무라고 해봐야 몇 그루 안 되었지만 마음과 눈이 맑아지고 그 지조와 절개를 감상하기엔 충분했다.

　늦은 밤 때마침 부슬부슬 비가 내리더니 다음 날 죽순 대여섯 개가 올라왔다. 마음이 흡족할 정도로 크려면 꽤 오래 걸릴 것이라 예상했는데 비를 맞고 죽순이 바로 올라와 정약용도 놀랐다. 그는 울타리를 이루도록 대나무를 잘 가꾸었다. 마치 녹용을 키우듯이 했다. 이웃 사람들은 그런 그를 보면서 저마다 한마디씩 했다. 산에 올라가면 온 천지에 왕죽(운당篔簹)이 가득한데 왜 저러는지 모르겠다고들 했다.

정약용은 이런 소리에 신경 쓰지 않았다. 무엇인가를 대할 때 그의 마음가짐은 대개 이와 같았다. 사람들을 일깨우고 제자들을 양성하는 마음도 다르지 않았다. 수가 적다고 해서, 지금 수준이 낮다고 해서 포기하지 않았다. 내일의 가치를 보고 발전을 기대하며 멀리 내다보면서 기르고 가르쳤다. 사람들이 흔하다 여기고 가볍다 치부하는 것이라도 그는 쉽게 보지 않았고 신중하게 대했다. 그것의 가치에 주목했으며 기다릴 줄 알았다. 사람을 양성하는 일을 중간에 포기하는 경우는 더더욱 없었다. 정약용의 제자들은 그렇게 길러졌다.

제자의 아들은 손자와
다름없다

1807년 6월, 지난달 정약용에게 기쁜 소식이 전해졌다. 장손 대림
大林이 태어났다는 소식이었다. 강진에서도 기쁜 소식이 들려왔다. 열
아홉 살에 결혼한 황상이 첫아들을 낳은 것이었다. 정약용은 제자의
득남 소식에 매우 기뻐하며 이내 편지를 써 보냈다.

> 네가 능히 아들을 낳았다니 기쁨을 형언할 수 없다. 내 아들은 아직
> 이러한 일이 없으니, 네 아들이 내 손자와 무엇이 다르겠느냐? 모두 기
> 원해 이 아들을 얻었으니 이름은 천웅天雄이라 하는 것이 좋겠다. 와서
> 내 축하를 받도록 해라.
>
> —정약용의 「황상에게 주는 편지」 중에서.

사실 정약용은 1년 전 황상이 결혼해 신혼일 때 부부의 정에 빠져
학문을 게을리한다고 많이 꾸짖었다. 그런데 시간이 흘러 제자가 아
들을 낳자 누구보다 기뻐했다. 그래서 제자에게 "네 아들은 곧 나의

손자나 다름없으며, 하늘에 기원해 얻었으니 이름을 '천웅'이라 하고 축하를 받으라"고 한 것이었다. 조선시대에 신분이 낮은 제자의 아들을 손자와 다름없다며 이름까지 지어준 스승은 찾아보기 힘들다. 이처럼 정약용은 비록 신분은 달랐지만 제자들을 아들처럼 대했다.

은봉 선사에게 만일암의 기문을
지어주다

1807년 7월 7일, 정약용은 은봉隱蜂 선사 두운斗云에게 부탁받은
「중수만일암기重修挽日菴記」와 함께 「만일암실적挽日菴實蹟」, 「만일암
제명挽日庵題名」을 지어주었다. 만일암 기문記文을 지어 보내긴 했지
만, 이 글을 상자 깊이 간직해두고 자주 꺼내 보지 말라고 당부했다.
목판에 새기려 하지도 말라는 부탁도 했다.

정약용은 "만약 서둘러 현판을 건다면 내가 직접 가 즉시 부술 것"
이라고 강하게 경계했다. 은봉 선사에게 현판을 제작하겠다는 마음을
갖지 말라면서 뒷날을 기다리는 편이 좋겠다고 거듭 강조한 것으로
보아 정약용은 구설에 오를까 우려했던 듯싶다.

정약용과 은봉은 혜장의 소개로 만났다. 은봉이 정약용을 찾아와
만일암을 중수하니 기문을 써달라고 부탁했고, 이에 정약용이 바로
글을 지어 보낸 것이었다.

윤종하가 서울에서
찾아오다

1807년 8월 1일, 정약용은 바닷가 고목에서 우는 가을매미 소리를 듣고 가을이 왔음을 알았다. 그리고 때마침 내린 가을비에 더욱 아름다워진 국화를 소재로 시를 읊었다. 그는 서울 명동에 살 때부터 국화를 좋아했다. 국화는 죽란시사 친우들과 즐겁게 지내던 추억을 떠올리게 했다. 특히 모임을 열어 어두운 방에 국화를 놓고 촛불을 켠 뒤 그것을 이리저리 옮겨가면서 꽃 그림자의 움직임과 변화를 보며 즐거워하던 일이 떠올랐다. 그때 친우들은 어린아이처럼 신나 하는 정약용의 모습을 보면서 재미있어 했다.

정약용은 새로운 거처에 심은 국화를 지탱목으로 보호하고, 꽃을 더 오래 보려는 마음에 울타리를 쳐 추위를 막았다. 국화는 지난 초가을에 심은 대나무와 잘 어울렸다. 또한 가을의 쓸쓸한 기분을 밝게 해주는 친구와도 같아 유배지에서의 답답함을 견딜 수 있었다.

국화를 피게 한 가을비는 담쟁이덩굴을 말라붙게도 했고, 바다로 밀려오는 조수는 벌써 차가워진 느낌이었다. 스산한 날씨 탓인지, 정약용은 외진 땅 강진에서 어떻게 먼 장래의 계획을 세워야 하나 싶어 갑자기 암담해졌다. 다른 재주가 없거니와 고향에 돌아갈 수 있다는 희망마저 점점 멀어지고 있었기 때문이다.

후드득후드득 가을비가 내리는데, 서울에 사는 윤종하尹鍾河가 찾아왔다. 윤종하는 정약용의 외증조부인 공재恭齋 윤두서尹斗緒의 고손자였다. 정약용은 말을 타고 먼 길을 온 정성도 고마웠지만 외가 친척을 만나게 되어 기뻤다. 윤종하는 가풍을 이어받아 시와 글씨, 그림까지 모두 잘했다. 그런데 늙도록 초야에 묻혀 지내 인재가 버려지다시피 했다. 젊은 시절에는 병법을 좋아해 용호龍虎의 기상까지 있었다. 가문의 전통을 계승해 큰 덕을 쌓아 칭송받았고 자제들도 훌륭했다. 둘째, 셋째, 일곱째, 여덟째가 모두 현달했다. 아들 윤지눌은 사헌부지평司憲府持平에 올랐고, 윤지범尹持範은 사헌부에 발탁되었다. 윤종하는 비록 벼슬은 못 했지만 문장력이 뛰어났다. 정약용은 이 점이 매우 안타까웠다.

정약용 자신마저 영락해 떠돌이처럼 궁벽한 시골에서 살고 있으니 아무리 학식이 높고 임금으로부터 인정받았다 한들 모두 옛일이요, 가슴 아픈 과거에 지나지 않았다. 실낱같은 목숨을 부지하고 있을 뿐이며, 형제들도 위태로운 상황이라 서로 도움이 되지 못했다. 오랜만에 만난 두 사람은 기쁜 마음에 서로 어렵고 궁벽한 생활보다는 즐거웠던 옛 추억들만 골라 이야기를 나누었다. 두 사람은 바람 앞의 나무 잎사귀와도 같은 것이 인생이라고 생각했다. 잎사귀들이 떨어져 사방으로 흩어지듯, 만남 뒤의 헤어짐은 정해진 수순이었다. 멀리 떨어진 강진까지 자신을 찾아와준 윤종하에게 정약용은 마음 깊이 감사했다.

나는 조선인으로서 마땅히
조선시를 쓰겠다

1807년 겨울 어느 날, 정약용은 흥미로운 그림 두 점을 봤다. 「서호부전도西湖浮田圖」와 「동시효빈도東施效嚬圖」라는 그림이었다.

「서호부전도」에는 농촌 서호에서 농사짓는 모습이 담겼는데, 아래 논은 물이 많아 비만 오면 넘쳐 고민이고, 높은 지대의 논은 늘 가물어 야단인 모습이 그려져 있었다. 그런데 서호의 부전 두 곳은 걱정이 없었다. 해마다 풍성하게 결실을 맺어 수확량도 많았다. 그림 속 논에서는 나무를 엮어 떼를 만들고 대나무를 묶어 흙을 실은 뒤 논에 가져가 뿌렸다. 쟁기와 써레로 땅을 갈고 고를 것도 없었다. 씨앗통만 들고 볍씨를 뿌리면 그만이었다.

이 논의 벼들은 언제나 땅에 뿌리를 잘 내렸고, 물을 따로 대지 않아도 되었다. 깊은 방죽에서 힘들게 물을 퍼 올리거나, 가물다고 하늘에 제사를 지낼 필요도 없었다. 연꽃 또한 잘 피고, 이삭도 여기저기서 잘 자랐다. 김매는 아낙네들은 배를 타고 들어갔다가 저물녘이면 노래하면서 나왔다. 백성들이 아무리 많이 모여들어도 땅이 좁다는 걱정을 하지 않았다. 여기 사는 사람들은 함께 지혜를 모아 재앙을 막아냈다.

「서호부전도」는 흐르는 강물을 높은 지대로 인양하는 용미거龍尾車, 깊은 샘물을 자아올리는 옥형거玉衡車 같은 농기계와 아무리 좋은 관개수로도 여러 사람이 함께 지혜를 모으지 않으면 불필요한 기술이라는 것을 보여주었다. 즉 농민들이 힘과 지혜를 모아 농법과 기술을 바꿔보려는 농촌 마을의 모습을 그리고 있었다.

정약용은 이 그림을 강진 사람들에게 보여주었다. 하지만 그들은 깊이 듣지 않고 피식 웃으며 흘려버렸다. 자신들이 살고 있는 주변은 민둥산이라 나무할 곳도 없고 물 좋은 땅도 없다는 말이 되돌아왔다. 땅 있으면 갈아 먹고, 없으면 말 일이라며 체념한 듯 말하는 농부도 있었다.

예부터 모든 일이 지혜와 노력으로 되는 것은 아니지만, 그렇다고 귀신의 도움을 바라면서 용을 몰고 짐승을 잡아 산신령에게 빌기만 하는 마을 사람들의 태도에 정약용은 안타까움을 느꼈다. 그는 「서호부전도」를 보여주고 농사짓는 데 기술이 필요하다는 점을 일깨워주고 싶었다. 그러나 하루하루가 힘겨운 농민들은 당장의 굶주림을 해결하는 것에 급급하다 보니 고난의 악순환에 빠져 있었다.

정약용이 본 또 다른 그림은 「동시효빈도」였다. 이 그림은 찡그린 모습이 무척이나 매력적이라 중국 오나라 부차夫差도 반했다는 서시西施를 모방하려 한 어느 여인을 희화한 것이었다. 서시가 서쪽 마을에 사는 사람이라는 뜻인 것처럼 이 그림의 주인공은 동쪽 마을에 사는 여자라는 의미에서 동시東施로 불렸다.

동시는 푸른색 치마를 입은 곱사등이로, 서시의 고향인 저라산苧羅

山 감호鑑湖 근처에 살았다. 헝클어지고 불그레한 곱슬머리를 가진 여인으로, 언청이인 데다 푸르뎅뎅한 치아가 듬성듬성 나 있었다. 볼품없는 외모에 남들만 모방하면서 자기 자신을 사랑하지 않는 사람이었다.

동시의 살갗에는 때가 끼고, 방에는 먼지가 가득 쌓여 있었다. 등에는 옴딱지가 붙어 두꺼비 등가죽과 같았고, 턱 밑살은 축 늘어져 사다새와 비슷했다. 동시가 거리로 나가면 사람들은 놀려댔고, 대문 앞 개들도 으르렁거릴 정도였다. 추한 외모에 마음씨도 곱지 않았다. 맵시를 부렸지만 매부리코에 신음소리를 내며 눈썹을 찡그리는, 늘 못생긴 도깨비 표정을 하고 있었다.

그런 동시의 모습을 보면 어떤 사람은 박장대소하고 어떤 사람은 겁먹어 달아났다. 흉측하고 사나워 무서운 여자로 일컬어지는 전설 속 구자마모九子魔母가 따로 없었다. 동시는 찡그리는 법을 서시에게서 배웠다. 서쪽 마을의 서시는 본래 얼굴이 예뻐 찡그려도 예쁜 것이니, 동쪽 마을의 동시는 서시를 따라 할 게 아니라 본색대로 사는 편이 더 낫다고 사람들은 놀려댔다.

정약용은 이 그림을 보고 세상을 한번 돌아봤다. 세상 돌아가는 꼴이 동쪽 마을의 동시와 같은 부분이 많았다. 송나라 사령운謝靈運은 중국 강동 지역에서 가장 유명한 문인으로 산수를 좋아했다. 그는 산에서 나막신을 즐겨 신었는데, 올라갈 때는 앞굽을 빼고 내려올 때는 뒷굽을 뺐다. 사령운처럼 되고 싶었던 사람들은 진정 산수를 좋아하기보다 산에서 나막신 신는 것만 따라 했다. 사령운처럼 되고 싶은 마음에 흉내 내기 좋고 쉽게 모방할 수 있는 일들만 본떠서 한 것이었다.

중국 후한의 곽태郭泰는 학문이 대단하고 제자도 수천 명에 달했다. 그가 길을 가던 중 비를 만나 두건 한쪽의 귀가 꺾였는데, 이 모습을 본 사람들이 일부러 한쪽 귀를 접어 썼고 그 두건을 일러 '임종건林宗巾'이라고 했다. 임종은 곽태의 자로, 이것도 겉모습만 따라 한 행동이었다.

정약용이 제시한 이 두 가지 사례는 모방하는 폐단을 지적한 것이자, 남을 따라 하는 것을 부끄러워해야 한다는 뜻이 담겨 있다. 가짜는 아무리 해도 진짜만 못하다는 가르침을 제시하고 있는 것이다. 정약용은 타고난 체질이 제각기 다른 만큼 나 자신을 버리고 남을 따르는 것은 말도 안 되는 행위라며 경계하고자 했다.

이날 정약용은 그림 감상을 통해 마을 사람들과 제자들에게 기술 개발의 중요성을 일깨우는 한편, 남의 것을 부러워하지 말라는 경계의 말도 전했다. 여기서 더 확장되어 정약용은 해배 후 고향으로 돌아가 "이제 나는 조선인으로서 마땅히 조선시를 쓰겠다"고 선언하면서 중국적 시풍을 버리고 독창적인 조선시풍을 이룩했다. 사대주의를 비판하고 남의 것을 따라 하는 것을 싫어하던 정약용의 조선시 선언은 일찍부터 그 밑바탕이 형성된 것이었다.

제6부

강진의
다산초당 시절

다산에 새로운 거처를
정하다

1808년 3월 16일, 정약용은 윤규노尹奎魯의 다산초당茶山草堂에서 즐겁게 지냈다. 윤종하도 병을 치료하려고 이곳에 와 있었다. 하루하루 보내다 보니 어느덧 열흘이 훌쩍 지났다. 정약용은 평온하게 일생을 마쳤으면 좋겠다는 생각이 점점 더 들었다. 이날 시 두 편을 지어 윤종하에게 보여주었다. 이를 계기로 정약용은 새로운 거처를 다산에 잡게 되었다.

사실 정약용은 그동안 일정한 거처가 없어 마음이 안정되지 않았다. 부평초처럼 거처를 몇 곳 옮겨 다닌 그는 읍성 동문 밖 주막에서 살다가 제자 이학래의 집에 머물기도 하고, 잠깐 절에도 있었다. 그런데 이곳 다산에는 골짜기마다 차가 있었다. 다산에서 내려다보이는 강진 앞바다에는 돛배가 점점이 떠 있었고, 멀지 않은 곳에 자리한 포구에는 정약용이 특히 좋아하는 싱싱한 새우무침이 많이 나왔다. 봄이 되면 다산에는 여기저기 꽃이 피었다. 이 정도면 거주하기 딱 좋은 장소였다. 유배인으로서 분수에 넘치지 않나 하는 생각이 들 정도였다. 혹시 서울 권세가들이 알면 구설에 오를까 싶어 살짝 염려도 되었지만, 정약용은 다산에 새로운 거처를 마련하기로 정했다.

정약용이 머물기로 한 다산에는 숲이 우거진 해남 윤씨네 서옥書屋이 있었다. 그곳은 숲을 조용히 감상할 수도 있어 시끄러운 읍내보다 분위기가 훨씬 아늑했다. 또한 봄빛처럼 들고 나는 조수와 피고 지는 꽃 등이 있어 좋은 시를 읽고 『주역』을 보며 마음을 의탁할 수 있는 곳으로는 안성맞춤이었다. 연못에 연꽃을 심지 못하는 것이 못내 아쉬울 따름이었다.

다산서옥의 주인인 귤동橘洞 윤씨네는 정약용에게 초당을 거처로 내주었다.

다산초당에서 봄을 만끽하느라
문밖을 나서지 않다

1808년 4월, 다산초당이 정리되었다. 다산초당은 숲속 적막한 곳에 자리하고 가까이에 졸졸 흐르는 샘이 있었다. 밤이면 그 물소리가 무척 크게 들렸다. 처음에는 잠을 제대로 잘 수 없을 정도였다. 사나흘 지나고 나니 그 소리도 귀에 익었다.

다산에는 몇 가지 멋진 경치가 있었다. 봄볕과 함께 붓으로 그린 듯 산허리를 따라 넓게 쳐진 담장, 그 담장 옆에 피어 있는 복숭아꽃은 다산의 풍광 중 가장 멋졌다.

산속에 자리 잡은 다산초당에서 내다보면 연못에 잔물결이 일렁였다. 봄바람은 연못 위에 내려앉은 버들개지를 흔들고 못물을 놀리는 듯했다. 머리를 흔들어대는 버드나무 가지와 버들 그림자는 마치 산골짜기에 눈발이 날리는 것처럼 보이게 했다. 발에 부딪히는 버들개지가 다산 풍광 중 두 번째였다.

칡덩굴이 쭉쭉 뻗어 있고, 차를 끓이는 화로의 연기가 모락모락 피어오르는 산속 어디에선가 '꿩꿩' 우는 장끼 소리가 들려왔다. 이것이 세 번째 멋진 풍광이었다.

봄에 가랑비가 내려 연못에 둥근 물방울이 일렁일 때 저녁밥 몇 숟가락을 남겨 난간에 기대앉은 뒤 어린 물고기들에게 던져주는 것이 다산에서의 네 번째 즐거움이었다.

크고 작은 바위들이 병풍처럼 둘러 있고, 가을이면 연지곤지라도 찍은 것처럼 단풍나무의 붉은 잎들이 알록달록 여러 색을 띠었다. 단풍나무와 돌이끼가 끼어 붉으락푸르락한 비단 바위가 어우러져 이룬 풍경이 다산의 풍광 중 다섯 번째였다.

거울처럼 깨끗한 연못에 바람이 살랑살랑 불고, 꽃과 기괴한 돌들이 그 가운데에 있으며, 줄기 하나에 꽃 두 송이가 달리는 병두국幷頭菊이 함께 피어나고, 연못에 비친 국화 그림자가 그것들과 멋지게 어우러지는 모습이 다산의 여섯 번째 풍광이었다.

눈 덮인 다산초당을 두르고 있는 바위에 잎이 떨어지는 소리를 들으면서 언덕에 남은 어린 대나무와 함께 한 해가 지는 세모를 보내는 것이 다산의 풍광 중 일곱 번째였다.

다산을 휘돌아 흐르는 작은 시내와 높이가 1만 장丈이나 되어 마치 대나무 장대 같은 푸른 해송이 어울려서 내는 소리는 어느 멋진 거문고나 피리 소리보다 더 아름답고 시원했다. 깊은 골짜기의 소나무 물결은 마음을 위로해주는 다산의 여덟 번째 풍광이었다.

그렇게 다산은 사계절 아름다운 풍광을 자랑했다. 사실 다산에서의 가장 큰 즐거움은 일상에서 놓치기 쉬운 움직임과 변화를 포착해 그곳의 숨겨진 진짜 아름다움을 찾아내는 것이었다.

정약용은 자신이 사는 곳이면 어디서나 꽃과 대나무를 심고 가꾸었다. 다산에서도 원래 있던 꽃을 정리하기도 하고, 따로 구해 직접 심기도 했다.

원래 다산은 유자동산(귤원橘園) 서쪽에 있는 예쁜 산의 이름이었다. 소나무가 많이 자라고 시냇물이 흐르는 곳이었다. 그 시냇물이 발원한 곳의 깨끗한 바위 사이에 초당이 자리하고 있었다. 정약용은 그곳의 연못을 다산초당의 얼굴이라 여겼다. 그래서 연못 중앙에 돌을 쌓아 봉우리 셋을 만들고 철 따라 온갖 꽃을 심었다. 그 꽃들은 형형색색으로 물속에 모습을 비추며 아름다움을 자랑했다.

다산초당의 우물 위쪽에는 개복숭아나무가 있었는데, 봄바람이 불면 외지인은 알지 못하고 오직 벌과 나비만이 찾아왔다. 다산에는 차나무가 빽빽하게 숲을 이루었고, 특히 목서木犀의 잎처럼 질이 단단하고 모서리가 뾰족하며 찻잎과 비슷해 음료로도 쓸 수 있는 학정홍鶴頂紅(동백꽃의 다른 이름)이 무성했다. 학정홍은 여러 가지 과수·채소·화훼를 기록해놓은 『군방보群芳譜』에 나오는 산다山茶의 일종이었다.

바다와 하늘에 거센 모래 바람이 불면 정약용은 다산초당의 창문 앞에 '한 일一' 자로 대나무 바자를 쳐놓았다. 누구를 못 오게 하려는 것이 아니었다. 모란꽃을 보호하기 위해서였다. 다산초당에는 탐스러운 작약과 더불어, 죽순보다 뾰족하고 경옥瓊玉보다 붉은 모란꽃이 있었다. 정약용은 그 싹이 손상될까 봐 아이들이 주위에 오지 못하도록 막아놓은 것이었다.

다산초당에는 이름을 알 수 없는 꽃도 많았다. 가지 끝에 꽃망울이 없어 정원지기가 모르고 자르기도 한 꽃, 꽃이 핀 다음에야 무슨 꽃인지 알게 된 수구繡毬도 있었다. 일본에서 전래된 술잔만 한 크기의 해류海榴(석류의 일종)는 3월까지 꽃이 피지 않아 꼭 말라죽은 것 같았는데, 세상의 모든 봄꽃이 시들자 그때 피었다.

다산초당에는 또 치자와 부앙薄癢도 있었다. 치자는 중국의 유명한 시인 두보가 읊은 것처럼 인간에게 매우 특별한 꽃이다. 시골에 봄 농사가 시작되고 비가 내리면 정약용은 가래를 들고 치자 뿌리를 나눠 심었다. 부앙은 옛 책에서 자미紫薇라고 했는데, 한 가지에 꽃이 피면 다른 한 가지에서는 꽃이 진다. 순서대로 피고 지는 것 같았다. 정약용은 이 꽃을 다산초당의 정원에 심었다. 세상에서 보기 드문 꽃이었기 때문이다.

정약용은 또한 월계月季(장밋과의 상록관목)를 분재해 한 그루 가꿨는데, 생각만큼 쉽지 않았다. 어린 가지가 너무 약해 뿌리를 잘 내리지 못했다. 바람이 불거나 눈이 많이 내리면 걱정이 될 정도였다. 이 꽃을 바라보고 있자면 돌봐주는 사람이 없어 점점 야위어가는 자신의 몰골과 같다는 생각이 들어 더 애착이 갔다. 그리고 가끔 자신의 상황과 너무도 비슷해 넋을 잃고 쳐다봤다.

간들바람에 너울대는 해바라기도 있었다. 때가 되면 한 길 높이에서 꽃을 피웠다. 해바라기는 버드나무 그늘 속에서는 뿌리를 내리지 않는다. 해를 향할 줄만 안다. 충심이 있다. 정약용이 이 꽃을 좋아한 이유는 야합하지 않고 하나만 향해 노력하려는 마음을 가졌기 때문이었다.

정약용이 가꾸는 꽃 중에는 잎과 줄기가 곱고 언제 봐도 예쁜 꽃이 있었다. 바로 국화였다. 정약용은 다산초당에 국화 몇 그루를 심어두고 가끔 돌아보며 외로움을 달랬다. 잗다랗고 하얀 꽃을 피우는 자려莊莫(자초紫草의 다른 이름)도 있었고, 행랑 아래에서는 포도넝쿨도 자랐다. 포도는 지난해 눈이 많이 내려 얼어버린 데다 묵은 덩굴이 말라 죽어 있었다. 그런데 정약용이 다산초당에 거처를 정한 후 어느 날 보니 뜻밖에도 포도넝쿨에 새순이 돋아나 있었다. 포도도 다산초당에서는 보기 좋은 화초 가운데 하나였다.

다산에 온 이후 정약용은 마을 앞에 세금을 내지 않아도 되는 밭을 조금 마련했다. 층층으로 돌을 쌓아 샘물을 가둔 다음 처음으로 미나리 심는 법을 배웠다. 덕분에 성 안에까지 가서 돈을 주고 채소를 사 오지 않아도 되었다.

정약용은 다산초당에서 봄에 취하고 봄을 느끼느라 문밖으로 나가지 않았다. 산은 인적이 드물어 이끼가 덮여 있고 수시로 사슴이 드나들었다. 꽃과 나무, 짐승들과 함께 지냈다. 그는 바위 사이 샘에서 손으로 물을 퍼 찻잔을 씻고, 차그릇에 차를 끓인 뒤 꽃에 관한 책 『화경 花經』을 읽었다.

다산초당의 부엌일은 승려가 맡아서 했다. 불가의 계율에서 벗어나 꺼벙한 모양으로 생선을 잡아 직접 요리도 하는 그 승려는 혜장의 제자로 백련사에서 수도하던 철공이었다.

정약용이 다산초당에 거처를 마련하기 전부터 이곳 서옥에는 사람들이 모이는 전통이 있었다. 이 모임은 설중매가 처음 필 무렵에 이루어졌는데, 그가 들어갈 시기에는 이미 없어진 상태였다. 그 대신 정약용과 제자들이 늘 그곳에 있게 되었다.

8년 만에 둘째 아들 학유를
만나다

　1808년 4월 15일, 다산초당 처마에 제비가 집을 지었다. 정약용은 그 제비집을 바로 헐어버렸다. 그랬더니 제비가 이번에는 도리 밖에다 집을 지었다. 다시 헐어버리려는데 제비가 사정이라도 하듯이 정약용을 바라봤다. 그 모양이 안쓰러워 이번에는 차마 제비집을 부수지 못했다.

　다산초당에 집을 짓는 제비를 보면서 정약용은 제비가 그 나름대로 지혜롭다고 생각했다. 뱀을 피해 집을 짓고, 비록 예쁘지는 않지만 지극히 정성을 다하는 모습에 그도 감동했다. 걱정하며 감싸주기를 바라는 듯한 제비의 눈빛을 보니 매정하게 집을 부술 수 없었고, 세상사 이치도 이와 같으리라는 생각이 들었다. 다만, 제비는 집이 있고 자신은 집이 없다는 점이 다를 뿐이었다.

　며칠 뒤인 4월 20일, 뜻밖에도 둘째 아들 학유가 왔다. 큰아들 학연은 지난번에 강진에 내려와 아버지와 함께 공부하고 학문에 관해 토론도 했었다. 그 뒤를 이어 학유가 온 것이었다. 학유는 정약용이 유배를 올 때 마지막으로 보고 8년 만에 보는 터라, 얼굴 생김새는 영락없이 아들이지만 수염이 나고 자라니 마치 딴사람 같았다. 고향 집의 편지를 가지고 온 것을 보면 아들임에 틀림없었지만, 자신의 아들이라는 느낌이 들지 않았다. 8년이라는 시간은 그렇게 부자 사이를 서먹서먹하게 만들었다.

때마침 옹산에서 윤시유도 술과 세 자나 되는 농어를 들고 다산초당에 왔다. 유배 생활을 하는 정약용을 위로하고자 이렇게 종종 사람들이 찾아오곤 했다. 윤시유는 어린 아들을 데리고 왔는데 우묵한 눈에 반듯한 이마를 가져 생김새가 남달랐다. 차분하고 날래기도 했다. 앞으로 잘 자라면 큰 벼슬을 할 수 있을 정도로 유망해 보였다.

정약용은 나이가 들수록 치통이 심해졌다. 몸도 약한 데다 치통까지 더해지니 신음소리가 절로 나왔다. 하루 종일 울며 끙끙 앓느라 안절부절못했고, 대낮에도 방에서 일어날 수 없었다. 손님이 매번 반가운 것은 아닌데, 이날이 그런 날이었다.

윤시유는 못물에 고기를 씻어 회를 떴다. 회는 머리카락만큼 가늘고, 서리처럼 깨끗하면서 하얬다. 부엌일하는 여인보다 솜씨가 더 좋았다. 함께 있던 제자들과 아들이 좋다며 야단들이었다. 다산초당에 모인 사람들이 모두 배부르게 먹고 흥취가 오르니 당장의 고통을 조금은 잊을 수 있었다. 그런다고 병이 완전히 낫는 것은 아니었지만, 정약용은 즐거움으로 고통을 잊어보고 싶었다.

아내가 보낸 치마를 받고
눈물 짓다

정약용이 아내 홍씨와 결혼할 때 나이가 열다섯 살이었고, 아내는 열일곱 살이었다. 그는 젊은 시절부터 고생을 함께한 아내와의 각별한 정을 시로 썼다. 1784년에 지은 「호박 노래(남과탄南瓜歎)」에서는 "들어보니 며칠 전에 끼니거리가 떨어져 호박으로 죽을 쑤어 허기진 배를 채웠다지"라며 가난을 견뎌내는 아내의 모습을 떠올리고 자신의 부족함을 한스러워하면서 아내에게 고마움과 미안함을 동시에 표현했다. 또한 유배 길에 올라 한강가에서 아내와 이별할 때는 "표정이야 비록 씩씩한 척해도, 마음이야 나라고 다를 수 있으랴"라며 아내에 대한 애틋한 속마음을 남기기도 했다.

강진에서 유배 첫해를 보낼 무렵 아내가 병든 몸에도 남편을 위해 옷을 만들고 남편이 좋아하는 붉은 찰밥까지 지어 800리 밖 강진으로 보내왔다. 정약용은 이것들을 받아들고 한참 동안 말을 잇지 못했다. 1804년 칠월칠석날 저녁에는 "흐른 세월은 내 마음에 응어리가 맺게 하니 눈물 떨어져 옷과 수건 적신다네"라 했고, 그 뒤 "그리워라

그리워라, 꿈속의 슬픈 임의 얼굴"이라며 사무치는 그리움을 고향 마을에 있는 아내 홍씨에게 전했다.

올해는 병인년(1806)	歲次丙寅
시절은 이미 동짓달	時維納氷
눈 내리고 날은 차가우니	雪上寒氣
걱정스러운 마음 날로 더해가네	愁心添增
등불 아래 한 많은 여인은	燈下怨女
뒤척이며 잠 못 이루네	耿耿無寐
그대와 이별한 지 7년	君別七年
서로 만날 날 아득하니	相逢茫昧
살아생전에 만나기 어렵겠지	吾生難待
여린 풀에 된서리 내리고	弱草嚴霜
가을 가고 봄이 오면	秋去春來
두 눈으로 멀리 보겠네	雙眼瞻望
어느 날, 어느 때에	何日何時
친히 당신 얼굴 볼까요	親見玉貌
이미 좋은 일은 가고	已往好事
마가 끼어 있네	魔障可笑
성묘하며 절도 못 드리니	墳墓不拜
종신토록 한스럽겠죠	終身至恨
집을 옮겨 남쪽으로 내려가	移家南渡
끼니라도 챙겨드리고 싶으나	庶備炊爨
해가 저물도록 병이 깊어져	歲暮病深

병든 아내 홍씨가 마지막 인사와 함께 보내온 빛바랜 치마에 정약용이 글을 지은 『하피첩(霞帔帖)』의 서문. 국립민속박물관 소장.

이내 박한 운명 어쩌리까	奈此殘命
이 애절한 그리움을	一段懷抱
천 리 밖에서 알아주실는지	千里照映

　　　　　—홍혜완의 「강진에 유배 중인 남편에게 보내다寄康津謫中」.

　유배 생활 7년째인 1807년은 결혼 30주년이 되는 해로, 아내 홍씨는 간절한 그리움을 담은 시와 함께 혼례식 때 입었던 붉은 예복 치마를 강진에 있는 남편에게 보냈다. 결혼한 부인네들이 장롱 밑에 넣어두던 이 붉은 치마는 여인의 모든 것을 상징하는 옷이기도 했다. 아내가 장롱 깊은 곳에서 30년 된 이 옷을 꺼내어 남편에게 보냈다는 것은 남편을 다시 볼 수 없다는 절망감의 표현이었다.

　홍씨의 마음은 시에도 잘 표현되어 있다. 직접 유배지에 내려가 남편과 함께 지내면서 밥을 지어주고 빨래도 해주고 싶은 간절한 마음과 애절한 그리움을 사랑하고 존경하는 남편이 먼 곳에서도 알아주길 바랐다.

붉은 치마를 받은 정약용은 죽음을 앞둔 아내의 마지막 인사라고 생각했다. 그는 눈물을 머금은 채 곧바로 아내의 시에 차운次韻해 시를 지었다. 그러자 아내에 대한 생각이 더욱 간절해졌다. 아무도 찾지 않는 고향 마을의 차디찬 방에서 외로이 지내고 있을 아내가 애처로웠다. 남편은 아내를 생각하고 아내는 남편을 생각하느라 한밤중에도 잠들지 못했고, 부부는 해 뜨는 새벽녘까지 서로를 그리워하고 또 그리워했다.

정약용은 아내가 시로 써 보낸 편지에 대한 대답으로 『하피첩霞帔帖』을 지었고, 그 서문에 "어머니의 유품에 아버지의 생생한 목소리"라고 써 부모의 간곡한 마음을 두 아들에게 전하고자 했다.

제자들과 용혈암에
오르다

  1808년 5월 11일, 윤규노 등 여러 사람이 다산초당으로 정약용을 찾아왔다. 둘째 아들 학유도 이들과 어울려 즐거운 모임을 가졌다. 이 날 새벽까지만 해도 천둥과 함께 비가 내렸는데, 아침이 되자 비가 개고 뿌옇던 산들이 씻어놓은 듯 깨끗했다. 차고 맑은 가을 숲속 하늘에 떠 있는 구름이 무척이나 선명했다.

  사람들은 정약용에게 용혈龍穴(강진군 덕룡산德龍山에 있는 동굴)에 가서 놀자고 제안했다. 제자들도 좋다고 동조했다. 너나없이 즐거워하는 모습에 찬물을 끼얹을 수 없어 정약용도 승낙했다. 몸 상태는 좋지 않았지만 억지로 옷을 챙겨 입고 나섰다.

  돌길을 올라 외나무다리를 건넜다. 길가의 붉은 산딸기들이 토실토실 익어가고 있었다. 석문에 가까워지자 시냇물이 더 차가워 보였다. 바람도 점점 세게 불었다. 중간에 잠깐 모래턱에 앉아 쉬면서 절벽에서 떨어지는 폭포를 구경했다. 푸른 옥이 수없이 떨어지는 듯했고 솜씨 좋은 화가가 그린 병풍을 보는 것 같았다.

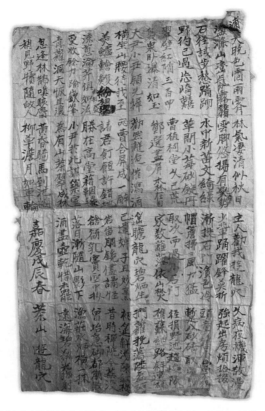

정약용과 윤씨 형제가 용혈암에 오른 후 지은 「유용혈(遊龍穴)」. 윤동옥 선생 소장.

일행은 다시 일어서 석문을 거쳐 들못을 지나 가파른 고개에 올랐다. 그곳에서 산행 중인 윤씨 형제를 만났다. 반갑기도 하고 놀랍기도 했다. 알고 보니 윤씨 형제는 일찍 항동에서 와 정약용을 기다리던 참이었다. 정약용과 제자들은 반가운 나머지 그 자리에서 준비해온 음식과 술을 즐겼다. 일행은 취기가 오르자 다시 덩굴을 잡으며 바위산에 올랐다. 그곳에서는 여종이 이미 음식을 차려놓고 있었다. 농엇국과 전복회, 파, 미나리 등 먹을거리가 풍성했다. 일행은 먼저 앵두로

목을 축인 뒤 음식을 고루고루 먹었다. 대궐 같은 집에서 화려한 비단 옷을 걸치고 수많은 노비를 거느린 사람도 부럽지 않았다.

용혈이 있는 바위산은 조각한 듯 기괴하고 아름다웠다. 종유굴이 공중에 걸린 듯했다. 원래 절터였지만 오래되어 계단 등이 모두 무너진 상태였다. 그곳을 지나 다시 산을 넘었다. 그곳에는 동백나무 숲을 좋아하는 윤규노의 집이 있었다. 서산으로 해가 지고 있었다. 정약용과 일행이 말을 타고 못가의 누각에 도착했을 때 보름달만큼이나 큰 달이 떠 있었다.

승려가 소나무를
뽑아내다

1808년 여름 어느 날, 정약용은 백련사 서쪽 석름봉에서 소나무를 뽑아내는 한 승려를 봤다. 그 승려는 어린 소나무를 조심조심 가꿔 큰 재목으로 만들려고 노력하는 것이 아니라, 오히려 보이는 족족 뽑아버렸다. 마치 농부가 호미로 잡초를 없애듯 뿌리까지 남김없이 뽑아냈고, 길을 닦을 때 가시덤불을 쳐내듯 모두 베어냈다.

옛날 초나라 위오蔿敖가 길을 가다 머리가 두 개 달린 양두사兩頭蛇를 만났는데, 이 뱀을 본 사람은 죽는다는 소문이 있었다. 이에 나이 어린 위오가 생각하기를 "나는 양두사를 만나 죽을 몸이 되었으나, 혹 뒤에 다른 사람이나 보지 말게 해야겠다"며 그 뱀을 죽인 다음 땅에 묻어 고을 사람들을 보호했다는 고사처럼 음덕을 쌓으려 그런 것이라 짐작했다.

정약용은 승려에게 다가가 연유를 물었다. 그 승려는 처음에는 목이 메여 말을 잇지 못하고 큰 눈에 눈물만 글썽였다. 그렇게 한참 동안 눈물만 흘리다 어렵게 입을 뗐다. 옛날에는 이 산에 소나무를 심고 애써 잘 가꿨다고 한다. 승려들도, 비구니들도 모두 소나무를 함부로 베지 않았고 땔감으로도 쓰지 않을 정도였다. 도리어 누가 베어갈까 봐 산을 순찰하며 보호했고, 그렇게 해서 읍내 나무꾼들도 얼씬거리지 못했다.

그런데 어느 날 수영의 졸개가 말을 타고 이 산에 와서는 승려들이 법을 어겼다며 무자비하게 폭력을 휘둘렀다. 승려들은 해명했지만 수영의 졸개는 장군의 명령이라면서 화를 풀지 않았다. 이에 승려는 하릴없이 1만 냥을 뇌물로 집어주고 겨우 위기를 넘겼다고 한다. 그리고 올해 왜놈 막을 큰 배를 만든다고 해 소나무를 베어 항구로 가져갔는데, 나중에 승려가 알아보니 조각배 한 척도 만들지 않았고 울창하던 산만 망쳐놓은 꼴이 되었다. 그렇게 홍역을 치르고 나자 어린 소나무가 자라면 또다시 화근을 불러올 것이 명백하므로 소나무들을 모조리 뽑아버리고 있다는 것이었다.

정약용에게 전후 사정을 모두 이야기한 승려는 관청에서 요구하는 나무를 모두 뽑아낸 뒤 산문을 닫아버리고 싶은 심정이라고 토로했다. 공익을 위해 쓴다고 해 열심히 보호하고 가꿨는데, 포상은커녕 도리어 화를 당하는 현실에 승려도, 정약용도 개탄스러웠다.

사람은 누구나 자신이 좀 더 편리하거나 경제적 이득을 얻으려고 지혜를 내어 열심히 노력하며 정성을 다해 일하는데, 이 승려는 도리어 그것 때문에 처벌을 받은 경우였다. 정약용은 이런 사람은 대부분 평범하고 힘이 없다는 것을 깨닫고 이후 그런 처지에 놓인 백성들의 말에 더욱 귀 기울이게 되었다.

가혹한 정치는 호랑이보다
무섭다

　1808년 5월 어느 날, 산에 녹음이 짙고 수목이 우거지자 강진에는 호랑이가 새끼를 친 뒤 새끼에게 젖을 먹이기 위해 여우와 토끼를 잡아먹고, 마을에 내려와 사람까지 덮친다는 이야기가 돌았다. 이 소문은 정약용의 귀에까지 들어갔다. 강진 인근 고을의 나무꾼과 농사꾼은 모두 공포에 떨었다. 산골 사람들은 대낮에도 대문을 굳게 닫아걸었다. 이 지경이 되자 고을의 용감한 사람들이 활을 차고 호랑이를 잡으러 나섰다. 고을 현감도 병졸들을 동원해 호랑이를 사냥해오라고 명령했다. 그런데 이 명령이 떨어지자 이상하게도 젊은이들이 모두 도망가 숨어버렸다. 정약용은 마을 사람에게 젊은이들이 관가의 군사들과 힘을 합치지 않고 도망간 연유를 물었다. 그런데 대답을 듣기도 전에 그 이유를 알 수 있는 현장을 목격하게 되었다.

　현감의 명령을 이행한다면서 관아의 졸개들은 몰이꾼으로 마을 사람들을 동원했다. 그러자 이를 피해 젊은이들은 도망가고 늙은이와 아이들만 붙잡혀갔다. 관아의 졸개들은 마을 사람들에게 매서운 기세로 호령했고, 말을 듣지 않으면 폭력을 가했다. 졸개들의 기세는 관아에서만 등등한 것이 아니었다. 호랑이 사냥을 핑계로 마을에 와서는 닭과 돼지 등 가축을 잡아 자리를 깔고 술대접을 요구했다. 심지어 술에 취해 길에 쓰러지거나 들판에 넘어지기도 했고, 서로 싸움질까지 해댔다. 호랑이 잡으려다 사람 잡는다는 소리가 절로 나왔다. 그리고 호랑이를 실제로 잡으면 그 가죽은 현감이 돈 한 푼 안 들이고 가져가는 것이 당연시되었다. 이 지경에 이르니 마을 사람들은 오히려 호랑이 때문에 피해를 입었다고 관아에 신고한 사람을 원망했다. 호랑이로 피해를 본 것보다 관아에서 주는 고통이 더 컸기 때문이다. 아무리 사나운 호랑이라도 그 피해는 한두 사람의 희생으로 끝나지만, 관아와 현감이 주는 고통은 마을 사람 모두에게 괴로움을 주었다.

강진의 호랑이 소동은 공자의 일화와 다르지 않았다. 공자가 태산을 지날 때 어느 여인이 무덤 앞에서 통곡하고 있기에 제자를 시켜 우는 까닭을 물으니, 시아버지와 남편, 자식이 호랑이에게 물려 죽었다고 했다. 위험한데 왜 떠나지 않느냐고 다시 물으니, 태산에는 가정苛政(관아에서 행하는 가혹한 정치)이 없기 때문이라고 답했다. 이에 공자는 "제자들아, 잘 기억해라. 관의 가혹한 횡포는 호랑이보다 무서우니라(위나라 왕숙王肅의 『공자가어孔子家語』 중에서)"라고 탄식했다.

지방관들이 공자의 가르침을 모르지 않는데도 이런 일이 버젓이 자행되고 있었다. 정약용은 좋은 임금은 한가할 때 사냥하고 여름철에는 농사에 방해되지 않도록 군사훈련도 하지 않는다는 점을 떠올리면서, 힘겹게 하루하루를 살아가는 사람들을 등쳐먹으려 밤낮없이 농가의 문을 두드려대는 관리들의 행태를 개탄했다. 산에 남은 호랑이를 못된 관리들을 징벌하는 데 쓰고 싶을 정도로 그들이 미웠다.

두 아들에게 격언을
보내다

　　1808년 5월 어느 날, 정약용은 다산초당으로 옮겨온 이후 '여유병옹與猶病翁(정약용의 여러 호 가운데 하나)'으로서 세상을 살아갈 때 주의해야 할 점 등을 하나하나 정성 들여 적어 두 아들에게 보냈다. 편지 형식으로 된 이 경계의 말을 통해 그는 상자에 가득 들어 있는 자신의 서적들을 두 아들이 읽고 실천해주기를 바랐다. 자신이 죽은 뒤 풍성하게 제사상을 차려 제사를 지내주는 것보다 아버지의 책을 읽고 아버지의 글을 베껴주기를 바란다는 말을 몇 번이나 반복했다.

　　특히 정약용은 자신이 공들여 쓴 몇몇 책에 대해 저작 의도와 의미를 자세히 설명했다. 하늘의 도움을 얻어 지은 책으로 애지중지해야 할 『주역사전周易四箋』, 성인聖人을 독신篤信해 지어 더욱 중시하는 『상례사전喪禮四箋』, 정조의 칭찬을 가장 많이 받았던 『시경강의詩經講義』, 여러 조목의 가닥을 잡아놓은 지리서地理書(후에 『아방강역고我邦疆域考』 저술), 그리고 강진에 온 뒤로 안경에 의지하며 유배 생활의 정감과 의지를 호탕하게 풀어낸 시문 등을 소홀히 대하지 말라고 부탁

했다. 국방서國防書(후에『민보의民堡議』 저술)에 대해서는 두 아들에게
더 편집하고 중요한 내용을 보완해 새로 구성해보라고 일렀다.

정약용은 이들 저서의 의미를 아들들에게 설명하는 한편, 저술하는
방법도 알려주었다. 그가 저술에서 가장 중요하게 생각한 학문은 경
학經學이었으며, 그다음이 경세經世(세상을 운영하기 위한 방안)와 택민
澤民(백성의 삶을 윤택하게 하는 방안)에 관한 학문, 국방에 관한 학문 순
이었다. 이를 통해 그는 진부하고 새롭지 않은 이야기나 무용無用한
논의는 하지 말라고 조언하면서 실용적인 학문을 중시하는 자신의
학문 정신도 밝혔다.

이때 정약용이 두 아들에게 보낸 경계의 말은『하피첩』으로 남아
있다.『하피첩』은 1808년부터 주로 쓰였다. 조정에서 복권을 명했다
는 소식이 전해졌지만 해배 명령이 적힌 관문이 오지 않아 낙담하고
있을 때였다. 정약용은 이때 학연과 학유 두 아들에게 훈계 내용을 적
어 스스로를 경계하는 좌우명으로 삼기를 바랐다. 그 주요 내용은 근
면함을 토대로 한 양잠·양어·축산 등 상품 작물의 재배, 경제적 이
득을 바탕으로 한 '사람다움'이었다. 정약용이 중요하게 여기는 삶의
자세와 아들들에게 바라는 학자적 삶이 어떠한 것인지를 확인할 수
있다.

윤씨의 산장에
오르다

　1808년 5월 어느 날, 정약용은 다산의 용혈암 밑에 있는 윤씨의 옹산 산장에 들렀다. 그곳은 수십 미터 높이에서 떨어지는 주작산朱雀山 폭포나 정원에 1만 그루의 대나무가 있다는 유명한 별장들 못지않게 멋진 풍광을 자랑했다.

　정약용은 나이가 드니 몸에서 병이 떠나질 않는 것 같았고 높은 산이나 깊은 계곡에 오르기도 힘들었다. 쇠약해진 상태라 윤씨의 산장까지 가는 것도 겁이 났다. 그러나 가질 수도 없고 오르기도 어려우며 상상으로나 얻을 수 있는 남의 정원보다 직접 갈 수 있는 소박한 윤씨의 산장이 더 좋았다.

　그곳에는 대나무들이 하늘을 찌를 듯 죽죽 뻗어 있었다. 대나무가 관리되지 않고 산골짜기에 잡목들이 우거져 있는 점이 아쉽긴 했지만, 정원을 잘 손보면 훌륭한 산장이 될 것 같았다. 정약용은 그곳 정원에서 윤씨 형제들과 마주앉아 오랜만에 술잔을 기울이며 마음을 편안히 할 수 있었다. 그들과 학문에 대해 깊은 토론도 했다.

존경스러운 선배들에 대해
기록하다

　1808년 윤5월, 정약용은 두 아들에게 「가계家戒」를 적어 보냈다. 이때는 특별히 상황에 따라 글을 썼던 자신의 경험을 이야기하면서 시짓는 자세를 언급했다. 또한 문인의 기상氣像에 대해서도 설명했다. 문인의 기상을 중시하는 사람도 있지만 반드시 기상대로 다 들어맞는다고 할 수는 없다며 아버지로서 자신의 경험도 솔직하게 털어놓았다. 이는 기상이 문학 수준을 가늠한다는 이론을 비판한 것이기도 했다.

　정약용은 이제까지 자신이 지은 시들을 돌아봤다. 서울에서 관료 생활을 하면서 날아다니는 새처럼 활발하게 지낼 때 쓴 시는 대체로 구슬프고 우울한 내용이 많았다. 장기현 유배 시절에 쓴 시는 더욱더 우울한 반면, 강진에서 유배 생활을 하며 지은 시들은 오히려 활달한 면이 강했다. 그래서 두 아들에게 이는 재난을 당한 이후 기상을 찾을 수 있었지만 지나치게 기상을 중시하기보다 쓸쓸하고 산만한 시를 짓지 않도록 노력한 결과라고 조언했다.

이렇게 정약용이 시문 창작 정신을 강조한 것은 아마도 고시古詩를 공부하는 두 아들에게 『시경』을 문학 창작의 모범으로 제시하면서, 자신의 경험을 토대로 세상 사람의 삶을 통해 사회를 이야기하는 현실주의적인 시 정신을 일깨우고자 했기 때문으로 보인다.

이 무렵 정약용은 다산서각茶山書閣에서 뜸으로 병을 치료하는 데 매진하고 있었다. 그 와중에 비단 몇 폭을 손바닥만 하게 자르고 마름질한 후 옛 친구들과 나눈 깊은 정과 추억 등을 붓 가는 대로 두서없이 기록했다. 연이어 쓴 두 번째, 세 번째 「가계」였다.

당시 강진에 와 있던 둘째 아들 학유를 통해 큰아들 학연에게 전해진 이 「가계」에서 정약용은 유배형을 받자마자 친교가 모두 끊겼고, 믿었던 사람들로부터 배신당한 이후 그들과 소원해지면서 자신도 그들을 잊어가고 있다고 토로했다. 그러면서 자신과 친하게 지냈던 훌륭한 사람들을 기억해야 하는 이유를 두 아들에게 전하고자 했다. 여기에는 두 아들이 아버지와 특별한 관계였던 사람들의 장점을 배웠으면 하는 마음이 담겨 있었다.

정약용은 각 인물의 주목할 점을 잘 기록해두었다. 그가 두 아들에게 전해준 몇몇 선배의 인간됨됨이를 살펴보면 다음과 같다. 먼저 번옹樊翁 채제공蔡濟恭이 있다. 채제공은 참판으로 있을 때 어버이 섬기는 일을 노비들에게 시키지 않고 궂은일까지 스스로 했다. 도승지都承旨라는 높은 벼슬에 있을 때도 퇴근하면 관복을 벗은 뒤 땔감을 안고 아궁이로 가 부친인 채응일蔡膺一의 방에 손수 불을 땠다. 채제공의 효심이 지극했음을 알 수 있는 대목이다. 그리고 채제공은 어머니가 돌아가시면서 누이동생의 아이들을 부탁하자 어미 없는 외조카들을 친자식처럼 돌봤다. 성이 다른 사람들이 한집에 살아서 쓰겠느냐는 주위 사람들의 비방에도 전혀 동요하거나 화를 내지 않았다.

채제공은 사람들이 많은 자리에서도 자세를 흐트러뜨리지 않았다. 키는 보통 사람과 비슷하고 허리가 가늘며 체구도 우람하지 않았지만, 기상은 웅장했다. 당시 키가 9척이나 되는 판서判書 권엄權儼이 옆에 서 있어도 오히려 권엄이 왜소해 보일 정도였다. 채제공은 정사를 처리할 때도 인척 관계나 친밀 여부를 떠나 대신大臣의 입장에서 공정하게 했다. 반대파라고 무조건 비난하지도 않았으며 인척이라도 해야 할 말을 아끼지 않았다.

그다음으로 정약용이 높이 평가한 인물은 해좌海左 정범조丁範祖다. 정범조는 성품이 조용하고 바르며 지조 있고 신념이 확고했다. 힘으로 빼앗을 수 없는 기개도 있었다. 이조吏曹에서 면직되어 향리로 내려가려 할 때 승지 이익운李益運이 임금의 뜻을 전하며 며칠 후 다시 관직을 제수除授(추천의 절차 없이 임금이 직접 벼슬을 내리는 것)할 테니 서울을 떠나지 말라고 하자, 정범조는 지금 임금의 명을 지키는 것이 중요하고 나중에 나오는 명령은 그 뒤에 따르는 것이 맞다면서 바로 향리로 내려가버렸다. 정범조는 사람을 등용할 때나 공직 후보를 추천할 때도 세상과 타협하지 않았다.

다음으로 정약용이 기록한 이는 이가환이다. 이가환은 구경九經을 막힘없이 외웠고, 백가서百家書(여러 학자가 지은 저서들)도 통달한 인물이었다. 어떤 사람이 그를 시험해보려고 흔히 볼 수 없는 작품을 골라 한 글자나 반 구절을 가지고 물으면 이가환은 그 글의 전문을 술술 외웠다. 이가환은 국가적인 큰일에 대해 정약용과 함께 논의하다가 충의忠義에 맞거나 감격스러운 부분이 있으면 스무 살 어린 정약용에게도 절을 했다. 또한 풍류도 지녀, 오동나무가 있는 뜰에서 거문고를 격절하게 켰고, 이는 서울 학자들 사이에 널리 알려진 '이가환의 풍류'였다.

다음은 이기양이다. 이기양은 성호 이익의 손자이자 이익의 학문을 계승, 발전시킨 실학자 정산貞山 이병휴李秉休와 이익의 증손자 예헌 例軒 이철환李嘉煥의 문하에서 배웠다. 먼 거리를 걸어가 배울 정도로 학문에 대한 열정이 대단했다. 이기양은 경서 연구에 온 노력을 기울였고, 뒤늦게 진산珍山 군수郡守로 재임했다. 이후 여러 사람의 추천으로 내직에 임명되어 몇 년 사이 관직이 참판에 이르렀으며, 의주義州 부윤府尹으로 있을 때는 청렴함과 관대함으로 그 명성이 널리 알려졌다. 만년에는 해학을 즐겼으며, 서병暑病(여름철 날씨가 몹시 더워 생기는 병)으로 몸이 자유롭지 못할 때도 엄숙함과 근엄함을 잃지 않았다. 정약용은 이기양을 나이가 어린 자신의 말을 경청하고 자신의 문장에 대해서도 심중하게 판단해준 훌륭한 선배로 기억했다. 정약용은 이들에 대한 전기를 각각 별도로 기록했다.

이렇듯 정약용은 자신이 만난 사람, 자신이 머문 장소와 살고 있는 고장, 주변의 문화와 풍습을 관찰해 기록으로 남겼고, 이를 두 아들에게 전했다. 이 자료들은 후대에 귀감이 되고 역사가 되었다.

신선을 찾아다니는 지식인을
비판하다

1808년 여름 가랑비가 내리는 어느 날, 정약용은 약초를 캐려고 높은 바위 골짜기를 오르고 산속까지 들어갔다. 석 자나 되는 삽을 들고 다니면서 덩굴이 빽빽한 땅과 대밭을 헤집어 싹이 연한 약초를 캤다. 정약용은 예전부터 부귀영화를 멀리하고 처자식과 함께 약초나 캐면서 혼탁한 세상에 발 담그지 않은 채 살고 싶은 마음이 있었다. 그렇다고 신선의 나라나 신선의 삶을 동경하지는 않았다. 사람으로서의 역할을 중시했기 때문이다. 그런데 세상 사람 중에는 풍문을 믿고 유언비어에 혹해 신선이 사는 곳이라며 지리산 청학동靑鶴洞이나 속리산 우복동牛腹洞 같은 곳을 찾아 나서는 이도 많았다.

사람들은 시냇물이 천 겹이나 둘러싸고 큰 폭포가 쏟아지며 가시덩굴이 막아서 대롱만큼 작은 출입문이 있고, 막상 들어간다 해도 가파른 절벽을 통과해야만 비로소 평평한 시냇물이 산자락을 감아 돌고 땅이 기름져 농사짓기도 알맞은 곳이 나타나는데 거기가 바로 신선의 땅이라고 생각했다. 어부들이 아무리 노력해도 찾지 못하는 이곳은 머리 검은 영감이 백발이 된 자식을 꾸짖는, 100년이 가도 늙지 않는 장수마을이라고 세상 사람들은 믿었다.

어리석은 선비들은 이런 이야기에 귀가 솔깃해 일찍 그곳을 차지하려고 죽장망혜竹杖芒鞋(대지팡이와 짚신) 차림으로 분주하게 찾아 나섰다. 정약용은 큰 이변이나 전쟁이 난 것도 아닌데 신선의 땅을 찾겠다며 호들갑을 떠는 사람들을 이해할 수 없었다. 이런 사람들 중에 지식인이 많다는 것을 알고 정약용은 걱정스러웠다. 그는 노력하지 않고 행운을 바라는 심리, 노력한 대가로 얻어지는 행복보다 행운이나 요행을 바라는 심리, 현세를 긍정하지 않는 태도 등을 싫어했다. 신선을 찾는 행위가 인간의 또 다른 욕망의 표현이며 이런 것이 얼마나 허황된지를 잘 알고 있었기 때문이다.

조선이 개국한 지 400년이 넘었고, 조선의 수백만 백성이 각지에서 나무하고 밭을 일구며 멀쩡하게 살아왔다. 이 나라의 백성으로서 적들이 쳐들어오면 나라를 위해 목숨을 걸고 싸워야 하는 것이 당연한데, 나라와 이웃을 버리고 혼자 살겠다는 생각을 어떻게 할 수 있는 것인지 정약용은 도무지 이해할 수 없었다. 더욱이 열심히 일하고, 정당하게 세금을 내며, 누구보다 나라를 아끼고 보호하는 데 앞장서야 할 지식인들이 도리어 자기만 살겠다며 신선의 땅을 찾아 나서고 있는 것이 한심스럽기까지 했다.

정약용은 이 세상에 청학동이나 우복동 같은 곳은 없다고 단언했다. 그래서 더 열심히 심고 더 열심히 가꾸며 더 열심히 공부해 더 좋은 방향으로 제도를 개선하고자 노력해야 한다고 믿었다. 그만큼 정약용은 누구보다도 현실주의자요, 현세주의자였다.

단풍나무 숲을 거닐며 상념에
젖다

  1808년 가을 어느 날, 정약용은 다산초당에 앉아 창밖을 바라봤다. 어느새 들에는 가을빛이 찬란했고, 연잎은 쓸쓸히 시들어 있었다. 지난여름 그렇게 화려했던 꽃들은 다 져버렸다. 이제 남은 것은 하늘을 받치듯 서 있는 앙상한 꽃대뿐이었다. 늙어간다는 걱정이 깊어졌고 책도 펴기 싫었다. 가을 악기라도 함께 연주하거나 구슬픈 가을 노래라도 같이 부를 사람이 주변에 없어 더 쓸쓸한 가을이었다.

  정약용은 다산초당을 나와 동쪽 숲속의 단풍나무 아래를 천천히 걸었다. 푸른 시냇가에 다다른 그는 잠시 걸음을 멈추고 바위에 걸터앉아 생각에 잠겼다. 이제는 국가의 녹을 먹는 대신이 아니라서 국가를 위한 원대한 계획을 고민할 필요는 없었지만, 유배 생활이라는 것이 단순히 시골에서 한적하고 평온하게 사는, 마음 편한 일상은 아니었다.

  유배 생활을 하면서도 정약용은 경전 연구를 계속해왔고, 다시 살펴본 경전에서 새로운 가치를 발견해『논어고금주論語古今註』,『맹자요의孟子要義』,『대학공의大學公議』,『중용자잠中庸自箴』등 많은 저술을 완성했다. 그리고 시대적 변화의 필요성을 절감한 그는 자신의 해석을 바탕으로 머릿속에 떠오르는 대로 내용을 정리해 새로운 제도를 설계하기 시작했다. 단순히 위안거리로 삼거나 상상으로 끝낼 생각은 아니었다. 비록 관직을 수행하는 관리는 아니지만 학자로서 국가에 필요한 주요 정책을 고민하고, 성인의 참뜻을 비로소 깨달은 선비의 마음으로 실천적 경세학을 시작하기로 한 것이었다.

　정약용을 찾아오는 손님은 오랜 인연을 잊지 못한 사람들뿐이었다. 유랑민처럼 남의 집을 빌려서 살고 생계를 위해 어부처럼 고기도 잡는 처지이지만, 서울에서 알고 지내던 사람이 찾아오면 정조와 함께했던 그 시절이 간절한 추억으로 떠올랐다.

관리들의 학정이 자연을
파괴하다

1808년 늦가을 어느 날, 정약용은 「제례고정祭禮考定」, 『주역심전周易心箋』, 『주역사전周易四箋』의 집필을 마무리하느라 여념이 없었다. 그러다 잠깐 머리도 식힐 겸 산행을 나섰다. 정수사에 가려고 월고나루에서 배를 탔는데 햇살이 소금밭처럼 밝고 맑았다. 길에는 들국화가 쓸쓸하게 피어 있었다. 그는 귀양살이 덕에 이렇게 명승지를 유람하고 학문 연구도 제대로 할 수 있는 것이라고 생각했다. 이는 역경을 낙천적으로 승화한 표현이었다.

썰물이 들어오고 바닷가 마을에서 밥 짓는 연기가 모락모락 피어오를 때 정약용은 정수사에서 수정사水淨寺로 발길을 옮겼다. 수정사는 단룡丹龍마을에 자리했다. 오래되어 거칠어진 누대와 전각들 옆으로 버드나무가 가지를 늘어뜨린 채 서 있었다. 과거에는 소나무들이 울창해 멋진 하늘 경관을 자랑했다고 하는데, 지금은 벌거숭이 민둥산으로만 남아 있었다.

수정사의 소나무들은 오래전부터 고을 관리들에게 제공되었다고 한다. 어갑송魚甲松(소나무의 일종으로, 좋은 소나무를 비유적으로 표현하는 말)이 우뚝우뚝 서 있고 1만 그루의 대나무가 하늘을 찌를 듯 울창한 곳이었다지만, 정약용이 방문했을 때는 소문으로 듣던 옛 모습이 아니었다. 울창하던 소나무와 대나무가 다른 용도로 쓰였기 때문이다. 그 마을 사람에게 연유를 물어보니 관리들이 사적인 이익을 위해 베어갔고, 백성들도 관리들이 하는 짓을 따라 자기 이익을 위해 하나 둘씩 베어가면서 모두 없어졌다고 했다.

정약용은 이곳에서 조선의 세태를 읽었다. 세상의 모든 물건이 제대로 가꿔지고 옳게 쓰여 자기 역할을 다할 수 있어야 하는데, 관리들의 학정과 백성들의 사익 추구가 맞물리면서 사회 부조리가 만연한 실정이었다. 그리고 이 과정에서 자연이 황폐해지고 인심이 사나워진 현장을 두 눈으로 직접 확인하니 마음이 더욱 무거웠다. 그는 생각하면 할수록 한숨만 나와 지팡이로 유독 세게 땅을 치면서 산을 올랐다.

악서를 짓고 새로운 제례를
완성하다

　1808년 11월 어느 날, 정약용은 오랜만에 김이재에게 편지를 보냈다. 규장각 시절부터 인사가 있었고, 김이재가 고금도에서 유배 생활을 할 때 서로 안부를 묻기도 했다. 정약용은 이제 김이재가 나라의 큰일을 처리하는 지위에 올랐으니 백성의 어려움을 알아야 한다고 판단했다. 이에 5월 이후 남도에 가뭄이 들어 백성들이 고통받고 있다고 알리면서 높은 관리들이 적절한 조치를 취해야 한다고 편지를 쓴 것이었다. 한참 만에 김이재로부터 답장이 왔다.

　정약용은 다시 김이재에게 편지를 썼다. 이번에는 왜나라와의 외교 회담 결과를 듣고 이에 대한 우려를 표하는 내용이었다. 조선과 왜나라가 접위관接慰官을 보내 서로 통신사通信使(조선 후기의 공식적인 외교 사절단)를 파견하기로 협의했다는 소식을 들은 그는, 일본인은 논리를 만들고자 할 때 늘 '말꼬리를 잡는 것'이 습성이라고 강조했다. 또한 역사적으로 살펴봐도 통신사 왕래가 전쟁을 막는 데 도움이 되지 않았다는 점을 들어 일본인에 대한 주의를 당부했다.

이 무렵 정약용은『서경』을 읽으면서 연구를 거듭하고 있었다. 그는 특히「제전帝典」(『서경』의 한 편명)에서 특별한 느낌을 받았다. 옛날에 교육을 담당하고 사람을 가르친 곳은 전악典樂이라는 관청이었는데, 전악은 음악을 다루는 곳이기도 했다. 그는 전악을 분석하면서 마음을 화평하게 하는 것이 곧 교육의 본질과 연관되고, 좋은 일은 모두 마음의 화평에서 온다고 생각했다. 마음속 분노를 없애면 사람이든 짐승이든 살상을 면할 수 있다는 확신도 가지게 되었다.

좋은 풍습이 사라지고 인심이 거칠어진 이유를 음악이 없어지고 악서樂書가 전하지 않기 때문이라고 판단한 정약용은 이를 안타깝게 여겼다. 그가 우리나라의 성률聲律·악기 등의 기록을 고증한 음악이론서『악서고존樂書孤存』을 짓고 사람의 인성과 관련해 음악을 중시하게 된 것도 여기에서 기인한다. 그는 이어『제례고정祭禮考定』을 완성해 인편으로 두 아들에게 편지와 함께 한 권을 보냈다.『제례고정』은 제례에 쓰이는 명칭, 즉 변두籩豆·궤형簋鉶의 정연함과 연향燕饗을 베풀고 제사를 지낼 때의 품급品級, 나물과 과일 하나도 마음대로 더하고 빼지 않은 선왕의 엄격하고 세밀한 법제 등 제사에 관한 것은 물론, 서울과 지방에서 사신의 접대나 혼인, 회갑 등 연향 일체에 쓰이는 음식에 대해 모두 기록해놓은 책이다. 그야말로 '정약용 가례丁若鏞家禮'라고 할 수 있다.

이 책은 큰아들 학연에게 전달되었고, 바로 정약용의 막내 작은아버지 정재진丁載進에게 알려졌다. 정재진은 마현으로 와 하루 종일 꼼꼼하게 이 책을 읽었다. 그리고 조카가 지은 책에 대해 "모두 마땅하다. 내용에 터럭 하나라도 더하고 뺄 것이 없다"고 극찬했다. 정약용 집안의 전통 제례 의식은 이렇게 완성되었다.

두 아들에게 공부법과 마음가짐을
일깨우다

　1809년 여름, 정약용은 둘째 아들 학유에게 고시와 작문을 가르쳤
다. 좋은 작품을 짓는 둘째 아들을 칭찬하면서 『주역』을 가려 뽑게 했
고, 『좌전左傳』을 통해 옛 제도와 관리들의 사령辭令에 관한 법을 익히
게 했다. 스스로 자료를 찾아 연구하고, 토론을 거쳐 의문점을 풀며,
정보를 조직하는 이른바 '정약용 공부법'을 따르게 한 것이었다.

　그리고 큰아들 학연에게는 뜻을 세워 학문에 분발한다면 서른 살
이전에 큰 유학자로 명성을 얻게 될 것이라고 칭찬했다. 그때부터 다
시 3개월이라는 기간을 정해 『상서』와 『좌전』을 연구하라고 주문했
다. 그다음 『고려사』, 『반계수록磻溪隨錄』, 『서애집西厓集』, 『징비록懲毖
錄』, 『성호사설星湖僿說』, 『문헌통고文獻通考』 등 우리나라의 역사문화
를 알 수 있는 책을 읽고 그 요점을 초록하라고도 했다. 우리나라 사
람으로서 자국 역사를 당연히 알아야 하고, 큰 나라만 동경하면서 우
리나라는 가볍게 여기는 태도는 옳지 않다고 본 정약용의 역사관에
서 비롯된 공부법이었다.

정약용은 두 아들에게 초록을 강조했는데, 베껴 쓰고 옮겨 쓰는 방법인 초록은 효과적인 공부를 위해 중요한 내용을 가려 뽑는 것도 포함되었다. 가난한 집안 형편 탓에 유학하기 어렵고 책도 마음껏 사 보기 힘들기에 정약용과 두 아들에게는 필요불가결한 방법이기도 했다.

두 아들의 경우 아버지가 있는 강진에서 배우면 좋긴 하겠지만 이런저런 걱정이 많은 아내 홍씨는 여느 여인과 마찬가지로 자식들을 멀고 험한 낯선 곳에 보냈다가 무슨 변고라도 당하면 어쩌나 우려했고, 정약용도 이 점을 충분히 이해했다. 그래서 아쉽긴 해도 강요하지는 않았다.

그럼에도 정약용이 아들들을 강진으로 불러 직접 가르친 데는 몇 가지 이유가 있었다. 자라면서 마음씨가 나빠지는 것을 막거나 스스로를 지키는 노력을 하고, 안목이 좁은 데다 의지까지 약해졌을 때 자신의 뜻을 확고히 하려면 경학 등 학문적 식견을 높일 필요가 있었기 때문이다. 고향 마현에는 이런 것을 만회해줄 큰 스승이 없었다. 설령 있다 해도 아버지가 죄인으로 지목받은 터라 가까이하기를 꺼려했다. 그는 두 아들이 선한 마음씨와 포기하지 않는 의지를 가지도록 가르칠 수 있는 사람은 아버지인 자신뿐임을 알았고, 이것이 부자가 소통할 수 있는 계기라고도 생각했다.

정약용은 큰아들에게 편지를 보내면서 시 짓는 태도와 시의 정신도 일깨워주었다. '임금을 사랑하고 나라를 근심하는 것', '시대를 슬퍼하고 세속을 개탄하는 것', '높은 덕을 찬미하고 나쁜 행실을 풍자해 선을 권하고 악을 징계하는 것' 등이다. 이는 정약용의 문학정신 가운데 하나이기도 했다. 문학을 하더라도 세상 사람들에게 도움이 되거나 세상을 경계하고, 각자 직분에 맞는 역할을 제대로 수행해 모두에게 이익이 되는 작품을 써야 한다는 의미였다.

한편, 시를 지을 때는 사실을 인용하라고 당부했다. 남의 나라 고사나 근거를 찾을 수 없는 것들로 문장을 꾸미는 일은 그만두고, 자신이 살고 있는 현실의 이야기를 시의 소재 및 주제로 활용하라고 강조하면서 우리 역사에 대한 인식을 통해 문학적 품격을 높이라고도 일렀다. 정약용은 중국 고사를 많이 활용하는 조선 선비들의 문학 행태를 문제점으로 여겼다. 우리나라 사람들의 감성에 중국의 역사 이야기를 끌어다 쓴 격이니 당연히 우리 정감에 맞지 않았기 때문이다.

그는 이것을 조선 사람이 조선 역사를 모르고 가볍게 여긴 탓에 생긴 폐단이라고 봤다. 이에 두 아들에게 『삼국사』, 『고려사』, 『국조보감國朝寶鑑』, 『여지승람輿地勝覽』, 『징비록』, 『연려술燃藜述』(『연려실기술燃藜室記述』을 이르는 말), 유득공柳得恭의 『십육국회고시十六國懷古詩』(『이십일도회고시二十一都懷古詩』를 이르는 말), 『동사즐東事櫛』 등을 읽고 우리나라 문헌들을 채집해 그 지방을 고찰한 뒤 시에 넣어 활용한다면 명성을 얻는 것은 물론, 후세에 남길 만한 작품도 된다고 확언했다. 두 아들에게 참다운 우리 문학을 하라고 이른 것이었다.

초당의 매화를 두고 옛 주인과
새 주인이 만나다

    1809년 2월 6일, 다산초당에 매화가 피었다. 정약용은 윤종하 형제를 초대했다. 윤종하는 지난해 다산초당에 핀 매화의 주인이었다. 그런데 지금은 주인이 바뀌었고, 정약용은 다산초당의 새 주인으로서 매화 향기를 함께 나누고자 찻잔과 차를 준비해 윤종하 형제를 초대한 것이었다.

    정약용은 다산초당의 옛 주인과 함께 초당에 핀 매화를 감상하는 동안 객지에서 보내는 세월의 흐름을 절감했다. 그리고 백발이 되어가는 지금, 남은 인생을 잘 살아보겠다고 매화 앞에서 다짐했다.

    초대한 손님과 함께 매화를 보면서 차를 마시고 삶에 대해 이야기하는 담백한 시간을 정약용은 중시했다.

향을 사른 뒤 청고한 매화 앞에서
명상을 하다

1809년 2월 15일, 밤새 비바람이 몰아쳤지만 다산초당의 매화는 떨어지지 않았다. 정약용은 푸른 하늘과 대비를 이루며 활짝 핀 매화를 보면서 옛날 어느 선인처럼 매화로 점치는 방법을 고안하기도 했다. 다산초당의 버드나무도 어느 때보다 푸르렀다. 정약용은 타향에서 몇 번이나 거처를 옮기다 보니 집이 없다는 것을 대수롭지 않게 여겼고, 물질에도 초연해졌으며, 매화가 한 그루뿐인 다산초당이지만 향기가 일어 세상에 자랑할 만하다고 자부했다.

다산초당에는 원래 꽃이 있었지만 정약용은 1808년 봄부터 대나무와 소나무를 더 많이 심고 가꿨다. 풍진 세상을 잊고자 하는 마음에서 한 일이었다. 이곳에서 정약용은 세상사를 다 잊고 참선하는 승려처럼 마음을 수련하기도 하고, 때로는 아름다운 시를 지어 옛 문인들의 것과 비교하기도 했다. 또한 얼마 안 되는 책을 열심히 읽고 경전을 연구해 중국 후한시대 유명한 주석가인 정현鄭玄의 주장을 논박하기도 했다.

정약용은 향을 사른 뒤 청고한 매화 앞에 단정히 앉아 명상을 하곤 했다. 그러다 홀연히 눈물이 흘러 수건을 적시는 때도 많았다. 지난 10년 사이 임금의 지우를 받던 조정 신하가 하루아침에 죄인의 몸이 되었다. 그만큼 정약용은 조심조심 살아갈 수밖에 없었다. 마치 호랑이의 꼬리를 밟은 것처럼, 살얼음 위를 걷는 것처럼 행동에 신중을 기해야 했다. 아직도 조정에는 자신을 제거하려는 움직임이 있었기에 마음이 놓이지 않았다.

다산초당에서 한적하게 생활하지만 바람이 불고 닭이 울면 고향이 그립고 친우들이 생각났다. 남쪽에서 북쪽으로 올라가는 바람이 친우들에게 자신의 소식이라도 전해주었으면 하는 기대도 있었다. 닭이 울면 또 하루가 시작되고 날이 밝으면 새로운 소식이라도 들을 수 있을까 소망을 가져보지만, 소망은 늘 소망으로 끝나고 말았다. 그럴수록 고향 집은 부쩍 자주 꿈에 나타났고, 이제는 자신을 알아주는 사람을 찾아볼 수 없다는 안타까움과 절망이 더해갔다.

정약용은 "어느 간사한 무리가 나를 사가려면 1천 냥은 될 것이네"라고 했던 선배 이가환의 말에 "그럼 저를 팔면 500냥은 받을 수 있을까요?"라고 농담을 주고받은 것이 기억났다. 이런 농담 속에서 선배와 친우들이 나이를 떠나 각자 자부심을 가지고 서로를 존중하며 인정하던 그때가 몹시 그리웠다.

혜장과의 추억이 깃든
백련사에 가다

 1809년 봄 어느 날, 냉이밭은 하얗게 변하고 나비들이 훨훨 날아다녔다. 정약용은 다산초당의 뒤쪽 산길을 따라 바다까지 나갔다. 중간에 들을 지나고 보리밭도 지났다. 새봄이 한껏 느껴지자 또 한 살을 먹었음을 절감했다. 그는 발길을 돌려 백련사로 향했다.

 바닷가 외진 마을에서 지내는 정약용에게 큰 벗은 승려들이었다. 함께 도연명을 논하고, 『산경山經』을 펴 이야기도 나눌 수 있었기 때문이다. 오솔길과 대나무숲이 어우러지고 동백꽃도 보기 좋은 백련사는 얼마 전까지 자신이 인정한 혜장과의 추억이 깃든 절이었다.

 혜장은 젊은 나이에 대흥사에서 강의하며 학덕을 인정받은 스님으로, 정약용의 학문과 인덕을 높이 평가한 학승이기도 했다. 두 사람은 백련사에서 『주역』에 대해 토론하거나 함께 시를 지어 품평을 주고받기도 했다.

 새봄, 정약용이 백련사를 찾아갔지만 거기에는 『주역』에 대해 묻는 사람도, 시를 주고받을 이도 없었다. 이미 혜장은 정약용의 곁에 없었다. 하늘이 자신을 시기해 또 한 명의 지우를 데려갔다며 상심한 정약용은 혜장을 가슴 깊이 새겼다.

번쩍번쩍 빛나던 훌륭한 스님네	燁燁優鉢
아침에 활짝 피어나 저녁 무렵에 시들었네	朝華夕蔫
훌훌 날며 용龍을 삼킨다는 금시조 같더니	翩翩金翅
앉자마자 곧장 날아가버렸네	載止載騫
슬픈지고 이 사람의 아담하고 깨끗함이여	哀兹都潔
글로는 표현해서 전해줄 길이 없어라	有書無傳
그대와 함께 연구해나가면	與爾偕征
오묘한 도리, 깊은 이치도 열어젖힐 수 있었으니	手啓玄鍵
고요한 밤에 낚싯대를 거두어 들면	靜夜收釣
달빛만 뱃전에 가득해라	明月滿船
얼마 남지 않은 나의 생애에 그대 입 다무니	殘春緘口
산속 숲마저도 적막하기만 하다오	山林寂然
이름까지 나이 먹은 어린애	是名壽童
하늘이여 그에게 준 나이만은 너무 인색하셨네	天嗇其年
이름이야 중이지만 행동만은 유자儒者였는걸	墨名儒行
그래서 군자들이 더욱 애달파 하네	君子攸憐

—정약용의 「아암장공탑명兒菴藏公塔銘」 중에서.

초당을 정비하고 채마밭을 일구다

1809년 봄 어느 날, 정약용은 다산초당의 매화나무 아래를 산책하고 있었다. 원래 다산초당은 위치가 좋지 않았고, 예쁜 매화나무 한 그루가 측간 뒤에 자리하며, 석류나무는 땔나무들과 뒤섞여 있었다. 지대가 외지고 규모도 작았다. 게다가 잡초와 잡목들까지 우거져 그는 다산초당을 정비하기로 마음먹었다. 유배인이 할 일은 아니라고 비판받을 수도 있었지만 이를 무릅쓰고 진행하기로 결정했다.

정약용이 가장 먼저 한 일은 채마밭 가꾸기였다. 당장 생활에 도움이 되기 때문이었다. 산언덕은 경사가 심하고 거름흙이 적은 편이라 그곳에 돌을 세운 뒤 축대를 쌓고 흙을 깎아내 비탈을 평평하게 골랐다. 그는 수원화성을 설계해봤기에 이론에 밝았고, 돌계단 쌓는 법도 잘 알았기에 수월하게 진행할 수 있었다.

봄 농사철이라 마을 젊은이들은 들에 나가 일손이 없었고, 이것저것 가릴 처지가 아닌 정약용은 직접 삼태기와 삽을 챙겨 들었다. 다행히 윤규노, 윤규은尹奎殷 형제가 도움을 주었는데, 정약용은 그들에게 들것을 주어 돌을 나르게 했다. 사실 윤규노 형제의 도움이 없었으면 못 했을 일이었다. 그들이 주로 일하고 정약용은 옆에서 돕는 정도였다.

윤규은은 장성해 힘이 세고 두 팔에 근육도 있어 돌부리를 마치 머리카락 뽑듯이 뽑아냈다. 우공愚公처럼 우직하게 일도 잘했다. 그런데 바쁘게 일하던 중 손을 다치고 말았다. 정약용은 싸움터에서 장수를 잃은 것처럼, 짝을 잃은 것처럼 걱정이 되었다. 일꾼을 잃었으니 하릴없이 어린아이들까지 불러 모았다. 아이들은 잡초를 제거했다. 이렇게 여러 사람의 도움으로 초봄에 시작해 봄이 끝날 무렵에 공사를 마무리할 수 있었다. 이후 조촐한 자축연도 가졌다. 처음에는 이 일이 곤궁한 자신의 처지에 맞지 않는다고 걱정했지만 보는 사람마다 감탄하며 좋다고 칭찬하니 마음이 흐뭇하고 기뻤다.

공사가 끝난 다음에는 채마밭에 채소 등을 심었다. 밭두둑을 나눠 여러 가지 씨앗을 뿌렸다. 불그레한 무, 녹색 잎의 부추, 용뿔같이 싹이 트는 늦파, 소의 양처럼 두툼한 배추, 국화 모양의 쑥갓, 쥐참외 모양의 가지, 폐를 활기차게 해주는 해바라기, 구토를 멈추게 하는 겨자, 먹으면 잠이 오는 상추, 토란 등을 심었다. 특히 토란은 정약용이 가장 좋아하는 채소 가운데 하나로, 쌀가루를 섞어 죽으로 끓이는 옥삼갱玉糝羹을 만들어 먹기 위한 것이었다.

빈터를 활용해 잡초만 제거해도 잘 자라는 나물류 역시 빼놓지 않고 심었다. 명아주와 비름은 곁채에서 키웠고, 구기자나무는 울타리에 심었다. 정약용은 집에서 기른 채소 외에도 산에서 직접 고사리를 캐다 국을 끓였으며 산에서 채취한 쑥은 뜸을 뜨는 데 사용했다. 그렇게 그의 정원과 채마밭이 완성되었다.

그다음으로 정약용은 다산초당 정원의 연못을 손보기로 했다. 원래 정자 동쪽으로 연못이 있었는데 좁아서 절구통 같다는 느낌이 들었다. 그것을 산 밑까지 닿도록 확 넓혔다. 떡갈나무와 싸리나무를 모두 제거하고 단풍나무와 느릅나무를 심었다. 큰 바위를 굴려 산에다 대고 섬돌처럼 쌓아놓았다. 다산초당 뒤 바위에서 맑은 샘물이 솟아나왔는데, 샘물이 나오는 구멍을 키우고 물이 연못으로 잘 흐르도록 통(장군)을 대놓았다. 물은 통을 채우고 넘쳐흘러 물고기가 뛰어노는 연못까지 흘렀다.

　다산초당의 담 일부가 터져 있어 대나무를 심어 메우고, 양쪽 언덕에는 수양버들을 심어 가려지게 했다. 이를 보고 백련사 승려가 연신 감탄하고 가더니 연뿌리를 보내왔다. 그것을 연못에 심었다. 그 주변에는 푸른 줄기의 행채荇菜, 동그란 잎의 새 움이 돋는 당귀, 여기저기서 순이 올라오는 작약, 우산처럼 받쳐 들고 있는 배롱나무, 찬란하게 핀 국화와 모란, 가지가 늘어진 감탕나무, 유초乳蕉 등을 구해서 심어놓았다.

　바위 굴문 앞쪽에는 파초의 일종으로 봉의 꼬리처럼 생겼다고 해 이름 붙은 봉미초鳳尾蕉와 함께 붉은 꽃이 피는 복숭아나무, 연분홍색 꽃이 나는 살구나무, 성난 용이 꿈틀거리는 듯한 포도넝쿨이 자라고 있었다.

　이런 일련의 일들은 다산초당의 원주인인 윤단尹博의 장남 윤규노가 와서 도와주었다. 윤규노는 기궤奇詭한 것을 좋아하는 사람이었다. 솜씨가 좋고 자부심도 강했다. 그런 윤규노가 바닷가에서 괴석을 주워왔다. 비비 꼬여 소라고둥 같은 것, 맑은 옥동 같은 것, 장난하는 사자 같은 것, 쭈그리고 앉은 개 같은 것, 우뚝 선 추장 같은 것, 암수가 쌍으로 있는 듯한 것, 기를 세워놓은 듯한 것, 기가 솟아 있는 듯한 것, 포개놓은 단지 같은 것, 초라하기가 중 같은 것, 여인처럼 예쁘장한 것, 머리를 맞대고 목을 포개고 있는 듯한 것, 충치 같은 것, 통발 같은 것, 이끼 돋는 누룩 같은 것, 물이 새는 조리 같은 것, 술 취한 듯 불그레한 것, 늙은이처럼 누르스레하고 케케묵은 것 등 제각기 모양이 다르고 색도 다양했다. 그것들을 이용해 정약용은 산봉우리를 만들었다.

정약용은 이로써 봄에 비가 내리면 채소의 싹이 틀 테고, 날마다 부추로 만든 세 가지 반찬도 먹을 수 있게 되었다며 기뻐했다. 이웃 사람들도 음식을 보내와 그의 건강과 장수를 빌었다. 정약용은 마른 밥과 풀을 먹었던 성인聖人들을 생각하면서 자신의 궁벽한 삶과 배고픈 생활을 탓하지 않았다. 이것도 자신의 복이라 여겼다.

정약용은 그렇게 다산초당을 정비하고 10년 동안 살았다. 고단한 삶이었지만 거기에서 책을 읽고 많은 저술도 남겼다. 『시경』을 풀이하고 『주역』에 주석을 달면서 오직 한 사람이라도 알아주기를 바라는 마음으로 최선을 다해 학자로서의 삶을 멈추지 않았다. 세상 사람이 대부분 욕할지 몰라도 그런 것에 연연하지 않았다. 바른 세상에서 제대로 쓰일 수 있도록 하루하루 최선을 다했다.

다산초당에는 선현의 책과 고전이 1천여 권 있었고 정약용 자신이 지은 책들도 서가에 꽂혀 있었다. 얼마 안 되지만 해학과 괴담에 관한 책도 있었다. 정약용은 비록 해지고 남루한 옷차림이긴 하나 다산초당에서 글을 읽고 공부하는 데는 도리어 편하다고 생각했다.

정약용과 다산초당의 제자들에게는 잘 먹고 잘사는 사람이 부러움의 대상이 아니었다. 남이 시키는 대로 하느라 피곤하고 자잘한 이곳을 좇아 여기저기 돌아다니느라 소신 있게 살지 못하며 인생을 낭비하는 관료들이나, 욕심을 부려 남의 것을 탐하고 자기 잇속만 차리는 사람들보다 자기 힘으로 노력해 벌어먹는 백성과 자신들의 삶이 더 행복하다고 자부심을 느꼈다. 정약용은 영욕을 초월한 사람에게는 막힘이 없다는 것을 거듭 되새겼다.

상수리를 주워 끼니를
때우다

1809년 여름 어느 날, 고향 집에서 아들이 편지를 보내왔다. 거기에는 윤지눌의 이야기가 쓰여 있었다. 정약용이 장기현에서 유배 생활을 할 때 윤지눌이 시와 편지로 두 아들을 위로했고, 그 후 매년 두 아들에게 시와 편지를 보내 격려했다는 내용이었다.

정약용은 고마운 마음을 담아 윤지눌에게 시를 지어 보냈다. 나이가 들어 머리는 하얗게 되었겠지만, 백성을 생각하는 윤지눌의 마음은 변함없으리라는 기대가 담겨 있었다.

이 무렵 강진에 기근이 닥쳤다. 백성들은 도탄에 빠졌고, 강진 객사는 유랑민들로 가득 찼다. 산골에 사는 처지라 막막하기는 매한가지였지만, 정약용은 자신에게 실권이 없음을 안타까워해야 했다. 그도 상수리를 주워 끼니를 때우는 형편이었다.

백성들의 울부짖는 소리가
곳곳에서 들려오다

1809년 6월, 가뭄이 여전히 계속되었다. 5월 이후로는 하늘에 구름 한 점 없었다. 40여 일 동안 밤마다 건조한 바람이 불고 이슬조차 내리지 않았다. 들녘의 벼는 말할 것도 없고 기장·목화·깨·콩 같은 곡물부터 참외·오이·마늘 등 채소, 명아주·비름·쑥까지 거의 모든 식물이 말라죽어갔다. 샘도 마르고 도랑의 물도 말랐다. 이런 지경에도 백성들은 굶주림에 대한 근심보다 농작물에 물을 대지 못하는 근심이 더 컸다. 물과 풀이 없어 소나 말도 먹이지 못했다.

급기야 6월 초순부터는 유민流民이 사방으로 흩어지고, 울부짖는 소리가 곳곳에서 들려왔다. 길가에 버려진 어린아이가 수없이 많았다. 정약용은 참담하고 마음이 아파 견디기 힘들었다. 모내기를 못 한 논이 열에 일곱은 되고, 이미 모내기를 했더라도 논바닥이 말라 모가 자라지 않는 곳이 여덟아홉이나 되었다.

백성들은 손쓸 방법이 없이 말라죽는 농작물을 그저 멍하니 바라만 보고 있었다. 물가까지 치솟아 시장에 곡식이 나오지 않았다. 사람들은 돈이 있어도 곡식을 구하지 못했다. 그런데도 조정 관료들은 백성의 고통을 귀담아듣지 않았다. 그저 더위만 피하려 했고, 사나운 하급 관리들을 풀어 백성들이 비축해놓은 곡식이 있는지 수색하게 했다. 사찰을 덮치거나 상인을 겁박해 100석石의 곡식이 있는 사람에게는 1천 전錢의 뇌물을 요구하고 10석의 곡식이 있는 사람에게는 100전의 뇌물을 바치게 했다. 욕설과 모욕도 여기저기서 자행되어 힘없는 백성들의 고통만 더해갔다.

재난에 대비해 각 군현은 세금으로 거둔 곡식으로 예비 물량을 마련해둬야 하지만 관리가 엉망이었다. 장부에 기재된 것은 모두 허수였다. 문서 장부에는 10만 석이 있다고 기록되었으나 실제로는 3만 석에 불과했다. 전라도 나주와 순창의 경우 3만 석으로 장부에 기록해놓았지만 창고에 1만 석밖에 없었다. 심지어 강진과 장흥에서는 관리들이 착복까지 했다.

아전들의 횡포도 횡행했다. 모두 관가 창고의 곡식을 도둑질해갔다. 주린 백성의 수는 많고 창고에 저장된 곡식은 한 달을 지탱할 수 없는 지경이었다. 정약용은 이런 상황이라면 아무리 훌륭한 목민관牧民官이 오고 아무리 어진 재상이 나온다 해도 백성들을 살릴 수 없을 것이라고 낙담했다. 한탄스러웠다.

정약용은 이러한 지방의 실정을 낱낱이 적어 김이재에게 보냈다. 이렇게라도 지방의 사정을 알려 관리들이 제 역할을 다하도록 각성을 촉구하는 수밖에 없었던 것이다.

불의와 타협하지
않겠다

　1809년 가을 어느 날, 정약용은 낙하洛下 이학규李學逵에게 시를 지어 보냈다. 그전에 이학규가 먼저 정약용의 「장기농가長鬐農歌」(장기현 농민들의 생활을 민요풍으로 노래한 연작시)와 「탐진악부耽津樂府」를 흠모해 그것을 따라 김해 강창 지역의 농촌 풍경과 농민들의 삶을 그린 「강창농가江滄農歌」를 지었다며 일부를 정약용에게 보내왔다. 정약용은 자신의 저술을 모방해 지었다는 이학규의 작품을 읽고 슬픔과 한탄을 금할 수 없었다. 영남이나 호남이나 조선의 힘없는 민초들은 자연재해뿐 아니라 권력층의 잘못으로 인한 인재까지 겹쳐 고통을 겪고 있었기 때문이다. 이에 정약용은 이학규의 작품에 맞춰 다시 장편의 시를 지어 보냈다.

　1801년 정약용이 영남 장기현으로 유배 갔을 때 이학규는 호남 능주綾州(지금의 전라남도 화순)로 유배를 갔고, 정약용이 호남 탐진耽津(강진의 옛 이름)으로 유배 장소가 바뀌었을 때 이학규는 영남 김해로 이배되었다. 두 사람은 서로 지역을 맞바꾼 셈이어서 쉽게 만날 수 없었지만, 시를 지어 각자의 뜻을 주고받았다. 두 사람의 시는 공통적으로 백성들의 고통에 공감하고 잘못된 사회 부조리를 고발하는 내용이 많았다.

강진은 추수철이 가까웠지만 가뭄으로 작황이 좋지 않았다. 한해旱害·충해蟲害·상해霜害까지 겹쳐 백성들은 세금을 낼 형편이 안 되었다. 거기에 관리들의 부정부패는 물론, 탐악한 짓거리까지 심해져 바다에는 해적이, 내륙에는 화적이 횡행했다. 정약용은 이러한 지방의 현실을 조정 관료들에게 알리고자 노력했다. 그리고 관료들이 각성하기를 바랐다.

이 무렵 큰아들 학연은 서울로 올라가 징을 울려 아버지의 억울함을 호소했다. 정순왕후가 증거가 부족하니 정약용을 해배하라고 명령을 내렸는데도 정적들이 관문의 발송을 막아 아버지가 풀려나지 못하고 있었기 때문이다. 정약용은 아버지의 해배를 위해 동분서주하는 아들을 대견스러워하면서도 자신은 죄가 없으니 누구에게 억울함을 알리고 도와달라 구걸하지 말라며 호되게 꾸짖었다. 또한 학연에게 여러 번 편지를 보내 누구에게 기대거나 타협하거나 비굴하게 굴어서는 안 된다며 나무랐다. 불의에 타협하지 않겠다는 정약용의 마음가짐이기도 했고 신념이기도 했다.

단풍나무 숲에서 계절의
정감을 느끼다

  1809년 상강霜降(한로寒露와 입동立冬 사이의 절기)이 사흘 지난 날, 정약용은 다산초당의 옛 주인인 윤씨 형제와 함께 단풍나무가 물든 백련사 숲에서 놀았다. 가을 노을과 짝을 이루어 붉게 물든 단풍을 감상하는 것이 연례 행사였는데, 이번에는 흉작으로 모든 백성이 도탄에 빠진 터라 예년과 같은 단풍놀이는 생각할 수도 없어 간략하게 백련사에서 단풍을 즐기기로 한 것이었다. 두 집안의 자제들도 동행했다.

  얼었던 땅이 녹고 보슬보슬 봄비가 내려 나무에 잎이 돋고 꽃이 피더니 곧 녹음이 짙어졌고, 이제 또 다른 모습으로 변신해 노랗고 붉게 단장한 단풍 산은 그야말로 화려했다. 두 눈을 즐겁게 하기에 충분했다. 그러나 화려함 뒤로 앙상하게 떨어진 잎들을 보면서 정약용은 피고 지는 자연의 순리를 확인할 수 있었다.

  정약용은 다산초당으로 거처를 옮긴 뒤부터 해마다 단풍이 들면 단풍나무 숲을 찾아 시를 짓는 등 계절의 변화와 자연의 질서를 즐겨

왔다. 이 해 가을에는 유독 음악의 마지막 선율에서 전해지는 감정과
도 같은 계절감이 느껴졌다.

음악 연주를 잘 들어보면 금속 악기로 시작하고, 이어서 경쇠 악기
가 고음과 저음의 조화를 이루며, 음이 끊어질 듯하면서도 또 이어져
전체가 잘 어우러진다. 한 해를 보내면서 정약용은 사계절이 음악 연
주와 같다고 느꼈다. 음악을 통해 '어우러짐'의 미학을 생각한 것이
었다.

꿈에서 어느 여인을
만나다

1809년 10월 6일, 정약용은 다산초당의 동암東庵에서 혼자 잤다. 그날 밤 그는 예쁜 여인이 나타나 추파를 던지는 꿈을 꾸었다. 꿈이라 기억이 선명하지는 않았지만 그 역시 마음이 동해 여인과 잠시 지냈고, 잠에서 깬 뒤 여러 상념이 일어 시 한 수를 지었다. 눈 내린 깊은 산중에 연분홍 복사꽃이 화사하게 피었지만 강철처럼 단단한 일편단심이라는 내용의 시였다.

정약용은 꿈을 꾼 후 아내가 절로 떠올랐다. 그리고 풍로風爐로도 녹일 수 없는 마음을 다시금 되새겼다.

호숫가에 아름다운 봄이 오니	湖上艶陽春至
온통 꽃은 붉고 연한 새잎이 돋네	滿眼殘紅軟翠
꽃구경하던 놀이 희미하게 생각나서	細憶賞花筵
두 눈에 나도 몰래 눈물 흐르네	放下一雙淸淚
취한 듯하네, 취한 듯하네	如醉如醉

그렇게 십 년이 흘렀네	曾是十年前事

두 번째 시

하룻밤에 꽃은 천 잎이나 지고	一夜飛花千片
우는 비둘기와 새끼 가진 제비는 지붕을 도니	繞屋鳴鳩乳燕
외로운 나그네 돌아가지 못하매	孤客未言歸
어느 때나 침방에 들어 꽃다운 인연 맺어볼까	幾時翠閨芳宴
그리워 말자, 그리워 말자	休戀休戀
서글프다 꿈속에나 얼굴 볼 수 있을까	惆悵夢中顔面

―정약용의 「여몽령如夢令」 중에서.

유배 전까지 정약용은 늘 아내와 붙어 지냈다. 아버지의 부임지를 따라 지방으로 다닐 때도, 서울의 성균관 시절에도, 지방관으로 부임했을 때도 언제나 부부는 함께였다. 꽃구경도 함께했고, 농사를 지을 때도 함께했다. 다산초당의 처마를 맴도는 제비가 아내의 소식이라도 전해주지 않을까 기대해보지만, 그 기대는 번번이 빗나갔다. 같이 늙어가는 짧은 여생에 손이라도 잡아볼 수 있길 바라지만, 이제는 그럴 수 없다는 것을 그도 잘 알고 있었다. 그리워 말자고 몇 번이나 되뇌어보지만 마음대로, 뜻대로 되지 않았다. 그럴 때마다 아내는 미소 짓는 얼굴로 그의 꿈에 찾아왔다.

윤시유의 재혼을
축하하다

1809년 12월 초, 윤광찬尹光纘의 둘째 아들 윤시유가 재혼을 했다. 정약용은 가사를 짓고 곡조를 붙여 윤시유의 재혼을 축하했다. 사실 윤시유의 재혼은 조금 놀라운 일이었다. 『예기』에 "아내를 위해 재최齊衰(상복)와 기장期杖(지팡이를 짚는 기간)을 하되, 담제禪祭(25개월)로 한다"고 되어 있고, 고전에도 "아내가 죽고 3년이 지나지 않았으면 장가를 들 수 없다"고 나오는데, 윤시유는 아내가 죽은 지 반년도 안 되어 재혼을 결정했기 때문이다. 더욱이 해도 바뀌지 않아 정약용은 너무 빠르지 않은가 하는 마음까지 들었다. 이 재혼이 당사자 간 여러 가지를 감안한 선택이었고 사회적으로 문제를 일으키거나 논란의 여지가 있는 것은 아니었지만, 학자로서 예법을 중시하고 실천에 힘쓰는 정약용의 입장에서는 빠르다는 생각이 들었던 것이다. 이에 그는 장난스럽게 풍자한 시를 지어 축하했다. 함께 지내던 큰아들 학연도 장난어린 축하의 시를 지어 보냈다.

시를 보면, 혼례를 치르는 집에서 아름다운 잔치가 열리고 부부는

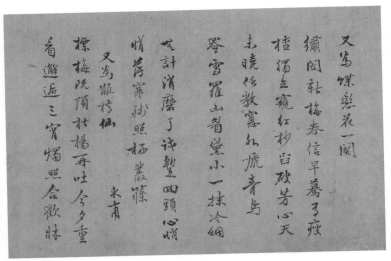

정약용이 윤시유의 재혼을 축하하면서 풍자한 시첩인 『요조첩(窈窕帖)』. 다산박물관 소장.

신방에 마주 앉아 화촉을 밝힌다. 그날 밤 부부는 상대방의 눈을 보며 가슴이 두근거릴 테고, 옥 같은 얼굴을 보면서 족두리를 벗기며 운우雲雨의 정을 나눌 것이다. 그러나 주변을 둘러보면 궤짝에는 입다 남은 헌옷들이 있고, 죽은 사람을 위해 운 것이 얼마 전이라 눈물 자국도 아직 마르지 않았다. 이렇게 웃지도 울지도 못할 상황을 풍자한 내용이었다. 이러한 풍자는 서로 허물없는 사이였음을 보여주는 것이기도 하다.

정약용 부자는 세상의 부조리와 사람들의 잘못을 풍자로 일깨우거나 매우 중요한 일을 알리는 수단으로 시를 종종 이용했다.

새해를 맞아 학문에 더욱 열중하자고
다짐하다

1810년 1월 1일, 유배지에서 또 한 해가 밝았다. 정약용은 세월이 정말 빠르다는 생각이 들었다. 이제 마흔아홉 살이 되었다. 늘 그랬던 것처럼 새해를 맞은 첫날 그는 지난 1년을 점검하고 삶의 의지를 되살리고자 새해 계획을 세웠다. 세상이 자신을 알아주든, 그렇지 않든 관계없이 스스로의 학문에 열중하자고 다짐했다.

옛날 요임금과 순임금이 천자의 자리를 자주지보子州支父에게 양보하려 할 때 자주지보는 "나는 지금 남모르는 병으로 치료 중이라 천하를 맡아 다스릴 여가가 없다"는 말로 거절했다. 송나라 소옹邵雍은 여러 사람의 추천에도 관직에 나가지 않고 '안락한 토굴 같은 집'이라는 뜻의 안락와安樂窩에서 안락선생安樂先生을 자처하며 학문 연구에만 몰두했다. 정약용은 두 고사를 통해 천하를 다스릴 방안을 찾아 함께 논의할 사람은 없지만, 자신만의 독서에 심취하겠다는 뜻을 다시 한 번 굳혔다.

새해가 되고 봄이 오고 있다지만, 다산초당은 시냇물이 얼을 정도로 추운 날씨가 이어졌다. 매화는 다산초당에서 맨 처음 피는 꽃이라 새해를 준비하게 하는데, 설중매라는 이름처럼 몇몇 가지에 매화가 피어 한 해가 시작되었음을 알려주었다.

정약용이 새해를 맞이해 제일 먼저 한 일은 책을 보관하는 책갑冊匣을 새로 바꾸는 것이었다. 새해맞이 행사를 마치자 자신이 좋아하는 눈이 점점 녹아갔다. 다산초당에서 생활한 지 3년 차에 접어들자 그는 여기가 여생을 보낼 곳일지도 모른다며 고향으로 돌아갈 희망을 살짝 내려놓았다.

둘째 아들 학유에게 노자 삼아
「가계」를 써주다

1810년 2월 어느 날, 정조의 물음에 제출했던 『시경강의』를 보충한 『시경강의보詩經講義補』가 완성되어 조금 마음의 여유가 생기자 정약용은 다산초당의 동암에서 둘째 아들 학유를 위해 「가계」를 썼다. 고향 집으로 돌아가는 학유에게 노자 삼아 주려는 것이었다.

정약용은 「가계」에서 둘째 아들에게 가장 먼저 용기를 가지라고 격려했다. 그리고 순임금 같은 사람, 경제經濟의 학문을 하는 사람, 또는 뛰어난 문장가, 명필가, 부자 등등 무엇이 되고자 소원하는 바가 있다면 그것에 부합하는 위인을 찾아 그 인물과 동등한 경지에 이르겠다는 목표의식을 가지고 실천하라고 일렀다. 여기에 필요한 덕목으로 '용기'를 강조했다. 즉 포기하지 않는 용기, 유혹에도 흔들리지 않는 용기, 어떤 비난과 비판에도 올바른 신념을 저버리지 않는 용기 등이었다. 이는 곧 힘이 바탕이 되는 용기가 아니라 세상을 바르게 하려는 마음에서 생겨나는 용기였다.

이와 더불어 특별히 국량局量을 키우라고 주문했다. 국량이 작다는 소리를 들었던 아버지보다 국량을 많이 키워 더 나은 사람이 되라고 일렀다. 국량을 넓히는 근본으로는 '용서'를 제시했다. 둘째 아들 학유가 당시 상황에 가장 많이 분개하고 원망도 컸기 때문에 한 말이었다. 격분에 싸인 아들을 감싸주는 동시에 반목을 되풀이하고 싶지 않은 마음에서 비롯된 충고이기도 했다.

정약용은 학유에게 '역할'과 '쓰임'에 대해서도 강조했다. 옛날 성왕들은 소경, 절름발이, 환관, 곱사등이, 불구자, 허약자 등 몸이 불편한 사람들에게 해당하는 각각의 임무를 맡겼으니, 각자의 자질과 역량에 맞춰 사람을 써야 함을 비유적으로 일깨워주었다. 주인과 노비, 남자와 여자, 어른과 아이, 노비에 이르기까지 다섯 살 이상이면 각자에게 할 일을 주어 놀지 않게 해야 가난을 면할 수 있다며 '근면'을 강조했고, 장기현 유배 시절 그곳 사람들의 생활에서 얻은 지혜도 들려주었다.

정약용이 꼽은 장기현 사람들의 장점은 다섯 살 손녀에게는 뜰에 앉아 솔개를 쫓게 하고 일곱 살 손자에게는 막대를 들어 참새 떼를 쫓게 했다는 것이다. 할아버지들은 칡으로 노를 꼬고, 할머니들은 실꾸리를 감았다. 밥을 먹는 사람에게는 누구나 직책을 주어 제 역할을 하게 한 것이 장기현 사람들의 가장 큰 장점이었다. 정약용은 둘째 아들에게도 이런 점을 본받으라고 일렀다.

그리고 다산초당에 연못을 파고 대를 쌓아 채마밭을 가꾸는 아버지의 모습을 직접 보여주기도 했다. 다만 이것이 자손들에게 경제적으로 도움을 주기 위함이 아니라는 점을 환기하면서 반드시 내 땅을 가져야만, 내 과수원이나 채마밭이 있어야만 농사를 지을 수 있는 것은 아니라는 의중을 전달했다. 그리고 이를 통해 소유해야만 한다는 잘못된 생각을 버려야 함은 물론, 근심·유쾌함·슬픔·기쁨·감격·분노·애정·미움 같은 사람의 감정은 시시때때로 변하는 만큼 시야를 넓혀 그것에 일희일비하지 말라고 당부했다.

알아야 할 점은 아침에 햇빛을 먼저 받는 곳은 저녁때 그늘이 빨리 들고, 일찍 피는 꽃은 그 시듦도 빠르다는 것이다.
—정약용의 「학유가 떠날 때 노자 삼아 준 가계贐學游家誡」 중에서.

정약용은 집으로 돌아가는 학유에게 사람은 질 때와 필 때가 있다고 위로를 건네면서 "사나이 가슴속에 가을 매가 하늘로 치솟는 기상을 지니고, 건곤乾坤(천지)이 눈 안에 들고 우주가 손바닥 안에 있듯이 생각해야 한다"며 처한 상황 탓에 침울해지기 쉬운 둘째 아들의 의지를 북돋아주었다.

이 무렵 정약용은 중풍으로 쓰러져 경전에 주석을 내고 학문을 연구하는 열정이 점점 쇠퇴해가고 있었다. 그런 와중에도 그는 편지 한 장을 쓸 때도 두세 번씩 꼭 읽어봤다. 원수를 진 사람이 그 글을 보더라도 문제가 없어야 하고, 수백 년 전해져 후세 사람들이 보더라도 비난받지 않을 정도로 신중하고 엄격하게 글을 써야 한다고 믿었기 때문이다. 정약용은 아들에게도 지식인으로서의 자의식을 실천해야 한다고 힘주어 말했고 몸소 본보기를 보였다.

선물의 답례로 채소를
보내다

1810년 봄 어느 날, 정약용은 윤서유에게 편지를 보냈다. 윤서유는 주작산에 별장 겸 서재인 조석루朝夕樓라는 작은 산장을 가지고 있었다. 이 산장은 대나무가 집 주위를 감싸 바람이 시원하고 청량함도 느낄 수 있었다. 연못가를 지나는 오솔길에서는 그윽한 향기가 났다. 정약용과 윤서유는 봄비가 내린 후 죽순이 나오면 이를 살짝 데쳐 옥쟁반에 차려두고 술잔을 기울였다. 이렇게 얼굴을 보지 못하면 안부 편지라도 주고받았다. 이날 정약용은 편지를 쓴 후 병이 도져 자리에 몸져누웠다.

편지를 받은 윤서유가 매실과 죽순을 선물로 보냈다. 껍질을 벗겨 매실과 함께 단지에 담은 죽순은 목마름병을 치료하는 제호탕醍醐湯보다 좋았다. 귀한 물건으로 도움을 주고자 한 윤서유의 마음이 고마웠다. 정약용은 이런 선물에는 안주인의 수고로움이 있다는 것을 잘 알고 있었다. 그래서 어려운 처지이긴 하지만 반찬으로 올릴 수 있는 오이를 손수 따 보내며 안주인에게 감사 인사를 대신했다.

고양이와 쥐에게서 관리들의
횡포를 찾다

1810년 늦봄 어느 날, 강진 남산의 한 늙은이가 고양이를 키우고 있었다. 그 고양이는 나이가 들자 마치 늙은 여우 같았다. 다산초당에 놓아둔 고기를 밤마다 훔쳐 먹고, 항아리 속 술병까지 뒤졌다. 고양이는 어둠을 틈타 살금살금 들어오다가 정약용이 문을 열고 소리를 지르면 재빨리 도망쳤다. 그 대신 더러운 발자국을 여기저기 남겼다. 어떤 때는 물어뜯다 버리고 간 음식 찌꺼기가 마구 흩어져 있었다. 요긴하게 쓰려고 아껴둔 음식도 모두 훼손했다. 고양이의 못된 점을 떠올리면 떠올릴수록 정약용은 화가 났다.

이 무렵 쥐 때문에 백성들이 입는 피해가 이만저만이 아니었는데, 들쥐는 곡식을 물어다 쥐구멍에 쌓아두고, 집쥐는 닥치는 대로 먹을거리를 가져갔다. 백성들의 피해가 늘어나는 만큼 고민도 깊어갔다. 쥐 때문에 견딜 수 없을 지경이었다. 이에 백성들은 고양이가 쥐를 마구 잡아주길 바랐다.

반짝이는 고양이의 눈은 칠흑 같은 어둠 속에서 벼룩도 잡을 수 있을 만큼 밝았다. 매처럼 예리한 발과 호랑이처럼 강한 이빨도 가지고 있었다. 게다가 날쌔게 달린다. 쥐는 고양이를 만나면 옴짝달싹 못한다. 쥐를 수백 마리씩 잡는다 한들 누구도 욕하지 않았으며, 오히려 사람들은 이런 모습을 칭찬하고 고마워했다. 그런데 고양이는 도둑질을 할 뿐 아니라 쥐보다 더한 짓도 했다. 처마를 타고 다니면서 항아리 뚜껑을 열었고, 마르지도 않은 흙벽에 흠집을 냈다. 도둑질하는 고양이들 앞에서 쥐들도 두려움이 없어졌다. 쥐구멍 밖에서도 여유롭게 다닐 정도였다.

정약용은 이런 고양이와 쥐의 행태를 보면서 권세가와 관리들이 못된 중간 아전들과 결탁해 백성에게 횡포를 부리고 폭압을 휘두르는 모습을 떠올렸다. 영락없이 관리와 아전들의 관계를 보는 것 같았다. 좀도둑 같은 아전들의 횡포는 물론, 공정하고 바른 정사로 백성들을 구제하기는커녕 오히려 아전들로부터 뇌물을 받아 자기 재산을 축적하려는 고을 사또들의 행태를 접할 때마다 개탄스러웠다. 관리와 아전은 백성들을 보호하고 보살피는 것이 의무인데도, 도리어 백성들을 핍박하며 고통으로 내몰았다. 마치 관리들을 위해 백성이 존재하는 것처럼 행동했다.

정약용은 이런 관행을 바로잡아야 한다고 생각했다. 관리들이 실행해야 할 공직 실천 지침서로 알려진 『목민심서』 같은 경세학經世學에 매진하게 된 계기였다. 이로부터 8년 후 『목민심서』 등이 완성되었다.

큰아버지를 아버지인 양
섬기라

　1810년 5월 어느 날, 정약용은 다산초당의 동암에서 「가계」를 지어 큰아들 학연에게 보냈다. 아버지를 제대로 섬기지 못하는 것을 가슴 아파하는 큰아들에게 고향을 지키며 살아가는 큰아버지를 아버지인 양 잘 섬기라고 했다. 다시는 돌아갈 수 없다는 생각에서 한 말이었다.

　정약용은 사대부로서 관록을 이을 수 없는 큰아들에게 자포자기하지 말고, 늘 경전과 사서를 연구하며, 결코 놀고먹어서는 안 된다고 경계의 말을 전했다. 또한 뽕나무와 삼(麻)을 심고, 채소와 과일을 경작하며, 길쌈을 해서 의식衣食을 해결하되 이자 놀이나 상품 매매, 약을 파는 일은 절대 하지 말라고도 당부했다. 돈벌이에 빠져 학자로서 본업을 잊을까 염려했던 것이다.

　이즈음 정약용은 큰아들이 주요 인사들을 찾아다니면서 침과 뜸을 놓아주고 아버지의 해배를 위해 구명 활동을 한다는 사실을 알게 되었다. 그는 이러한 큰아들의 행동이 탐탁지 않았으며, 큰아들이 무엇보다 아버지의 저서를 읽고 그 의미를 깨닫는 것을 우선시하기를 바랐다. 이에 의술을 빙자해 재상들과 교의를 맺고 아버지를 풀려나게 하려는 짓을 그만두라고 거듭 만류했다. '겉으로만 인정을 베푸는 척한다(허덕색虛德色)'는 말처럼, 정약용은 당시 권세가들이 겉으로는 들어주는 듯해도 뒤에서는 냉소를 보낼 것이라고 판단했기 때문이다. 그는 큰아들에게 이 일을 계속하면 살아서 인연을 끊어 왕래하지 않을 것이고, 죽어서도 눈을 감지 못할 것이라고 못 박았을 만큼 극도로 싫어했다.

정약용은 또한 자신이 죄명을 벗지 못하고 죽으면 강진에 시신을 묻었다가 죄명을 벗은 뒤 고향에 옮겨 묻어달라고도 했다. 구차하게 살지 않겠다는 의지를 보여준 것이었다. 이 무렵 그는 중풍으로 팔다리를 자유롭게 쓰지 못하게 되어 위기의식을 느끼고 있었다.

그는 선비로서 명성을 잃지 않고 재화도 불릴 수 있는 방법으로 큰아들에게 뽕나무 심기를 권했다. 뽕나무 365주를 심어 365꿰미를 버는 남쪽 지방 사람의 예도 소개했다. 고향 집이 있는 열수에는 넓은 토지가 없었다. 그래서 부가가치가 높은 농작물을 재배하는 것이 경제적으로 효과가 좋았다. 정약용 부자가 누에와 뽕을 중시한 이유가 여기 있었다.

병 걸린 굶주린 가족을 보니
마음이 뒤숭숭하다

1810년 초여름 어느 날, 정약용은 다산초당에서 내려와 모처럼 읍내에 갔다. 세상 돌아가는 사정도 듣고 이것저것 알아보고자 사람들이 많이 오가는 읍내를 찾은 것이었다.

읍내에 도착한 정약용은 우물가에서 잠시 쉬고 있었다. 때마침 마을의 한 가난한 부인이 사납게 소리를 질러댔다. 젊은 부인이었는데, 시어머니와 싸우고 고함을 지르다가 포복하며 울고 있었다. 그 옆에 서 있는 큰아이의 모습을 보니 다리를 절룩거리고 손에는 바가지 하나를 들고 있었다. 동냥하는 아이의 행색이었다. 또 그 옆에는 작은아이가 힘없이 앉아 있었는데 얼굴이 누렇게 뜬 모습이었다. 요 며칠 제대로 먹지 못한 것 같았다. 우물가에 앉아 있던 막내 아이는 더 많이 말라 보였다. 배는 성난 두꺼비처럼 불룩 나왔으나 볼은 홀쭉한 것으로 보아 몸에 이상이 있는 듯했다.

두 여인의 한바탕 소란이 있은 뒤 어렵다고 고함을 지르던 젊은 부인이 어디론가 가버렸다. 그러자 아이들은 "엄마, 엄마" 하고 소리치며 땅바닥에 주저앉았다. 그러고는 얼굴이 눈물콧물 범벅이 되고 온몸이 흙 범벅이 되도록 바락바락 소리를 질러대면서 울었다. 할머니로 보이는 여인이 아이들의 등짝을 후려쳤다. 아이들은 더 큰 소리로 울어댔다.

이 가족의 행색을 본 정약용은 끼니를 제대로 해결하지 못할 만큼 가난하고 병에도 걸렸다는 것을 한눈에 알아차렸다. 어렵게 살다 보니 고부간 갈등이 생겼고, 남의 집을 돌아다니며 동냥으로 근근이 생활하다 결국 어미가 자식들을 버리고 떠나고 만 것이었다. 그는 아이들의 모습을 차마 더 볼 수 없어 그 자리를 피했다.

오랜만에 읍내에 나오니 동쪽 마을에서 길쌈하는 소리, 보리방아 찧는 소리, 소를 모는 소리가 여기저기서 들려왔다. 세상은 여전히 분주하게 돌아갔다. 하지만 가난으로 고통받는 백성들은 세상으로부터 아무런 도움도 받지 못하고 있었다. 정약용은 마음이 뒤숭숭했다. 백성들의 안타까운 모습을 더는 볼 수 없어 다시 산으로 올라왔다. 어느새 가을 매미의 울음소리가 커지고 있었다. 곧 겨울을 맞이해야 할 가난한 백성들을 생각하니 가슴이 답답해졌다.

죽으면 강진에
묻히리라

1810년 늦여름 어느 날, 정약용은 치교釋敎 심상규沈象奎가 생각났다. 심상규는 정약용과 인척간으로, 정약용의 증조부가 그의 외증조부였다. 두 사람은 30리쯤 떨어져 살았는데, 10년 동안 한 번도 보지 못했다. 심상규의 조부 심공헌沈公獻은 후덕한 분으로, 화려한 벼슬을 했고 청백리의 후손이었다. 사람들에게 따뜻한 덕을 베풀었으며 자녀 교육에도 정성을 다했다. 왕실에도 공로가 많아 훌륭한 인재로 주목받았다.

이 무렵 정약용에 대한 모함이 연이어 들려왔다. 하지만 조정에서는 어느 누구도 그를 위해 변론해주지 않았다. 죄가 없다는 것을 알아도 연루되어 지목받을까 봐 우려했기 때문이다. 그는 오직 고향에 있는 나약한 아내만이 남쪽을 바라보며 울고 있을 것이라 짐작했고 마음이 아팠다.

사방에 정약용을 해치려는 사람들뿐이었으며 그들은 권세도 가지고 있었다. 부와 권력을 지닌 자들에게 백성은 안중에도 없었다. 흉년으로 먹지 못해 백성들이 쓰러져가고 있는데도 전혀 관심이 없었다. 백성들은 속절없이 죽어갔고 시체들은 숲속에 내팽개쳐졌다. 운 좋게 살아남더라도 온 나라에 창궐한 전염병으로 이중의 어려움을 겪었다. 잘살던 사람도 어려움을 겪었고, 정약용 역시 예외는 아니었다. 유배인이라는 이유로 가까운 친척들조차 그에게 냉랭했으며 도움을 주지 않았다.

그렇다고 정약용은 그들을 야박하다고 탓하지 않았다. 거친 밥을 먹고 해진 옷을 입고 찬바람을 맞으면서도 부모와 조상의 올곧은 삶을 생각하며 힘을 냈다. 채마밭을 가꾸고, 간혹 바닷가에 나가 물고기도 구해왔다. 짬을 내 샘을 파고 개펄도 개간했다. 그리고 밭도 한 뙈기 샀다. 그곳에 찰벼를 심어 거뜬히 다섯 말을 수확했다. 이렇듯 고통 속에서도 주경야독은 계속되었다.

다산초당의 서가에는 1천 권의 책이 쌓여 있었다. 정약용은 육예六藝(고대 중국 교육의 여섯 가지 과목인 예禮, 악樂, 사射, 어御, 서書, 수數를 이르는 말)에도 힘쓰고 『사부四部』(중국 서적의 네 갈래인 경부經部, 사부史部, 자부子部, 집부集部를 통틀어 이르는 말)도 연구해야 하는데 시간이 부족했다. 이 무렵 정약용은 『주역』 연구에 심혈을 기울이고 있었다. 이는 그의 경학 연구 가운데 최종 과정이었다.

이제 정약용은 하늘이 자신에게 준 탕목읍湯沐邑(사사로운 비용을 충당하고자 나라에서 내려준 땅)이 바로 강진 포구라고 생각했으며, 죽으면 강진에 묻히겠다고 마음먹었다.

초당의 이름을 송풍루로
짓다

1810년 6월 어느 날, 정약용은 자신이 머무는 다산의 집을 '송풍루松風樓'라고 이름 붙였다. '다산초당'이라는 명칭은 다산이라는 곳에 있는 작은 초가집이라는 의미였지, 집의 이름이 아니었기 때문이다.

송풍루는 두 칸의 초가집으로, 푸른 산을 바라볼 수 있도록 들창이 나 있었다. 소나무 사이로 부는 바람 소리가 피리와 거문고 연주 소리처럼 좋아 붙인 이름이었다. 송풍루에는 푸른 바위가 병풍처럼 둘러져 있고, 1천 권의 장서도 비치되어 있었다. 이를 바라볼 때마다 정약용은 마음이 뿌듯했다.

다산초당에 살게 된 후부터 정약용은 뜻이 단단해지고 마음도 곧아졌다. 길바닥에 누워 있는 노루, 제멋대로 송풍루 앞을 드나드는 꿩들과도 친숙해졌다. 정약용은 겉치레는 물론이고, 망건조차 1년에 세 번 이상 쓰지 않을 만큼 체모體貌에 신경 쓰지 않았다. 밖에 나가지 않으니 3년 동안이나 같은 짚신을 신고 있었다. 정약용에게 송풍루는 고대 궁실보다 좋은 곳이었다.

산속에 살다 보니 정약용은 세상 물정에도 어두워졌다. 자기 몸 하나 건사할 만하고 무난히 지낼 수만 있으면 그만이라는 생각으로 하루하루를 살았다. 그렇다고 고향까지 잊은 것은 아니었다. 간혹 까치라도 울어대면 자신도 모르게 자리에서 벌떡 일어났고, 앞들에 까마귀가 날아가며 울기라도 하면 읽던 책을 덮었다. 까마귀와 까치는 모두 소식을 전해주는 새들로 슬픔과 기쁨, 걱정과 희망을 각각 나타냈다. 고향으로 가게 된다는 기쁜 소식 아니면, 유배인의 생사가 달린 슬픈 소식이나 고향의 사고 소식일 수도 있었다.

생각과 걱정이 일 때마다 정약용은 다산초당 근처에 둑을 새로 늘리고 대나무를 심었다. 산비탈에 계단을 만들어 밭을 일군 뒤 채소를 더 심었다. 그렇게 노동을 하면 조금이나마 마음을 달랠 수 있었고, 덩달아 농토도 조금씩 늘어갔다.

그는 송풍루에서 『주역』 연구에 몰두했다. 물고기는 물에서 헤엄치고 솔개는 하늘을 날듯이, 사물마다 즐기는 것이 각각 다르다는 사실도 새삼 깨달았다. 세상의 큰 시비도 주변의 작은 풍파 정도로 여기게 되었다. 그리고 생사에 대해서도, 영욕에 대해서도 더 깊이 이해하게 되었다.

정약용은 산을 특히 좋아해 산책을 많이 했다. 계곡으로, 연못가로 자주 산책을 나갔다. 귤피차를 달여 허파의 기운을 돋우기도 하고, 송엽주를 담그며 한가롭게 일상을 즐기기도 했다. 그러나 나라 걱정을 완전히 잊을 수는 없었다. 나라를 걱정한들 별수 없겠지만 나라를 위하는 자신만의 방법을 연구했다.

다산초당으로 옮겨와 산에 살면서 여유도 가지게 되었다. 배가 고프고 병이 들어도 산속에서 지내는 것이 편했다. 도시와 세속의 노래보다 도연명의 시가 더 좋았고, 밤이 깊으면 뜰에 비친 달을 보며 산책하는 것이 즐거웠다. 이미 300권의 저서도 이루었다. 저술을 많이 했지만 부끄럽지 않았다. 물론 많이 짓는다고 좋은 것은 아니라는 사실을 그도 잘 알고 있었다. 정약용은 자신의 저술이 많긴 하지만 결코 허술하게 짓지 않았다고 자부했다. 세상에 나가 굶주리고 고난에 허덕이는 백성들의 삶과 현실을 마주했을 때 실제로 적용할 수 있는 방법들을 찾아낸 결과들이었기 때문이다.

송풍루에서 산에 사는 즐거움을 생각하다

    1810년 7월 초, 다산초당은 모든 것이 안정되어갔다. 누대는 높은 절벽을 이용했고, 물은 홈통으로 끌어 올렸다. 소나무와 소나무 사이 오솔길로 손님들이 오갈 수 있었다. 산속은 한가롭고 여유로웠다. 마음대로 자고 깨고, 마음껏 노래하고 말할 수 있었다. 주위가 한 폭의 그림 같았다. 그 속에서 정약용은 넓은 땅덩어리이지만 우주 차원에서 보면 지구도 작은 열매 정도라는 것을 다시 깨달았다.

    그에게는 산에 사는 몇 가지 즐거움이 있었다. 우선, 산에 살면 모든 일이 즐겁다. 학문 연구나 문장을 짓는 것조차 모두 쓸 데가 없다. 잔재주를 부리는 선비가 훌륭할 수 없고, 잘난 척 뽐내는 선비는 썩은 사람이라는 생각이 절로 든다.

    산에 살면 모두가 영웅호걸이 된다. 연못이나 누대를 찾아 소요하면서 지낼 수 있다. 심어놓은 대나무들이 바닷바람을 막고, 1천 그루 소나무에 부는 바람이 음악을 들려준다. 귀족과 권세가들의 헛소리는 우습게 느껴진다. 이는 곧 정신이 중국 하·은·주나라의 높은 경지를 추구하고 하늘과 땅, 우주의 질서를 따르기 때문이다.

산에 살면 마음이 너그럽고 넓어진다. 그림 같은 계곡과 숲은 별천지가 따로 없다. 밝은 달은 혼자서 차고 기울기를 반복하고, 구름은 수시로 검었다 희었다 하며 변화무쌍하게 움직인다. 차가운 시냇물과 대숲의 바람 소리, 매화 한 그루에서 피어나는 봄 향기의 즐거움은 어디 비할 데가 없다. 산속은 자연의 질서 속에서 느긋한 여유를 주어 편안하다.

산에 살면 마음이 확 펴진다. 편안하고 한가하며 맑아진다. 추위와 더위, 비바람 때문에 나들이를 할 수 없을 때가 많지만 새와 물고기, 동식물이 함께 사니 괜찮다. 일신의 이해 문제에 얽히거나 따지지 않아도 된다.

정약용은 역사의 흥망성쇠를 살피면서 산에 사는 생활의 만족감을 깨달았다. 한 세상을 좌지우지한 인물들보다 이해관계에 매몰되지 않은 자신이 더 존영尊榮하다는 생각까지 가지게 되었다.

산에 살면 간혹 의기소침해지기도 한다. 해 저문 어두운 숲속에 깊이 쌓인 눈처럼 그의 저술도 점점 더 쌓여갔다. 그에게는 보물과도 같은 존재였다. 경륜이 있는 사람이라도 다 써먹지 못할 만큼 많고 귀한 자료이지만 그 쓰임을 장담할 수 없었다. 그는 높은 벼슬을 부러워한 적이 없고, 비록 산에서 잊힌 채 살아간다 해도 미련이 없으며, 알아주는 사람이 없는 것을 걱정하지도 않았다. 하지만 요임금이나 순임금 시대처럼 좋은 나라를 만들고 싶다는 마음으로 지은 자신의 책들이 과연 쓰임이 있을까 생각하면 늘 의기소침해졌다.

산에 살면 모두가 따뜻한 위안을 받는다. 바람 소리도 따스하다. 송풍루는 두 집이 마주 보고 있었다. 꽃 심고, 약초 따고, 정원을 가꾸고,

공부도 하면서 스승과 제자가 함께 즐겼다. 그는 송풍루에 있어도 즐겁고, 나가도 즐거웠다.

　강진은 정약용에게 타향임에도 이제 이곳 사람들조차 정약용을 강진에서 나고 자란 사람처럼 여길 정도였다.

임금에게 신임받는 사람이
되라고 이르다

　1810년 처서處暑가 다가오자 정약용은 다산초당의 동암에서 큰아들 학연에게 경계의 말을 적어 보냈다.

　살아오면서 여러 가지 험난한 일을 겪은 정약용은 세상살이의 오랜 경험을 바탕으로 큰아들에게 인륜에 야박한 불효자나 우애하지 않는 사람은 가까이하지 말라고 조언했다. 이런 사람을 한마디로 "아침에는 따뜻하게 대하다가 저녁에는 냉정해지는 사람"으로 규정하고, 이렇게 인정머리 없는 부류는 쉽게 배반할 수 있다고 일렀다. 여기에는 과거에 벗을 잘못 사귀었던 자기반성도 뒤따랐다.

　정약용은 관리가 되었을 때의 역할과 자세도 설명했다. 특히 임금에게 존경받는 사람, 임금에게 신임받는 사람이 되어야지 임금에게 사랑받는 사람, 임금이 좋아하는 사람이 되어서는 안 된다고 충고했다. 임금이 존경하지 않는 유형으로 몇 가지 예도 들었다. 아침저녁으로 가까이 모시거나, 사부詞賦를 잘 읊는 사람, 글씨를 민첩하게 쓰는 사람, 임금의 얼굴 표정을 살피며 비위를 맞추는 사람, 거듭 관직을 버리고 가는 사람, 위의威儀가 장엄하지 않은 사람, 측근 신하의 세력에 아부해 도움을 받으려는 사람은 임금이 존경하지 않는 유형이라고 설명했다.

한편, 존엄한 임금이라도 그 앞에서는 행동에 주의를 기울여야 한다고 강조했다. 임금의 말이 온화하고, 비밀스레 부탁하면서 마음과 몸을 의탁하며, 보좌 역할을 다 맡기고, 서찰이 연잇는 데다 하사품이 아무리 많다 해도 이것이 모두 임금의 은총이라고 믿을 수는 없다는 것이었다. 이는 시기와 질시가 따르고 재앙으로 다가올 수 있을뿐더러, 임금에게도 혐의가 주어질 수 있는 일이라는 점을 주지시켰다.

이어서 관료로 진출해 관직을 수행하는 자세에 대해서도 설명했다. 지방 출신이 막 관직에 오른 초기에는 강직하고 절개 있는 논책을 올려도 해롭지 않다며 관직 초년생의 결기를 인정했다. 미사여구로 문장을 꾸미지 말고, 미관말직일 때는 공직 업무에 매번 정성을 다해 임하라고 했다. 다만 직언해야 하는 언관言官의 경우, 날마다 격언과 당론讜論을 올려 위로는 임금의 과실을 공격하고 아래로는 백성들의 고통을 알리며, 지극히 공정한 마음으로 사악한 관리를 공격해 제거하고, 남의 잘못을 지적할 때는 탐욕스럽고 비루하며 음탕하고 사치스러운 것만 언급해야지, 자기의 뜻과 맞는지 아닌지를 따져서 공격하거나 함정으로 몰아서는 안 된다고 했다.

그뿐 아니라 벼슬에서 해임될 때 어떻게 처신해야 하는지도 말해 주었다. 해임되는 즉시 고향으로 돌아가라는 것이 요지였다. 고향에서는 독서하고, 꽃과 채소를 가꾸며, 연못을 만들고, 예를 익히면서 지내야 한다고 조언했다. 만약 지방관으로 나가게 된다면 청렴, 결백으로 다스려 아전과 백성을 모두 편안하게 하고, 국가 위기 때는 죽음을 무릅쓰고 절의를 다해야 한다고도 했다.

이처럼 정약용이 두 아들에게 준 『하피첩』은 자신의 잘못된 판단을 고백함과 동시에 효도와 우애를 중심으로 과거 경험에서 터득한 관리로서의 자세와 역할에 관한 내용을 담고 있다. 한마디로 『하피첩』은 비록 폐족이지만 아들에게 구체적인 목적의식을 넣어주고자 했던 결과물이었다.

운명은 자신이 만드는 것이다

　1810년 7월 어느 날, 정약용은 두 아들에게 편지를 보냈다. 편지에서 그는 인仁을 행하는 근본으로써 효도와 공손함을 특히 강조했다. 사촌 형제를 친형제처럼 사랑하라고 이르면서, 사람은 부귀할 때보다 빈곤할 때 더 다투고 나쁜 말도 많이 하며 업신여기고 끝내 원수처럼 되기 쉬우니, 저쪽에서 돌을 던지면 이쪽에서는 옥돌로 보답하고 저쪽에서 칼을 가지고 나오면 이쪽에서는 귀한 음식으로 대접해『소학』「외편外篇」의 '가언편嘉言篇'과 '선행편善行篇'의 가르침을 실천하라고 강조했다. 형제간 다툼을 줄이고 원망과 갈등을 사랑과 화합으로 바꾸고자 한 정약용의 조언이었다. 이는 가족에만 한정된 것이 아니었다. 세상의 갈등을 조절하고 반목을 없애는 정약용의 실천적 가치이기도 했다.

　또한 벼슬에서 멀어지면 빨리 서울에서 살 수 있는 방안을 찾아 문화文華의 안목이 낮아지는 것을 막아야 하고, 벼슬길에 오르면 산언덕에 셋집을 내어 살면서 처사處土의 본색을 잃지 말아야 한다며 대안 지식인으로서, 청렴한 공직자로서 살아갈 것을 주문했다.

정약용은 서울 외곽 10리 안에 거처하거나 서울 근교에 살면서 과수를 심고 채소를 가꿔 생계를 유지하다가, 재산이 좀 넉넉해지면 도심 중앙에 들어가 살라고 권했다. 자식들이 시골 생활에 안주해 자신의 사회적 역할을 방기하거나 지식정보와 문화의 중심에서 유리되지 않도록, 그리고 문명의 방향을 잃지 않도록 하기 위한 조언이었다.

그는 또한 사람이 못됐다고, 방탕하다고 반드시 복이 없는 것은 아니며, 충효를 다했다고 재앙이 없는 것도 아님을 분명히 하면서 오직 선을 행하는 것이 중요하고 복을 받는 길이라고 강조했다. 정약용의 이러한 가르침은 재앙과 화복에 대한 이견들을 정리하는 동시에 지식인의 목적이 선을 행하는 것임을 분명히 하는 효과가 있었다.

화를 당했다고 도망가거나 원망만 하다가 자포자기하는 오류를 범해서는 안 된다고도 강조했다. 그는 처지가 불우하다고 불우해지는 것이 아니라 스스로 포기하면 불우해진다며 운명은 스스로 만드는 것임을 분명히 했다.

정약용은 어느 순간에도 공부를 포기하지 말아야 하고, 분노를 견디지 못한 나머지 현실을 피해 도망가면 무지렁이 인생으로 끝나고 만다고 거듭 충고했다. 그리고 항상 마음을 평화롭고 즐겁게 하라는 조언도 잊지 않았다. 편지를 받은 아들들은 아버지의 말씀을 되새기고 또 되새겼다.

어미가 자식 버린 것을
보다

　1810년 입추, 강진 지역에서 이상한 살인 사건이 발생했다. 정약용은 이에 대해 조사해봤다. 사건은 강진 남쪽 용촌龍村과 봉촌鳳村이라는 마을에서 일어났다. 용촌과 봉촌에 살던 두 사람이 장난삼아 때리다가 한 명이 사망하고 말았다. 마을 사람들은 관가의 검시檢屍가 두려워 때린 이에게 자살할 것을 권했다. 때린 이도 그것을 승낙하고 스스로 목숨을 끊어 두 마을은 조사를 받지 않고 사건이 묻히는 듯했다.

　그런데 몇 달 뒤 관리들이 이 사실을 알고는 두 마을의 죄상을 밝히겠다며 돈 3만 냥을 요구해 뜯어갔다. 두 마을 사람들이 그 돈을 마련하느라 베 오라기 하나, 곡식 한 톨 남은 것이 없었다. 흉년의 고통보다 더했다. 관리들이 돌아가는 날 두 마을도 사람들이 다 떠나고 없었다. 오직 부인 한 명만 남아 현감에게 사정을 사실대로 알렸다. 그랬더니 현감은 "네가 나가서 찾아보라"고만 했다. 그 이야기를 들은 정약용은 어처구니가 없었다.

　관리는 맹수나 마찬가지였다. 여염집들은 관아에 살림살이까지 모두 빼앗겨 장롱에 옷가지조차 없었다. 심지어 빨랫줄에 걸린 옷도 걷어갔다. 쌀독에는 식량이 없고, 항아리에는 소금과 장이 없었다. 크고 작은 솥은 물론, 숟가락과 젓가락까지 모두 가져갔다. '도둑놈도 아니면서 왜 이런 못된 짓을 하는가?', '사람을 죽인 이는 자살했는데 왜 백성들을 또 죽이는가?' 이는 마을 사람들의 의문이자 정약용의 질문이었다.

부모가 있다 한들 의지할 수 없고 힘이 되지 못하니 모두 마을을 떠났다. 현감을 찾아가 하소연해봤지만 들은 체도 하지 않았다. 참혹했다. 마을은 황폐해지고 가족들은 이산했다. 고량진미膏粱珍味를 즐기고 기생과 술자리에 앉아 불콰하게 취한 관리들의 모습에서는 백성의 어버이라는 본분을 찾아볼 수 없었다. 부끄러움도, 걱정도, 공감도, 책임감도 없었다. 그런 그들이 지금 지방 관리였다.

강진 지역의 상황은 더욱 나빴다. 흉년은 인심을 야박하게 만들었다. 관리들은 점점 부패했고 직무유기도 많았다. 마을 사람들은 고향을 떠났고 가족이 뿔뿔이 흩어졌다. 지아비는 아내를 버리고 어미는 자식을 버렸다.

강진 읍내 장터에서 손을 굳게 잡고 있는 두 아이를 본 것도 이때였다. 한 아이는 남자아이로 겨우 말을 배운 나이였고, 또 다른 아이는 일곱 살쯤 되어 보이는 여자아이로, 어머니를 잃어버렸다면서 남동생과 함께 길거리를 헤매고 있었다. 두 아이는 갈림길에 서서 이리 가지도 못하고 저리 가지도 못한 채 울고 있었다. 정약용은 아이들에게 다가가 물었다. 큰아이가 목이 멘 소리로 훌쩍이며 더듬더듬 대답했다. 아버지가 집을 떠나 어머니 혼자 어린 두 아이를 데리고 살게 되었다. 집에 흉년이 들어 며칠을 굶자 어머니가 아이들의 손을 잡은 채 울고 또 울었다. 어린 동생이 젖을 달라고 보채자 어머니는 작은아이를 등에 업고 큰아이와 함께 시장으로 나와 엿을 사준 뒤 길 건너에서 아이들을 꼭 껴안고 재웠다. 아이들이 잠이 들었다가 깨보니 어머니가 없어졌다고 했다.

이야기를 마친 아이가 또다시 목 놓아 울었다. 아이는 말하다 울고, 말하다 울기를 반복했다. 얼굴은 온통 눈물콧물 범벅이었다. 해가 지고 어두워지면 갈 집이 없을 터였다. 불쌍한 백성들이 천륜을 저버리고, 부부는 온전한 사랑을 이어가지 못했다.

정약용은 마을 사람들이 관리에게 괴롭힘을 당할까 싶어 살인 사건을 은폐한 행동, 아무리 범법자라지만 마을의 피해를 줄이고자 사람을 죽음으로 내몬 행동, 가난한 백성들이 천륜을 버리고 떠도는 행동 등을 모두 인재人災로 여겼다. 그 와중에 가장 큰 피해자는 보호받아야 할 어린아이들이었다.

이런 일을 직접 목격하고 나니 정약용은 16년 전 정조의 명령이 떠올랐다. 1794년 한밤중에 임금의 명을 받아 경기도 암행어사로 나갈 때 정조는 정약용에게 고아를 부탁하면서 병들지 않게 해달라고 요구했다. 그는 지금 목민관들이 그때 정조의 부탁을 어기지 말아야 한다고 혼자 되뇌었다.

굶주리는 백성을 보며
가슴을 치다

1810년 입춘 무렵 강진에 큰 기근이 들어 들에서 푸른 싹을 찾아볼 수가 없었다. 아낙네들은 쑥으로 죽을 쑤어 가족의 끼니를 때워야 했다. 전년도 겨울부터 이어진 가뭄으로 봄이 다 지나도록 들에 풀 한 포기 없을 만큼 온 세상이 말라버리더니 6월 초가 되자 유랑민이 길을 메우기 시작했다. 보기에도 처참해 정약용은 마음이 너무 아팠다. 백성들은 살고 싶은 의욕을 잃을 정도였다. 그는 죄를 짓고 귀양살이를 하는 몸이라 더욱 답답했다. 백성들의 고통을 나라에 알리고 싶었지만 신분상 어려웠다. 그래서 시로 엮었다. 시는 정약용이 백성들과 함께 울고 웃는 수단이기도 했다. 이렇게 그는 이성으로 세상을 기록하고 감성으로 백성의 고통에 공감했다. 이때 지은 시가 「전간기사田間紀事」다.

푸른 치마를 입은 백성들은 양떼처럼 산언덕에 올라 구부정한 자세로 쑥을 캤다. 가을이 왔음을 알리는 입추 끝에 쑥을 캐어 무엇에 쓰려는 것인가? 정약용은 묻지 않아도 그 사정을 알 수 있었고 이를 지켜보자니 눈물이 났다. 쌀독에는 쌀 한 톨 없고, 들에도 풀싹 하나 없었다. 백성들은 쑥을 뜯어 말리고 데친 뒤 소금을 넣어 죽을 쑤었다. 가을 기근으로 풀도 나무도 다 타고 샘물까지 말랐다. 논에는 논우렁이 없고 바다에는 조개조차 없었다. 그런데도 지위 높은 사람들은 기근이다, 걱정이다 말만 하면서 대처 방안을 내놓지 않았고 구제는 기대할 수도 없었다. 정약용은 지금 당장 죽을 판인데 다음 봄에나 굶주린 백성들을 구휼할 것이냐고, 모든 사람이 죽은 뒤에 구휼미가 내려오면 무슨 소용이냐고 한탄했다. 백성들은 자기가 죽으면 묻어줄 사람조차 없다고 걱정하면서 가슴을 쳤다. 정약용도 함께 가슴을 쳐야 했다.

백성들은 들쑥, 다북쑥, 흰 쑥, 푸른 쑥은 물론, 심지어 쑥과 비슷한 것도 캐고 미나리도 캤다. 바구니에 가득 담아와 죽을 쑤어 내놓으면 그거라도 먹겠다고 아이들 사이에서 다툼이 벌어졌다. 형제가 서로 죽 그릇을 채뜨리느라 온 집 안이 떠들썩했다. 눈을 흘기고 욕도 했다. 가난한 사람들은 형제간, 부부간 싸움이 잦아졌다. 어려움이 닥쳤을 때 서로 힘을 모으고 지혜를 모으는 경우도 있지만, 가난은 사람들의 인간성을 피폐하게 만들었다.

농부들은 가물어 말라버린 모를 뽑아냈다. 농부의 눈물과 함께 통곡 소리가 온 들에서 들려왔다. 여느 해 같으면 벼 싹이 나와 연한 녹색과 짙은 황색의 논들이 보기 좋게 펼쳐지고, 농부들은 어린 자식을 사랑하듯 벼이삭을 아끼며 보살폈을 것이다. 그런데 올해는 쑥대머리의 여인이 논 한가운데 주저앉아 소리 높여 울부짖고 있었다. 하늘을 원망하며 자식 같은 모를 매정하게 뽑아버렸다.

자식 같은 모를 모두 뽑아 자기 손으로 죽이는 심정이 어떻겠는가?

백성들은 뽑은 모들을 묶어 말라버린 웅덩이에 모아두었다. 행여 비가 내리면 다시 심을 수 있지 않을까 하는 기대 때문이었다. 어떤 사람은 자식이 여럿이니 하나 죽여 하늘에 바쳐서라도 비가 내릴 수 있다면 그렇게라도 하고 싶다고 말할 정도였다. 벼농사를 지어야 젖도 먹이고 밥도 먹여 자식들을 키울 수 있는데, 벼가 다 말라죽으면 어차피 모두가 먹고살기 어렵다는 푸념에서 나온 말이었다.

쑥을 캐고 쑥을 캔다	采蒿采蒿
쑥이 아니라 흰 쑥이다	匪蒿伊莪
떼 지은 양떼같이	群行如羊
저 산언덕을 올라	遵彼山坡
푸른 치마에 허리를 숙이고	青裙偶僂
붉은 머리는 헝클어졌다	紅髮俄兮
무엇에 쓰려고 쑥을 캘까	采蒿何爲
눈물이 뚝뚝 떨어진다	涕滂沱兮
쌀독엔 쌀 한 톨 없고	瓶無殘粟
들에는 싹이 나지 않는다	野無萌芽
오직 쑥만 나고 자라니	唯蒿生之
뭉쳐 놓기도 하고 가지처럼 만들기도 하네	爲毬爲科
말리고 또 말리고	乾之蒢之
데쳐 소금에 절이기도 하고	瀹之鹺之
죽을 쑤어 먹기도 하니	我饘我鬻
무엇을 이와 비길까	庶无他兮

— 정약용의 「전간기사田間紀事 · 채호采蒿」 중에서.

관리들이 임금을 속이고 백성을
속이다

　1810년 가을 초입, 강진 지역의 기근은 점점 더 심해졌고 백성들의 걱정도 커갔다. 조정에서는 벼농사가 어렵다고 판단해 각 고을 현감을 시켜 백성들에게 메밀씨를 나눠주게 했다. 그런데 강진 현감은 메밀씨를 나눠주기는커녕 오히려 무조건 씨를 심으라고 독촉하며 윽박질러댔다. 그래도 백성들은 감영에 가서 메밀씨를 구해다 주겠다고 한 현감의 말을 믿었다. 그래서 논을 모두 갈아엎었는데 시간이 지나도 메밀씨가 배급되지 않아 백성들이 다시 요청했고, 어찌된 일인지 관아에서는 이런 백성들에게 메밀씨는 고사하고 도리어 형벌을 내렸다. 하릴없이 백성들은 어렵사리 메밀씨를 직접 구해 먼지만 풀풀 날리는 논에 뿌렸다. 그러나 메밀씨마저 부족해 시장에서도 구하기 힘들었다.

　백성들은 하소연할 데가 없었고, 죄를 짓지 않았는데도 몽둥이질과 곤장을 맞아야 했다. 메밀씨를 심지 않으면 굶어죽기에 앞서 맞아죽을 지경이었다. 백성들은 살길이 막막했다. 억울한 마음에 왜 자신들을 버리느냐며 하늘만 원망했다. 야속하게도 관아에서는 백성만 탓할 뿐, 메밀씨를 내려주라는 조정의 명령은 온데간데없었다. 정약용은 관리들의 부정에 힘들어하는 백성들을 지켜봐야만 했다.

가을 추수는 기대하기 어려웠다. 부잣집들도 모두 보리죽을 먹어야 했다. 형편이 어렵고 홀로 지내는 사람은 보리죽조차 먹을 수 없었다. 정약용도 앞마을 사람들이 먹는 보리죽을 얻어먹었다. 보리죽이라지만 사실 겨와 모래가 반반씩 섞여 있었다. 먹고 나면 속이 쓰려 견딜 수 없을 정도로 형편없었다.

동쪽 집에서도, 서쪽 집에서도, 앞마을에서도, 뒷마을에서도 죽을 쑤려고 보리를 볶아 맷돌에 갈았다. 사람들은 보리를 체로 치지도, 키로 까부르지도 않고 그대로 죽을 쑤었다. 조금이라도 아껴 허기진 배를 빨리 채우기 위해서였다. 보리죽을 먹고 나면 트림이 나오고 속이 쓰렸다. 천지가 빙빙 돌 지경이었다. 아침에도 보리죽, 저녁에도 보리죽을 먹었는데 그마저도 감지덕지였다. 백성들은 배만 부를 수 있다면 무엇이든 먹었다.

강진 시장에서 곡식을 파는 사람은 몇 명 없었다. 곡식을 내놓기만 하면 날개 돋친 듯 금세 팔려나갔다. 그만큼 값도 비쌌다. 일반 백성은 살 수도 없었다. 상황이 이렇다 보니 보리죽도 마을 부자들이나 먹을 수 있었다. 일반 백성은 그마저도 바랄 수 없는 형편이었다.

조정의 명령은 지방 현실을 모르는 탁상행정의 결과였고, 지방관은 재난에 대비해야 하는 자신들의 책무와 역할을 백성들에게 강압적으로 떠넘김으로써 결국 고통은 백성의 몫이 되었다. 그야말로 인재의 현장이었다. 백성의 편에 선 정약용은 분통이 터졌다.

아전들의 전횡에 백성들만
당하다

　1810년 가을 어느 날, 강진 아전들이 용산龍山 마을에 들이닥쳤다. 농사에 없어서는 안 될 소를 끌고 갔고, 백성들은 대문 밖으로 나와 물끄러미 그 모습을 지켜만 볼 뿐이었다. 혹여 반기를 들었다가 현감의 노여움이라도 사면 더 큰 봉변을 당할 수도 있었기 때문이다. 이 이야기를 전해 들은 정약용은 백성들의 고통을 아무도 알아주지 않는 것에 대해 분개했다. 보호받기는커녕 소외되거나 버림받고, 고통을 눈물로 견뎌야 하는 사람은 농민들이었다. 그들은 쌀 한 톨 없어 저녁밥도 지을 수 없는 형편이건만, 아전들은 죽치고 앉아 못살게 굴었다. 윗사람에게 소를 잡아 바치면 상이 내려지는 탓에 아전들은 농민들을 수탈하는 데 앞장섰다.

　강진 아전들이 파지리波池里에도 들이닥쳤다. 군대에서 점호라도 하듯이 떠들어대며 마을 집들을 하나하나 확인했다. 마을에는 장정이라곤 찾아볼 수 없었고, 농사지을 남자조차 없었다. 손님마마로 죽고, 굶어서 죽고, 관아의 횡포를 피해 도망도 갔기 때문이다. 아전들은 남아 있는 고아와 과부까지도 때리고 치면서 개 닭 몰듯이 부역을 위해 끌고 갔다. 한 선비가 이 광경을 보고 하늘을 원망하며 백성들은 죄가 없다고 하소연했다. 어디선가 아전의 채찍이 날아들었다. 본보기를 보여 곁에 있던 사람들에게 겁을 주려고 한 것이었다. 아전들은 그 선비를 나무에다 거꾸로 매단 뒤 세상 무서운 줄 모른다며 폭언과 폭행을 서슴지 않았다. 심지어 글을 읽은 사람으로서 의리를 알 텐데 조정에 세금을 바치지 않을 거냐며 따지기까지 했다. 백성들에게 말미를 주어 인자함도 많이 베푼 상태라면서 도리어 윽박을 질러댔다. 포구 저 멀리로 세금을 싣고 갈 큰 배가 닻을 내린 채 정박해 있었다.

이런 와중에 어떤 사람이 해남으로 피난을 왔다. 그는 숨을 헐떡이며 겁에 질려 있었다. 호랑이나 오랑캐를 만난 듯한 표정이었다. 이야기를 들어보니, 조세를 독촉하는 관아의 아전들이 마을에 와 도망친 것이라고 했다. 아전들은 마을을 찾아와 구석구석 뒤지며 매질을 해댔고, 새로 부임한 현감은 더욱 엄해 기한을 넘기지 못하게 했다는 것이었다. 강진의 아전들은 세곡선歲穀船(세금을 싣고 가는 배)이 서울에서 출발해 강진에 도착하기 전까지 부과된 세금을 걷어야 했다. 이 때문에 신임 현감은 무리수를 두기 일쑤였다. 그러자 여기저기서 백성들의 통곡 소리와 긴 한숨 소리가 들려왔다.

정약용은 관아의 아전이 지방관의 무능력과 무책임 속에서 관에 기생하고, 관아의 권위를 빙자해 자기 재산을 모으는 데 힘쓰며, 독버섯처럼 백성들의 고혈을 짜내 윗선에 아첨하는 방편으로 활용하는 작태에 분노가 치밀었다. 그리고 이것 또한 개혁의 대상으로 여기게 되었다. 『목민심서』에 보이는 아전에 대한 부정적인 인식은 바로 여기서 비롯되었다.

두 아들에게 글 쓰는 자의 태도에 대해 말하다

    1810년 9월, 큰아들 학연은 서울 광화문 신문고에 올라 격쟁擊錚으로 아버지의 억울함을 호소했다. 이에 정약용을 해배하라는 순조의 명령이 내려졌다. 결과적으로 이 명령은 실행되지 못했지만 이 소식을 듣고 정약용은 아들들에게 「가계」를 보냈다. 아비의 책을 읽어 그 뜻을 이어받고, 아비는 비록 궁색하게 살지만 두 아들은 연구에 몰두해 심오한 이치를 더 발견하기를 바란다는 내용이었다.

    또한 이 세상 많은 사람이 비판을 감수하면서까지 책을 쓰는 이유는 다른 이들이 그것을 알아주기를 바라는 마음 때문이라고 밝히며 자신의 책을 알아주는 사람을 아비처럼 대하라고 주문했다. 상세하고 해박한 내용을 담은 좋은 책은 오히려 배척받는 경우가 많다는 것을 상기시키면서 자신의 학술 성과에 대한 자부심을 은근히 드러냈다.

    책을 쓸 때 논의는 성실하고 친절하며 엄정하게 하고, 평소 행실은 단정하고 바르게 해 사람들로부터 널리 인정받을 수 있어야 한다며 저술 태도와 행동의 일치를 강조하기도 했다. 아울러 글 쓰는 사람은 기상을 세워 저술에 혼신을 다하는 작가적 의식도 필요하다고 주문했다. 타협하지 않는 진정한 지식인의 자세를 일깨운 것이다.

글 쓰는 사람이 자기 자신을 지나치게 경시하고 낮추는 것도 좋은 태도는 아니라고 조언했다. 두 아들에게 자신감과 용기를 심어주려는 방편이기도 했지만, 글쓰기 강박에서 벗어나게 하기 위함이기도 했다.

정약용은 글 쓰는 사람의 단정하고 바른 행실을 중요시했는데, 이는 특히 다른 이들을 돕는 데서 시작된다고 여겼다. 세상 사람이 재화를 좋아한다지만 자손에게 전해줄 것은 못 되며, 친척이나 가난한 벗에게 나눠줄 수 있어야 한다고 힘주어 말했다. 역사에 수많은 부자가 등장하지만 오랫동안 전해지는 사람은 없고 자신의 재물을 남에게 베푸는 것은 정신적인 즐거움을 누리는 방법으로 유용할뿐더러, 물질적 향락의 대가로 정신이 파괴되는 것에 비하면 실패가 없으면서 해도 없는, 진정한 마음의 즐거움이라고 설명했다.

이는 또 다른 의미에서 재물을 보관하는 안전한 방법이라고도 했다. 도둑에게 빼앗길 염려가 없고, 불에 타버릴 걱정도 없으며, 소나 말로 운반하는 수고로움도 없고, 죽은 뒤에도 천년토록 아름다운 명성을 전할 수 있는 방법은 곧 남에게 베푸는 것이라는 논리를 내세웠다. 재물이나 세력을 잃어버린 것은 밤을 줍던 아이가 밤톨 하나를 잃어버린 것과 같으니 이곳이나 좇는 인간이 되지 말라고 두 아들에게 조언했다.

아버지가 있는 강진에 오고 싶다는 두 아들의 이야기와 세파를 멀리하고자 더 깊은 산골로 이사했다는 숙부의 소식을 들을 때마다 정약용은 두 아들이 생활의 어려움 때문에 더 먼 시골로 옮겨갈까 봐 은근히 걱정되었다. 그래서 미음나루(지금의 경기도 남양주시 수석동 외미음에 있는 나루터)의 안동 김씨처럼 전통 있는 문중이 훌륭한 명승지를 차지하고 있지만, 자신의 집이 있는 마현도 그곳에 못지않으니 옛 터전을 굳게 지키라며 고향 마을에 대한 자부심을 심어주었다. 정약용은 두 아들이 자기주장을 굳건히 지키면서 세상을 위한 방안에 대해 깊이 성찰해 저술을 남기는 지식인, 그리고 약자를 배려하고 어려운 이를 도와주는 떳떳한 '열수 사람'이 되기를 바랐다.

정약용은 두 아들이 장성하고 자신은 나이가 들어가자 아비로서 삶의 지혜를 남겨주고 싶다는 생각이 더욱 간절해졌고, 그만큼 아들들에게 전하는 편지의 분량도 점점 늘어났다.

세상일에 공감하고 근검할 것을
강조하다

1810년 9월, 정약용은 학동들의 학습을 도와줄 새로운 교재인 『소학주관小學珠串』을 쓰고 있었다. 옛 경전에서 사물들을 조사하고 제자백가와 관련된 사항들을 모은 저술이었다. 어느 정도 완성 단계에 이르자 두 아들에게 해줄 말이 있어 마지막 「가계」를 써 보냈다. 그 첫머리에서 "우주 사이의 일이란 바로 자기 분수分數 안의 일이요, 자기 분수 안의 일이란 바로 우주 사이의 일이다"라는 말을 통해 "대장부라면 하루도 인간의 본분을 잊지 말아야 하고 지식인으로서 의식과 행동을 바르게 해야 한다"고 강조했다.

정약용은 재물 때문에 양심을 저버리지 말고, 호연지기를 기르면서 평소 말조심을 하며, 과장해 떠벌리는 사람은 믿음을 얻기 어려우니 조심하고, 가난하고 천한 사람일수록 말을 더욱 신중히 해야 한다고 조언했다. 두 아들이 누군가에게 지목당하는 빌미가 되지 않을까 우려한 것이었다.

정약용은 붕당朋黨에 관계하지 말라는 조언도 아끼지 않았다. 자신과 친하게 지낸 사람들이 오히려 자신을 공격하는 일을 경험했다는 고백을 통해, 당사黨私의 마음을 깨끗이 씻어버려야 한다고 두 아들에게 일렀다.

호연지기를 기르고 당파에 관계하지 않기 위한 실천 방법은 두 글자로 요약되었다. '근검勤儉' 두 글자였다. 이는 가난을 구제하고 풍요로운 삶을 살 수 있는 방법이기도 했다.

정약용이 말하는 근勤이란 무엇인가?

오늘 할 수 있는 일을 내일로 미루지 말며, 아침에 할 수 있는 일을 저녁때까지 미루지 말며, 갠 날에 해야 할 일을 비 오는 날까지 끌지 말며, 비 오는 날에 해야 할 일을 날이 갤 때까지 지연시켜서는 안 된다. 늙은이는 앉아서 감독할 바가 있고, 어린이는 다니면서 받들어 행할 바가 있으며, 젊은이는 힘든 일을 맡고, 아픈 사람은 지키는 일을 하며, 아낙네는 밤 사경四更(새벽 1~3시)이 되기 전엔 잠자리에 들지 않아야 한다. 이렇게 집 안의 상하 남녀가 한 사람도 놀고먹는 식구가 없게 하고 한순간도 한가한 시간이 없도록 하는 것을 근勤이라고 한다.

—정약용의 「가계」 중에서.

정약용이 말하는 검儉이란 무엇인가?

의복은 몸을 가리기 위한 것을 취할 뿐이니, 가는 베로 만든 옷은 해지기만 하면 볼품없어지고 만다. 그러나 거친 베로 만든 옷은 비록 해진다 해도 볼품없진 않다. 한 벌의 옷을 만들 때마다 모름지기 이후에도 계속해 입을 수 있느냐의 여부를 생각해야 하는데, 만약 그렇게 하지 못하면 가는 베로 만들어 해지고 말 뿐이다. 생각이 여기에 미치면 고운 베를 버리고 거친 베로 만들지 않을 사람이 없을 것이다.

음식이란 생명만 연장하면 된다. 모든 맛있는 횟감이나 생선도 입안으로 들어가기만 하면 더러운 물건이 되어버리므로 목구멍으로 넘기기도 전에 사람들은 더럽다고 침을 뱉는 것이다. 사람이 천지간에 살면서 귀히 여기는 것은 성실함이니 조금도 속임이 없어야 한다. 하늘을 속이는 것이 가장 나쁘고, 임금을 속이고 어버이를 속이는 데부터 농부가 농부를 속이고 상인이 상인을 속이는 데까지 모두 죄악에 빠지는 것이다. 오직 하나 속일 것이 있으니 바로 자기의 입이다. 아무리 보잘것없는 식물食物로 속이더라도 잠깐 그때만 지나면 되니 이는 괜찮은 방법이다.

—정약용의 「가계」 중에서.

정약용은 한여름이면 상추를 즐겨 먹었다. 상추로 쌈을 싸 먹기도 하고 절여서도 먹었다. 어떤 손님이 정약용에게 그 차이를 물었다. 그는 상추를 싸서 먹는 상추쌈을 가리켜 "먹는 사람의 입이 스스로 입을 속이는 방법"이라고 설명했다. 쌈을 싸서 먹으면 속에 들어간 내용물의 종류나 양을 남에게 보이지 않아도 되고 자신에게는 맛이 좋다. 이는 음식을 먹을 때 궁한 처지에 대처하는 하나의 방편이자, 거칠고 볼품없는 음식도 생각하기에 따라 전혀 문제가 되지 않는다는 의미를 내포하고 있다. 정약용은 재화나 어려운 삶 때문에 세속과 타협하는 일이 없었다.

정약용이 서울로 돌아갈 것이라는
풍문이 돌다

1811년 인일人日, 즉 1월 7일에 정약용은 우리나라 인문지리서인 『아방강역고』를 거의 마무리했다. 그는 은봉 선사 두운에게 짧은 편지를 보냈다. 은봉은 2개월 전쯤 임금이 정약용의 해배를 명령해 그가 곧 서울로 돌아갈 것이라는 풍문을 듣고 편지를 보내왔고, 정약용은 그 소문을 어디서 들었는지 묻는 짧은 답장을 한 것이었다.

정약용은 4월 14일 다시 은봉에게 편지를 썼다. 이번에는 해배되어 고향으로 돌아갈 수 있다는 소식을 듣고 두륜산 정상 아래에 있는 만일암 근처의 암자 진불암眞佛菴에서 만나자고 요청하는 내용이었다. 서울로 돌아가기 전 회포를 풀고 싶은 마음이었다.

하지만 은봉은 정약용이 해배되어 고향으로 돌아가기 전 저세상으로 떠나고 말았다. 그를 위해 정약용은 「다비축문茶毘祝文」을 지어 안타까운 마음을 표현했다.

순수하고 고운 모습, 버리고 떠나셨네. 아!　殼純美棄而去. 噫!

정밀하고 툭 터진 집, 버리고 떠나셨네. 아!   屋精敞棄而去. 噫!

둘러 안은 산들도, 버리고 떠나셨네. 아!   山回抱棄而去. 噫!

북 소리 적막해라, 다시는 울지 않네. 아!   鼓寂寂不復鼓. 噫!

목탁 소리 쓸쓸해라, 다시는 치지 않네. 아!   鐸寥寥不復鐸. 噫!

연화세계는 어느 곳에 있는가? 아!   蓮花世界在何處. 噫!

상향.   尚饗

정약용은 유학자였지만 종교적·사상적 차이보다 순수하게 살아가는 모습만으로 승려들을 이해했다. 강진·해남 지역의 유자儒者와 불자佛子 간 교유는 정약용의 이러한 사상적·인간적 관계를 바탕으로 형성되고 발전했다.

효자 정관일을
기리다

1811년 가을 어느 날, 정약용은 강진에 살던 정관일鄭寬一이라는 사람에 관한 이야기를 전해 들었다. 그는 부모를 지극히 섬겼다고 한다. 그의 아버지는 아침이면 밭을 둘러보러 나갔다가 늦게 돌아오곤 했다. 한밤이 되고 추워졌는데도 아버지가 오지 않으면 정관일은 방에서 따뜻하게 있을 수 없다며 아버지를 찾아 나서는 아들이었다. 또 아버지가 먼 곳에 갔다가 밤늦게 돌아오는 날이면 늦은 시간에도 따뜻한 밥을 드실 수 있게 이불 속에 밥을 넣어두었다.

정관일은 학문에도 힘써 경사經史를 섭렵했으며, 병법·의술에서부터 술수와 음양오행에 이르기까지 여러 방면의 공부를 했다. 학문을 좋아했던 것이다. 또한 가난한 살림에 보탬이 되고자 약을 팔아 부모를 봉양했다는 점도 훌륭했다.

그런 정관일은 안타깝게도 나이 서른에 두 아이를 남긴 채 세상을 떠났다. 절도영節度營(전라병영) 동쪽으로 3킬로미터쯤 떨어진 시루봉 (증봉甑峯) 아래에 장사를 지낸 그의 아버지는 "네가 한 번 죽음으로

써 나는 세 가지를 잃었다. 아들을 잃었고, 친구를 잃었고, 참스승을 잃었다"며 아들의 죽음을 슬퍼했다.

정약용은 정관일의 효를 특별하게 생각했다. 세상에 전하는 효자, 효녀 중에는 손가락을 잘라 부모의 병을 치료하거나 장딴지를 베어 낸 부모를 봉양한 사람도 많다. 하지만 정약용은 손수 불을 때 밥을 짓고 밖에 나간 부모를 걱정해 따뜻한 밥을 준비한 정관일이야말로 책에서 배운 대로 '효'를 실천한 진정한 학자라고 평가했다. 또한 아버지와 아들은 혈육이자 동지이며 서로를 성장하게 하는 관계라는 점을 정관일의 아버지가 한 말에서 깨닫게 되었다.

정관일이 아버지를 대하는 것에 특별함이 없다고 할 수도 있지만, 진심으로 부모를 사랑하고 섬겼으며, 그래서 아버지도 아들의 효를 기록했으니 정약용은 아버지와 아들이 모두 어진 사람이라고 했다.

정관일 부자의 일은 정약용 자신의 과거를 떠올리게 했다. 10년 전 장기현에서 유배 생활을 할 때 편지로 마음을 전할 수밖에 없던 두 아들은 비록 흔하지만 아버지와 함께 먹었던 밤을 보내 자신들의 간곡한 마음과 가족의 정을 표현하고 아버지를 위로했다. 효라는 것이 거창하거나 위대한 행동만으로 이루어지는 것이 아니라, 서로를 위하는 진정한 마음에서 비롯된다는 사실을 다시 한 번 깨닫는 순간이었다. 또한 갓난아기들을 전염병으로 잃고 땅에 묻어야 했던 아버지로서 더는 자신과 같은 아비가 없었으면 하는 심정으로 예방법을 만들고 책을 쓴 것도 정약용과 자식들 사이에 주고받은 '부자의 정'에서 비롯된 일이었다.

윤영휘와 백성을 다스리는 것에 대해
담론하다

 1811년 겨울 어느 날, 경기도 광주廣州에 살고 있는 계용季容 윤영휘尹永輝가 찾아왔다. 이전에 정약용이 보낸 편지를 받아보고 방문한 것이었다. 역참驛站의 하급 관리들도 두려워 다산초당에 잘 오지 않는데, 벼슬을 지내는 관리가 정약용을 찾아온 것이라 모두 놀라워했다.

 이날 윤영휘는 정약용을 만나 한가로운 일상의 이야기나 낭만적인 문학을 언급하기보다 현실 문제에 대한 고민을 충분히 나누었다. 백성들의 조세 및 세금 문제, 민정民丁(부역 또는 군역에 소집된 남자)을 기록하고 논밭을 계산하는 현실적인 문제 등을 두루 이야기했다. 이런 문제들과 관련해 폭넓게 토론하고 답을 구할 수 있는 사람을 만나기가 쉽지 않았기 때문이다. 사실 정약용이 듣고 싶어 하는 중앙 정계의 동향이나 관련 내용은 아니었지만 두 사람은 이 문제를 두고 열띤 토론을 이어갔다.

 윤영휘와 담론을 벌인 정약용은 사군자士君子의 독서와 연구에서 가장 중요한 것이 '치민治民(백성을 다스리는 것)'이라고 강조했다. 10

여 년 전 관료 생활을 할 때 정약용은 침식까지 잊어가며 정성과 진심으로 전력을 다했다. 그때를 떠올린 그는 윤영휘에게 관리들이 곤장을 치고 고문했던 일들이 이제 와 생각해보면 모두 허망하니 너무 심하게 하지 말라고 간곡히 부탁했다. 죄는 미워하되 사람을 잔인하게 대해서는 안 된다는 당부였다. 10여 년 전 모함을 받은 죄인의 입장에서 사법 담당자들이 얼마나 무도하고 잔인한지를 직접 경험한 그였다. 관리들은 죄인이라는 자백을 받으려고 온갖 고문을 자행했다. 매를 때리거나 횟대에 거꾸로 매달아놓는 것은 약과였다. 얇은 구리판을 세운 뒤 그 위에 무릎 꿇게 해 피가 철철 나거나, 두 다리 사이에 화약을 묻힌 긴 심지를 끼운 다음 불을 붙여 살과 함께 타들어가게 했다.

정약용은 이런 일은 사람이 사람에게 함부로 해서는 안 된다고 생각했다. 범행을 조사하고 범인을 심문해 엄격하게 판결하는 과정에서 담당 관리들이 형법 지식을 갖춰야 하는 것은 당연하고 공정한 법 집행도 필요하건만, 현실은 그렇지 못했다. 윤영휘가 사간원司諫院 정언正言으로서 임금에 대한 간쟁과 논박을 담당하기에 부탁한 것이기도 했다. 정약용이 해배되어 고향에 돌아와 저술한 형법서 『흠흠신서欽欽新書』에서 말하는 '법 집행 관리의 자세'도 이 정신에서 나왔다.

이 무렵 유언비어가 퍼졌는데, 나라가 혼란스러워질 것을 예견한 정약용은 윤영휘에게 중도를 지키며 자신의 농장이 있던 미원薇源이나 소설小雪(두 곳 모두 지금의 경기도 가평군 설악면)로 이사해 한가롭게 소요하면서 지내는 것이 좋겠다고 충고했다. 관료의 나아갈 때와 물러날 때를 일러준 것이었다. 이런 충고가 있고 얼마 후 나라에 홍경래의 난이 일어났다.

학문적 열정이 가득한 둘째 형에게 소회를
적어 보내다

1811년 겨울 어느 날, 정약용은 둘째 형 정약전에게 편지로 겨우내 자신이 실험한 내용과 함께 몇 가지 소회를 적어 보냈다.

첫째, 염색 실험에 관한 것부터 이야기했다. 정약용은 풀잎과 나무 껍질을 채취해 즙을 내고 이것을 달여 바림하는 방식으로 여러 가지 색의 염료를 얻었다. 이에 둘째 형에게 중국산 비단이나 종이가 고운 색을 내는 것은 모두 평범한 풀과 나무에서 뽑아낸 물감으로 바림한 결과임을 깨달았다고 자랑했다. 오색 이외에 자색과 녹색 정도만 활용하는 우리나라 사람들은 '안동답답安東沓沓('융통성이 없이 미련하다'는 뜻)'이라는 말이 딱 들어맞는다면서, 다양한 색을 만들어 옷을 화려하게 입을 수 있는데도 기술 개발을 등한시한다며 조선의 기술 수준을 비판했다. 흑산도에서 이와 같은 실험을 해보는 것이 좋겠다고 형에게 건의하기도 했다.

둘째, 이때까지 정약용은 읍내 아전 집안의 아이들을 가르쳤는데, 몇 년 만에 배움을 그만둔 아이가 여럿이라며 형에게 속마음을 전했다. 그중 한 아이에 대해 특히나 안타까움을 표했다. 용모가 단정하고 마음이 깨끗하며 글재주도 매우 뛰어나 성리학을 주로 공부시켰고, 열심히 공부하면 제자 이학래에 필적할 정도의 수준이 될 수 있었으나 거친 밥과 장을 잘 먹지 못하는 탓에 다산초당에 오지 못한 지 4년이 되었다는 사연이었다. 두 형제는 스승으로서 한 사람이라도 버리고 싶지 않은 마음과 한 아이라도 더 공부시키려는 마음이 통했다.

하지만 지방 아이들은 대부분 책만 덮으면 죄다 잊어버리기 일쑤였고, 이미 자신들은 하류라고 단정 짓고 있었다. 시詩·서書·역易·예禮 등 경전의 미묘한 부분을 가르쳐주며 공부하라고 권면해도 의욕을 보이지 않는 경우가 많았다. 이들은 먹이를 앞에 가져다 놓아도 먹지 못하는 것과 같았다. 정약용은 이런 상황을 안타까워했다. 특히 다산초당으로 옮긴 이후 지방 양반집 자제들을 많이 가르쳤는데, 기운이 약하고 열등감까지 가진 모습에 마음이 무거워진 그는 형에게 조언을 구하면서 제도적 문제점도 공유하고자 했다.

정약용의 문제의식은 나라의 인재 등용 과정으로 확대되었다. 고관 자제들이 책은 끼고 있지만 구경이나 사냥을 즐기고, 진사 합격자나 어린 나이에 생원·진사가 된 이들은 모두 서울 사람인지라 지방 사람들은 아예 공부할 의욕이 없었다. 정약용은 서울과 지방의 수준 차이와 이로 인한 인재 발탁 문제가 악순환되는 상황에서 지방 인재들이 공부에 의욕을 잃고 자포자기하는 모습을 볼 때면 착잡해진다고 토로했다.

정약용은 의욕을 잃은 제자들에게 다시 한 번 용기를 북돋아주어야 한다는 생각에 "맹조猛鳥나 맹수처럼 사납고 전투적인 기상이 있고 난 다음에 그것을 부드럽게 교정해 구율敎率(법도)에 들어가야만 유용한 인재가 되는 것"이라는 말로 그들을 격려하고 있다고 전했다.

셋째, 정약용은 지도 제작과 관련된 합리적인 방안이라며 자신의 생각 하나를 형에게 소개했다. 지도를 제작하는 방법과 함께, 특히 지지地志의 축척법을 준수해야 한다고 강조하면서 중국 심양瀋陽을 중심으로 만주滿洲의 주요 부분과 조선 변경을 묘사한 「성경지도盛京地圖」는 무릇 세 번이나 원고를 고쳤고, 여러 글과 일치하도록 완성했다고 했다. 또한 일본 군현郡縣 제도와 역참의 도리道里, 부속 도서들, 해안과 육지가 서로 떨어진 원근, 해로海路를 곧장 따라가는 첩경捷徑 등이 모두 정밀하고 상세히 기록된 윤두서의 「일본지도日本地圖」를 그대로 베껴 보관하고 있다고도 했다.

넷째, 정약용은 겨우내 『사설僿說』(『성호사설』을 이르는 말)과 『질서疾書』(이익이 지은 사서四書에 관한 주석서)라는 이름이 붙은 책들에 대해 산정刪定하고 상호 이익의 정수를 뽑아 정리해야 한다는 책임감을 느끼는 한편, 날마다 음악에 마음을 쏟아 공부했으며 10년 동안 연구해온 『아방강역고』 10권을 정리했다고 전했다.

이렇듯 정약용에게 둘째 형 정약전은 자문을 받을 수 있는 스승이자 자신을 응원해주고 세상 시비를 토론할 수 있는 학문적 동지였다.

이 무렵 정약용은 중풍이 고질이 되어 입가에 항상 침이 흐르고 왼쪽 다리에 마비 증세가 왔다. 혀가 굳어 말도 어긋났다. 천장에 끈을 매단 뒤 자신의 팔을 묶어 글을 써야 할 정도였고, 내용을 불러주면 제자들이 옮겨 적어야 했다. 나이로 치면 살날이 많지 않다는 것을 알면서도 정약용은 바깥일에 마음이 쓰였다. 고요히 앉아 마음을 맑게 하려 했지만 세상 문제 탓에 잡념이 천 갈래 만 갈래로 어지럽게 일어났다. 그럴수록 정약용은 저술에 더욱 몰두했다. 한편으로는 두미

협斗尾峽(한강 상류의 강 이름) 얼음 위에서 솜털 모자를 쓴 채 마을 사람들과 함께 농어를 낚는 자신의 늙은 모습을 상상하며 향수를 달랬다.

정약용은 고통 속에서도 어린아이들을 위해 『소학주관小學珠串』을 지었다. 또한 『아학편』 2권도 저술했는데 상권에는 형태가 있는 물건의 글자를, 하권에는 물정物情과 사정事情에 관계되는 글자를 수록했다. 중국 『천자문』을 대체해 우리나라의 실정과 정감에 맞는 교재를 만들어 아이들이 쉽게 문자를 익힐 수 있도록 한 것이었다.

정약전에게 전한 정약용의 겨우내 성과는 외롭고 힘든 고통 속에서도 열정으로 가득한 쉼 없는 학문 과정이었다.

어버이 같은 막내 작은아버지의
부음을 듣다

1812년 3월 14일, 정약용은 우리나라 국방에 관한 저술인 『민보의』를 막 마쳐 조금 한가롭게 지낼 참이었는데, 갑자기 막내 작은아버지 정재진의 부음이 들려왔다. 정약용은 슬픔 속에서 행장行狀을 지어 공자가 일흔세 살에 작고했고 숙부 정재진 역시 일흔세 살에 돌아가셨다는 점에서 특기할 만하며, 천성이 지극히 효성스러워 어려서부터 부모의 마음을 흡족하게 했다고 평가했다.

1801년 혼란한 정국 속에 정약용과 정약전이 유배를 가게 되었을 때 정재진은 청파역에 나와 조카들을 안고 눈물 흘리며 안타까워했다. 1810년 겨울 정약용을 향리로 돌려보내라는 해배 명령이 내려졌을 때는 조카가 곧 고향 집으로 돌아온다는 소식에 누구보다도 기쁘게 축하해준 사람이었다.

숙부 정재진은 정약전의 가족을 돌봐주고 흑산도에 생활물품을 보내는가 하면, 집을 세내어 조카며느리를 살게 하는 등 수시로 도움도 주었다. 아버지가 돌아가신 이후 막내 작은아버지를 어버이처럼 섬겼던 정약용에게는 숙부의 죽음이 또 한 명의 아버지를 잃은 슬픔과도 같았다. 그는 숙부의 삶과 인간미를 하나씩 하나씩 떠올리며 행장을 써내려갔다.

정약용은 자신을 아끼고 사랑하던 사람을 떠나보낼 때마다 반드시 기록으로 남겼다. 그 기록에는 언제 태어나고 죽었는지, 어떻게 살다 갔는지, 그 인간미는 어떠했는지 등을 하나하나 생생히 담았다. 또한 세상을 살아가는 방식과 올바른 선택이 무엇인지에 대해서도 적었다. 정약용이 지은 막내 작은아버지 정재진의 행장도 그러했다.

이재의와 함께 다산의 열두 풍광을 읊다

　1812년 3월 25일, 다산초당으로 문산文山 이재의李載毅가 찾아왔다. 이재의는 정약용의 농장이 있는 미원에 살던 노론 학자였다. 서로를 인정한 두 사람은 각자 다산의 열두 가지 풍광을 정해 시를 지었다. 그리고 그 시들을 모아 첩으로 엮었다. 그 시첩의 마지막 장에는 큰아들 학연의 나비 그림도 붙여두었다.

　이날 두 사람이 주고받은 시를 보면 서로 다른 정서를 드러내고 있다. 정약용은 향기로운 꽃나무와 울긋불긋한 산의 모습, 배 위에 앉아 있는 사람이 반드시 한가로운 것만은 아니라는 현실 비유, 벽돌로 만든 작은 다관에 차를 끓이는 산동山童의 모습, 여덟아홉 되의 복령茯笭(구멍장이버섯과의 버섯), 죽을 끓여 먹을 수 있는 절구가 자리한 다산초당의 풍광, 대나무가 화초밭까지 번져 다시 담 밑으로 옮겨 심은 사연, 초당 너머로 꼬불꼬불하게 이어진 등나무 길, 적적해 보이고 아무도 찾지 않는 다산초당은 반가운 스님이 찾는 곳이라는 이야기, 가지치기를 한 매화나무에서 푸른 눈이 나오기를 바라는 마음, 활짝 핀 작약 등 뜰에 붉은 꽃들이 예쁘게 핀 모습을 시로 읊었다.

이재의는 육지에 사는 사람으로서 좀처럼 보기 힘든 드넓은 바다가 출렁이는 광경, 토착 원주민처럼 자연을 벗 삼아 살아가는 자연인 정약용의 모습, 연못에 산사슴이 내려와 함께 어울려 지내는 풍경, 달토끼가 방아를 찧을 것같이 생긴 다산초당 앞의 절구, 은둔자가 이리저리 산책하기 좋은 소나무 숲, 대나무를 보기 좋게 재배한 기술을 배워 다음 봄에는 시험해보겠다는 생각, 다산초당의 연못에 떠 있는 푸르고 예쁜 연과 연꽃 상상, 푸른 등나무 길을 산책하는 즐거움, 매화나무 아래서 달을 보는 재미, 색이 무척이나 다양하고 예쁜 억새풀을 시로 표현했다.

두 사람은 당파가 달랐고 학문적 견해가 일치하는 것도 아니었지만, 서로를 인정하면서 인간적인 교유를 시작했으며 학문적 토론도 지속해나갔다. 노론인 이재의는 고향으로 돌아와 주변 사람들, 특히 서울의 젊은 학자들에게 정약용의 학문적 성과에 대해 소개했다. 정약용의 저술 『목민심서』 등이 세상에 알려지는 데는 이재의의 역할이 있었다.

정약용은 고향 가까운 곳에 사는 학자의 깜짝 방문으로 즐겁게 토론을 이어가는 한편, 『춘추』의 의의와 배경을 설명하고 예禮 부분을 특히 집중적으로 다룬 『춘추고징春秋考徵』을 마치고자 분주하게 자료를 찾고 연구했다.

3년간 왕래하던 이중협과
헤어지다

1813년 6월 어느 날, 우후虞候(조선시대 각 도에 둔 병마절도사와 수군
절도사를 보좌하는 일을 맡아보던 무관 벼슬)를 지내던 이중협李重協이 임
기를 끝내고 고향으로 돌아가게 되었다. 이중협은 1810년 도강병마
우후道康兵馬虞候로 발령받아 다산초당으로 정약용을 찾아오면서 교
유를 시작했다. 정약용은 자주 편지를 보내 안부를 물었고, 함께 뱃놀
이를 하거나 매년 봄나들이도 즐겼다. 그렇게 3년 동안 친근하게 지
냈다.

정약용은 다산 골짜기까지 자신을 찾아오는 사람이 드물었기에 고
마움과 아쉬움을 격언으로 써 이중협에게 주었다. 남주藍洲·벽계檗溪
에서 다시 만나면 좋겠다는 마음도 담았다. 훗날 정약용 자신의 고향
에서 산나물과 생선회를 마련해놓고 즐겁게 마주할 날을 기대하며,
헤어짐의 아쉬움은 다시 만날 기쁨을 위한 대가라고 위로했다.

즐거움은 괴로움에서 나오니 괴로움은 즐거움의 뿌리다.

괴로움은 즐거움에서 나오니 즐거움은 괴로움의 씨앗이다.

樂生於苦 苦者樂之根也

苦生於樂 樂者苦之種也

—정약용의 「증별이중협우후시첩서贈別李重協虞侯詩帖序」 중에서.

정약용은 "마음으로 간절하게 생각한다면 그곳에 가지 못하더라도 간 것과 다름없고, 덧없이 흘러가는 인생에서 마음속에 변치 않을 평생의 구학溝壑(은거지)을 지니고 사는 것은 삶의 큰 활력이자 기쁨이다"라는 말로 이중협을 격려했다. 사실 이는 이중협에게만 해당하는 것이 아니었다. 강진에 있는 자신의 처지를 빗대어 스스로 다짐하는 말이기도 했다.

정약용은 유배지에서 고향을 그리는 마음을 '상심낙사賞心樂事'라고 표현하며 해배되어 고향으로 돌아가는 것을 마지막 소원으로 여겼다. 집으로 돌아가는 이중협에게 자기 고향 마을의 주변 풍광을 시로 써 선물하기도 했다. 자신이 가고 싶어 하는 곳에 가보고 그곳 소식을 전해달라는 의미도 담겨 있었다.

고향에 돌아온 이중협은 훗날 국방 관계 저술인 『비어고備禦考』를 지었다. 강진에서 조선의 인문지리와 다른 나라의 지리에도 밝은 정약용을 만나 국방에 관해 숱한 토론을 거친 결과였다.

시집가는 딸에게 「매조도」를 그려 보내다

1813년 7월 14일, 13년간 보지 못한 외동딸이 시집가는 날이었다. 정약용에게는 정말이지 눈에 넣어도 아프지 않은 딸이었다. 이날 그는 아내 홍씨의 빛바랜 치맛자락에 멧새 두 마리를 그리고 시도 써 딸에게 결혼 축하 선물로 주었다.

이 선물의 의미는 남달랐다. 정약용이 시와 그림을 담은 비단은 아내 홍씨가 시집올 때 가져와 장롱 깊은 곳에 넣어두었던 붉은 치마로, 결혼 30년째인 1806년에 살아서 다시 못 볼 것 같은 남편을 그리워하며 시와 함께 보내준 것이었다. 정약용은 이 빛바랜 치마를 여러 폭으로 잘라 두 아들에게는 평생 경계해야 하는 말들을 적어 보냈고, 이제 딸에게는 시를 쓰고 그림을 그려준 것이었다.

정약용은 하얀 꽃망울이 가득한 매화가지 위에 새 두 마리가 정겹게 앉아 있는 모습을 그리고, 축하의 마음을 한 자 한 자 시로 썼다.

펄펄 나는 저 새, 우리 집 뜰 매화가지에 쉬누나 翩翩飛鳥 息我庭梅

꽃향기 짙어 즐기려 찾아왔겠지   有烈其芳 惠然其來

머물러 지내면서 네 집안을 즐겁게 하렴   爰止爰棲 樂爾家室

꽃이 활짝 피었으니 열매도 많이 열리겠구나   華之旣榮 有蕡其實

—정약용의 「매화병제도梅花幷題圖」.

「매조도梅鳥圖」라고도 하는 「매화병제도」의 새 두 마리는 부부의 화락을 상징하고, 풍성한 매화는 집안의 번창을 의미한다. 시집가는 딸에게 귀양살이하는 아비의 마음을 곡진하게 표현한 것이었다.

딸 부부는 정약용이 해배되어 고향으로 돌아올 때 함께 마현으로 올라와 아들을 낳았다. 그 아이가 정약용의 외손자인 방산舫山 윤정기尹廷琦다. 정약용은 13년 동안 윤정기를 가르쳤고, 이후 윤정기는 정약용 실학을 계승한 학자가 되었다.

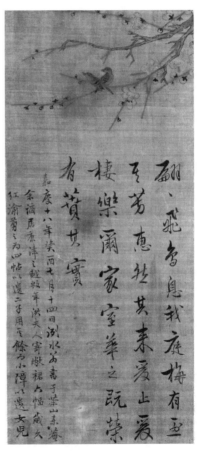

정약용이 시집가는 딸에게 그려준 「매조도(梅鳥圖)」. 고려대학교 박물관 소장.

이름 모를 무덤에 술을
따르다

1813년 8월 4일, 정약용은 혜장의 제자였던 초의草衣 선사에게 격려의 글을 지어주었다. 그는 혜장의 인간다움과 호탕함을 좋아했으며, 혜장을 승려이지만 문장력이 뛰어나고 유교 경전에도 해박한 인물로 평가했다. 이런 혜장의 제자이기도 한 초의를 가르치게 되면서 스승으로서 격려의 말을 해준 것이었다.

정약용은 초의에게 뜻이 편협하고 비루하면 일을 처리하거나 마음을 쓸 때 절실하지 못하며, 무엇이든 근본의 문제를 헤아리지 않으면 썩은 땅에서 맑은 샘물을 걸러내려는 것과 같고 냄새 나는 가죽나무에서 특이한 향기를 구하는 것과 같아 평생 노력해도 참됨을 터득할 수 없다고 조언했다. 천인天人과 성명性命의 이치를 알고 인심人心과 도심道心의 나뉨을 살핀 다음 잘못된 것을 걷어내 맑고 참됨이 발현되게 하라는 덕담도 건넸다.

초의에게 「증언贈言」을 써주고 며칠 뒤, 정약용은 길을 걷다가 이름 모를 무덤 앞에 멈춰 섰다. 무덤을 얼마간 바라보던 그는 술을 가져와 무덤에 따랐다. 그리고 무덤 앞에 앉아 "세상에 있을 때 송곳 끝만한 이익을 다투고 티끌 같은 재물을 모으느라 눈썹을 치켜올리고 눈을 부릅뜬 채 허덕허덕하면서 손에 움켜쥐려고만 했는가? 이성異性을 그리워하고, 고운 짝을 찾아 육정을 불태우며, 음욕이 치솟아 온유향溫柔鄉(여색을 이르는 말)에 노닐고, 따스한 보금자리에서 단꿈을 꾸느라 천지간에 다른 일이 있는 줄 알지 못했는가? 가세家勢를 빙자해 남을 오만하게 대하고, 의지할 데 없는 사람에게 으르렁거리며 자기만을 높인 적이 있는가?"라고 물었다.

언뜻 보면 남의 무덤 앞에서 뜬금없는 소리 같지만, 죽은 후의 덧없음을 우회적으로 풍자한 것이자 자기 자신에 대한 경계이기도 했다. 초의에게 뜻을 세우고 편협하지 말며 절실하게 살라고 한 가르침은 곧 개인의 안위에만 신경 쓰고 욕망에만 충실하기보다 세상에 쓰임이 있고 의미 있는 일을 해야 한다는 점을 일깨운 것이었다. 정약용은 일반 사대부처럼 살지 않으려고, 욕망에만 충실해 인생을 허비하지 않으려고, 자신을 경계하며 살아가려고 언제나 스스로를 경계하고 또 경계하며 절제했다.

해남 민포당의 상량문을 짓다

1813년 겨울, 민포당敏蒲堂이 완성되었다. 민포당은 해남의 정당政堂으로, 정약용은 민포당의 상량문上樑文(집을 새로 짓거나 고친 내력, 공역工役 일시 등을 적은 글)을 지었다.

해남은 조선 서남쪽 끝에 위치해 여러 차례 침략을 받았다. 신라시대에는 중국 복건성福建省의 도적들이 보물과 미녀들을 노략질해가자 장보고와 정연鄭年이 완도에서 진압했으며, 고려시대에는 바다를 침입한 왜인들을 정지鄭地 등이 해남에서 막아냈다. 조선시대에도 왜군이 해남 앞바다를 침략했을 때 충무공 이순신이 명량鳴梁과 화원반도花源半島(해남) 사이의 수로에서 대첩大捷을 올렸다. 이것이 그 유명한 명량대첩이다. 해남의 민포당은 바로 이러한 역사를 대변하는 상징적인 건물이었다.

정약용은 상량문을 통해 해남 남쪽 청해진淸海津에서 보여준 장보고의 열의와 왜나라 해적들을 벽파진碧波津에서 소탕한 정지의 업적, 대장기를 높이 들고 단 몇 척의 배로 적군을 물리친 이순신의 위업,

그리고 해남에서 이름 높은 고산孤山 윤선도尹善道 등 해남과 관련 있는 역사적 인물들의 정신을 잇고 앞으로도 국가 요충지로서 기능해 주기를 기원했다.

정약용도 과거 곡산 부사 시절 오래되어 무너진 곡산부의 정당을 새로 지었다. 정당을 짓기 전 그는 벼슬살이를 잘하는 관리는 건물이 부서지고 썩는다 해도 기왓장 하나라도 바꾸려 하지 않고 서까래 하나라도 고치려 하지 않는다는 신념을 가지고 있었다. 그런데 태풍이 몰아쳐 담장과 기둥이 무너지고 건물이 붕괴되면서 백성들이 다치거나 불편을 겪게 되었다. 정약용은 정당이 지역의 중심 건물이라는 상징성도 있는 만큼 보수적인 신념을 과감하게 바꿔 백성들에게 도움이 되고 안전하게 쓰일 수 있도록 새로 건설했다.

정약용은 건물을 새로 짓거나 대규모 수리·보수를 할 때 몇 가지 원칙이 있었다. 재물을 남겨 착복하거나 지나치게 재력을 소모하지는 않는지, 백성들을 노역에 동원하면서 농기農期를 여러 번 놓쳐 농사를 망치게 하지는 않는지, 건물 규모와 구조는 사용하는 사람들에게 편리하도록 되어 있는지 등을 고민하고 주의를 기울였다. 그는 이렇듯 백성에게 부담을 주지 않고, 사용자는 안전하고 편리하며, 지역의 유구한 전통과 역사적 인물들의 정신도 계승하는 중심지로서 정당의 역할을 제시했다.

가문의 중흥을 위해 주경야독하라
이르다

　1814년 5월 14일, 정약용은 지난 4월 자신에 대한 혐의가 없어져 유배형의 정지가 결정되었다는 소식을 들었고, 이제 곧 떠나게 된다는 생각에 외가를 떠올렸다. 그래서 윤종문尹鍾文, 윤종직尹鍾直, 윤종민尹鍾敏 등 해남 윤씨 삼형제를 만났다. 이들은 모두 해남 연동蓮洞 (윤선도의 종택이 있는 마을) 외가의 후예들이었다. 그는 이들에게 문중과 가문을 어떻게 보호할 것인지에 대해 조언했다.

　정약용의 외가인 해남 윤씨는 윤선도가 임금의 스승으로 중앙 정계에 진출했다가 당쟁에 휘말린 이후 세상으로부터 배척당하자 외진 바닷가 해남에 내려와 살았다. 명성을 얻었던 옛날에 비하면 가문은 영락했다. 종가 사람들은 나약해진 상태였고 잘살지도 못했다. 정약용은 유배인의 처지인지라 외손이지만 아무것도 할 수 없어 안타까웠다.

　그는 윤종문·종직·종민 삼형제에게 연곡蓮谷(연동의 종가)이 무너지면 윤씨 가문이 의지할 곳이 없어진다고 강조했다. 해남 윤씨가 비

옥하고 넓은 땅을 찾아 이리저리 사방으로 옮겨 다니는 점을 걱정하기도 했다. 또한 집안의 자질구레한 일까지 세심하게 신경 쓰고 위태위태한 문중 사람들을 보호하라고 주문하면서 실천 방법도 자세히 알려주었다.

　　뽕나무 800그루를 심어서 규방閨房의 살림살이를 넉넉하게 하고, 모란 300본本을 심어 지묵紙墨의 비용에 충당하라. 그러고 난 다음 시를 배우고 예를 배워 가슴속에 두터이 쌓이면 아름다운 빛이 밖으로 드러나게 된다.

　　　　—정약용의 「위윤종문·종직·종민증언爲尹鍾文鍾直鍾敏贈言」 중에서.

정약용은 가문을 유지하고 종가 사람들이 잘사는 방법을 주경야독의 실천에서 찾았다. 직접 농사를 짓고 약초를 심어 집안 경제를 돌본 이후에 각자 공부하라고 삼형제에게 부탁했다. 그의 이런 실천적 가르침은 외가 후손들에게 전해져 그대로 시행되었다.

경전 연구에 매진하며 예의에 대해 토론하다

1814년 10월 어느 날, 4월에 전해진 유배형 정지 소식이 단지 소문에 그쳐 실현되지 않았고, 정약용은 또다시 기다림의 시간을 보내다 이재의에게 편지를 썼다.

정약용은 지난여름에 『맹자요의孟子要義』를 완성했으며, 가을에는 『대학공의大學公議』, 『중용자잠中庸自箴』, 『중용강의보中庸議義補』를 차례로 끝마치고 이제는 조선의 4대 강에 대한 조사와 연구를 바탕으로 한 『대동수경大東水經』의 완성을 눈앞에 두고 있었다. 그는 여러 경전을 탐독하고 관련 글을 쓰면서 머릿속 생각을 정리했다. 그리고 당색은 다르지만 학문적 식견이 있는 이재의에게 편지를 써 자신의 생각에 대한 의견을 물었다.

이재의는 사람 마음속에 원래 인의예지仁義禮智가 구비되어 있다고 한 데 반해, 정약용은 일상생활에서 사단四端, 즉 측은히 여기는 마음, 선하지 않음을 부끄러워하는 마음, 사양할 줄 아는 마음, 옳고 그름을 가리는 마음 등을 실천하면 인의예지를 이룰 수 있다고 주장해 이에 대한 토론을 이어갔다.

이 무렵 정약용은 고집스럽게 경전 연구에 매진했다. 그는 이재의에게 보낸 편지에서 "의예지 세 가지가 마음속에 있는 이치라는 것은 옳지 않다"고 했다. 그리고 모든 성인이 말하는 도道는 '인仁'이라는 글자에서 벗어나지 않으며, '서恕'라는 것은 바로 인을 하는 방법이라고 주장하면서 "힘써 용서를 행하면 인을 구하는 데 이보다 가까운 것이 없다"고 한 공자의 말을 인용했다. 유배 생활 14년 동안 세상에 대한 '용서'의 마음이 모든 행동의 근본이 된다는 점을 깊이 인식한 것이다.

정약용은 자신의 논리가 당시 주류의 생각과 다를지 모르지만, 10년 동안 마음과 지혜를 다해 옛 경전을 차례로 상고하고 참고하며 검증해, 털끝만 한 오차와 손톱만 한 의심도 없다는 것을 확신한 다음에야 확정한 것이라고 강조했다. 그만큼 자신의 논리에 확고한 신념이 있었던 것이다. 이는 고집과는 구별되는 것으로, 비록 당파나 세대가 달라도 타인의 관점과 시각을 인정하고 다양하게 토론하는 정약용의 열린 자세는 여기서 나온 듯하다.

상대에게 예의를 지키면서 격정적으로 주장을 펼치고, 이를 통해 상대의 승복을 이끌어내는 정약용식 토론 방식은 김매순金邁淳, 김정희金正喜, 신작申綽 등 당대 최고 석학들과의 학문적 논의로 이어졌다.

해남 현감 이복수가 음해로
쫓겨나다

1814년 겨울 어느 날, 해남 현감 이복수李馥秀가 아전들의 모함으로 쫓겨났다.

조선은 국가적으로 큰 사건을 겪은 후에도 성곽을 견고히 하거나 깊은 해자垓字를 건설하지 않았다. 또한 강한 군대를 양성하거나 날카로운 병기를 마련해 군사 요충지인 해남을 방비하려 하지도 않았다. 이곳을 책임져야 할 수령들마저 결태질만 일삼았으며, 허물어진 성곽과 망가진 방어진을 그대로 방치한 채 정비하거나 보수하지 않았다. 정약용은 이런 상황이 매우 안타까웠다.

그런데 1813년 봄 이복수가 해남 현감으로 부임하면서 고을 부로父老들과 협의 끝에 해남을 상징하는 정당을 다시 세우기로 하고 공사에 들어갔다. 1814년에 흉년이 들어 공사가 조금 지체되긴 했지만 겨울에 완성되었다.

이 당堂에 앉아 백성을 다스리는 것은 나라의 모서리를 보호하려는 것이다. 굶주린 사람을 구제하면서 성심으로 하지 않는다면 나라의 모서리를 보호할 수 없고, 백성들의 직분을 권하되 의로써 하지 않는다면 나라의 모서리를 보호할 수 없으며, 토지의 마지기 수를 속여 세금을 훔치고 체납된 세금을 거둬들여 임금께 올리는 조세를 충당하느라 아래 백성들을 괴롭히면 나라의 모서리를 보호할 수 없는 것이다.

—정약용의 「해남현민포당상량문海南縣敏蒲堂上梁文」중에서.

이복수는 굶주린 백성을 구제하는 것이 나라를 보호하는 길이라고 여겼다. 세금을 속여 납부한 사람이나 미납자로부터 세금을 걷어 조세 제도를 바르게 시행해 나라와 백성을 보호하겠다고 발표하자 해남 백성들은 만세를 불렀다.

당시 나라에 세금을 내는 계층을 보면 "온 집안이 몰사한 집이거나, 유리걸식하러 떠나버린 집이거나, 홀아비·과부·고아 또는 자식 없는 노인 등 의지할 데가 없는 집이거나, 병들고 피폐한 집이거나, 묵은 밭과 못 쓰게 된 땅에 쑥대가 우거지고 자갈이 뒹굴어 살갗을 도려내고 뼛속을 긁어내도 어찌할 수 없는 무리들"(정약용의 『목민심서』「봉공奉公」조)뿐이었다. 이는 정약용이 직접 보고 들은 것이기도 했다.

백성들의 삶은 고통스러운데 이런 상황에서도 아전들은 백성의 고혈을 빨아 남으로는 제주도, 북으로는 함흥까지 오가며 장사로 돈을 벌었다. 현감들은 이런 사정도 모르고 불쌍한 홀아비·과부·병자들을 잡아다 세금을 독촉하고 매질까지 했다. 머리에 칼을 씌워 가둔 백성이 옥에 가득했다. 이런 상황에서도 현감 이복수만은 가을 추수철에 사정이 넉넉한 집에서 먼저 세금을 걷어 나라에 내는 부세賦稅를 충당했다. 그리고 백성이 사사로이 부세를 이행하거나 세금을 납부하는 일이 없게 했다. 해남은 이듬해 봄 부과된 세금을 모두 충당할 수 있었다.

아전들은 자신의 이권이 사라지자 앙심을 품고 서로 공모해 이복수를 음해했다. 어처구니없게도 올바르게 정사를 펼친 이복수는 암행어사의 탄핵으로 쫓겨나게 되었다. 정약용은 해남 정당의 건립 연유와 배경, 의미만 적어놓으면 그만인 상량문에 이복수가 쫓겨난 사건까지 기록해놓았다. 글을 쓰면서 이를 역사로 만들고자 했던 것이다. 역사로 남겨 사람들로 하여금 건축 행위보다 그 속에서 역사적 가치를 찾게 하려는 의도였다.

선비는 해를 받더라도 옳은 것을
지켜야 한다

　1816년 5월 3일, 정약용은 큰아들 학연에게 편지를 썼다. 1년 전인 1815년 봄에 학동들이 반드시 읽어야 할 책을 만들겠다고 결심하고 『소학지언小學枝言』과 『심경밀험心經密驗』을 집필했는데, 이것들이 완성되고 나니 두 아들에게 옳고 그름의 기준과 함께 선비의 등급에 대해 일깨워주고 싶었던 것이다.

　그는 선비의 등급을 네 가지로 정하고 옳음을 지켜서 이익을 얻는 것이 최상 등급, 옳음을 지켜서 해를 받는 것이 두 번째 등급, 나쁨을 좇아 이익을 얻는 것이 세 번째 등급, 나쁨을 좇아 해를 받는 것이 가장 낮은 등급이라고 설명했다.

　정약용이 이렇게 선비의 등급에 대해 이야기한 것은 홍의호洪義浩 (정약용의 장인 홍화보의 사촌동생)에게 편지를 보내 잘못을 빌고, 정약용의 해배를 반대하거나 천주교를 배척하는 데 앞장선 강준흠姜浚欽과 이기경 등 반대파에게 석방을 부탁하는 것이 어떻겠느냐고 큰아들이 먼저 제안해왔기 때문이다. 정약용은 이런 행동들이 자신을 비난하는 사람들의 마음을 누그러뜨릴 수 없을뿐더러, 동정을 구걸한다는 비아냥거림까지 받게 될 것이라고 생각했다. 그는 자신에 대한 모함을 멈추지 않는 정적들이 주요 관직에 있어 신변이 위태롭다고 여기면서도 이 또한 운명으로 받아들이기로 했다. '순수順受'라는 표현으로 운명에 순응할 뿐 타협하지 않겠다는 의지를 아들에게 전했다.

내가 살아서 고향으로 돌아가는 것도 천명이요, 살아서 돌아가지 못하는 것도 천명이다. 그러나 사람이 해야 할 도리를 닦지 않고서 천명만을 기다리는 것은 또한 이치에 맞지 않는 일이다. 나는 사람이 닦아야 할 도리를 다했다.

—정약용의 「가계」 중에서.

정약용은 큰아들에게 자신과 관련된 문제도 중요하지만 죽고 사는 것에 견주면 하찮은 일이고, 고향에 돌아가고 싶다는 이유로 남에게 아양을 떨면서 동정을 구걸하는 사람은 될 수 없다고 강조했다. 작은 일을 애걸하는 사람은 전쟁이 일어나 나라가 위기에 놓이면 반드시 적에게 투항할 것이라며 분개했고, 세월을 마냥 기다릴지언정 다시는 그런 말을 하지 말라고 아들을 호되게 꾸짖었다.

그러나 편지를 받은 두 아들은 아버지의 고통에 눈감을 수 없었다. 엄한 경계에도 불구하고 아버지의 억울함을 해명하려는 노력을 멈추지 않았다. 정약용은 불의한 세상에 굴종해 두 아들을 죄인의 자식으로 만들 수 없었고, 아들은 고통받는 아버지를 그대로 두고 편히 지낼 수 없었던 것이다. 부자는 이렇게 서로를 위하고 있었다.

아버지의 억울함을 풀겠다는 큰아들의
구명 활동을 꾸짖다

　1816년 6월 4일, 정약용은 편지로 다시 두 아들을 꾸짖었다. "아비에게 권세가의 명령을 전하고 빨리 고개 숙여 항복하라고 하니, 너희는 어찌하여 이처럼 한 점의 양심도 없단 말이냐"라고 하면서 권세가에게 결코 청탁하지 말라고 거듭 강조했다. 작은 이익을 좇느라, 하지 말아야 할 행동을 해서는 안 된다는 비판이었다.

　이기경 등이 영남과 서울, 경기도의 모든 남인으로부터 인정받고 있는 채제공을 높이면서도 뒤로는 이가환, 정약전 등 남인 서학파를 공격하려는 속셈이라고 판단한 정약용은 두 아들이 아버지의 억울함을 풀겠다며 영향력 있는 이 사람 저 사람을 찾아다니는 것이 영 못마땅했다.

　큰아들 학연은 명문가를 일일이 방문해 아버지 정약용의 무죄를 설명하고 해배 관문 발부를 관철시키고자 동분서주하고 있었다. 특히 의술에 특장이 있던 학연은 아버지의 엄한 만류에도 불구하고 유력 가문의 사대부들을 찾아가 침과 뜸을 놓으면서 기회가 될 때마다 아버지의 무죄를 알렸다.

정약용은 큰아들의 힘겨운 노력에 대해서는 인정했지만, 구차하게 보이거나 정당하지 않은 방법으로 자신이 석방되는 것을 경계하는 한편, 아들이 구걸하는 모습을 차마 볼 수 없어 다시 한 번 두 아들을 크게 꾸짖었던 것이다.

당시 광주에 살던 신현申絢은 저서 『성도일록成都日錄』에 큰아들 학연의 구명 활동 덕분에 정약용이 해배될 수 있었다고 썼다.

벗이자 스승 같은 둘째 형 정약전이
세상을 떠나다

　1816년 6월 6일, 흑산도에서 둘째 형이자 지기知己인 정약전의 부음이 날아왔다. 청천벽력과도 같은 일이었다. 정약용은 학문적 동지이자 스승을 잃은 슬픔이 가슴에 사무쳐 통곡했다.

　두 형제는 어려서부터 함께 글을 읽고 토론을 하면서 자랐다. 정약전은 정약용에게 각별한 존재였다. 유배 시절 학문을 하면서 의심되는 부분이 생기면 물어볼 수 있는 스승이었고, 만족스러운 연구 결과가 나오면 제일 먼저 알리고 싶은 상대였다. 또한 아내도, 자식도, 친지도 그의 학문적 성취를 알아보지 못하는 상황에서 유일하게 그것을 알아준 소중한 존재이기도 했다. 정약용이 완성한 경집經集 240책 중에는 둘째 형과 학문적 토론을 거친 것이 많았다.

　15년 전인 1801년 11월 율정에서 이별한 후 형제는 한 번도 만나지 못했다. 그런 둘째 형은 저승으로 가고 말았다. 사람들은 정약전에 대해 '고박古朴하다'고 표현했지만 정약용은 그를 '큰 덕', '큰 그릇', '깊은 학문과 정밀한 지식을 가진 큰 학자'라고 평가했다.

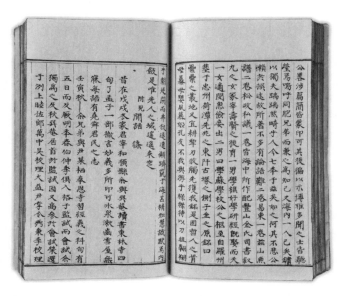

정약용이 둘째 형 정약전의 일생을 기록한 「정약전 묘지명」. 한국학중앙연구원 소장.

    정약전은 유배지인 흑산도에서 칭송이 자자했다. 1801년 2월 처음 신지도로 유배되었다가 같은 해 10월 서울로 압송되고 11월에 다시 흑산도로 옮겨졌는데, 이때 신지도 백성들이 길을 막고 떠나지 못하게 했을 정도다. 이는 정약전이 마을 사람들에게 어떤 존재였는지 알 수 있는 일화이기도 하다. 과거 벼슬할 때도 정조는 늘 "형이 동생보다 낫다"고 말했다.

    둘째 형의 부음에도 정약용은 흑산도에 가지 못했다. 유배지인 강진에서 벗어날 수 없는 처지라 형의 마지막 길을 볼 수 없었던 것이다. 정약전의 장례는 『현산어보』를 만들 때 많은 도움을 주고 평소 친하게 지낸 흑산도의 어부 문순득文淳得이 맡아서 처리했다.

둘째 며느리가 죽었다는 소식을
전해 듣다

1816년 8월 10일, 고향 마현에서 가슴 아픈 소식이 들려왔다. 둘째 며느리(둘째 아들 학유의 아내)의 부음이었다.

둘째 며느리는 1787년에 태어나 열네 살이 된 1800년 봄 학유와 결혼했다. 정약용은 이듬해 장기현으로 유배를 가는 바람에 16년 동안 한 번도 둘째 며느리를 보지 못했다. 게다가 둘째 며느리의 무덤에도 찾아갈 수 없는 처지였다.

정약용은 둘째 며느리를 오랫동안 보지 못했지만, 학유에게 전해 들은 이야기를 통해 며느리에 대한 아내 홍씨의 생각과 며느리의 됨됨이를 대략 알고 있었다. 둘째 며느리는 인간적이고 온정이 많았다. 심성이 유순하고 침착하며 행동에 조심성도 있었다. 또한 남편을 잃은 것이나 마찬가지인 시어머니를 어머니처럼 섬겼다. 밤이 되면 시어머니가 외로울까 싶어 한 이불을 덮고 자기도 했다. 좋은 음식이 있으면 입맛이 없는 시어머니에게 꼭 드셔야 한다고 강권했고, 자신은 시어머니가 남긴 음식을 먹었다. 그렇게 고부는 18년간 서로 의지하며 살았다.

둘째 며느리는 자신의 병보다 시어머니의 병을 더 걱정하는 효부였다. 병치레가 잦은 시어머니가 한겨울에 10여 차례나 설사를 하고 측간을 들락거리며 고통스러워할 때 시어머니를 부축하며 함께 아파했다. 눈보라 치는 매서운 추위에도 한결같았다.

정약용은 아내 홍씨의 깐깐한 성격을 잘 아는 터라, 아내가 며느리를 딸처럼 대하고 며느리의 오랜 병을 걱정하며 매일 눈물 흘린다는 소식을 듣고는 둘째 며느리의 효심을 짐작할 수 있었다. 둘째 며느리는 아픈 시어머니를 모시고 어려운 집안 살림을 꾸려가면서 오랜 세월 병으로 힘들게 살다 단명하고 말았다.

정약용은 며느리의 죽음에 시아버지로서 책임을 느끼고 며느리를 가슴에 묻었다. 1년 정도 함께 지낸 자신도 이러할진대, 열아홉 해를 함께 산 아내는 가슴속 연민이 얼마나 클까 싶었다. 참으로 가련했다. 멀리 떨어져 있는 것도 서럽지만, 이제 만남은 줄어들고 헤어짐만 많아지니 유배인의 시름이 더 깊어졌다.

형체의 기호가
곧 성품이다

1816년 9월 27일, 정약용은 다산초당의 동암에서 양근현楊根縣 설악면雪嶽面(지금의 가평군 설악면)에 사는 이재의에게 편지를 썼다. 자신이 깨달은 '성기호性嗜好'에 대해 설명하는 내용이었다. '성은 기호다'라는 이 말은 '형체의 기호가 곧 성품'이라는 뜻이다.

　무릇 물건에 한 가지씩 성품을 줘 기호를 가지고 그 생명을 이루게 하는 것이 바로 천명天命입니다. 천명은 자연과 같기 때문에 모든 자연을 천성天性이라 하는 것이 또 고문古文의 원례原例입니다. 『효경孝經』에 "부자父子의 도道가 천성이다"라 했고, 『맹자』에 "형색形色이 천성이다"라 했으며, 『사기』에 "제나라와 노나라 사이는 문학에 있어서 천성이다"라 했고, 『한서漢書』에 "이광李廣은 긴 팔로 활을 쏘는 것이 천성이다"라 했는데, 이와 같은 모든 유는 또 자연을 천성으로 여긴 것이니, 기호를 성품이라 하는 것과 더불어 서로 구애되지 않습니다.
　　　　　　　　　　　　　　—정약용의 「이여홍에게 답하다答李汝弘」 중에서.

'성기호'를 통해 정약용은 세상 모든 것이 각자 성품을 이루고 있고, 사람마다 자기 기호에 따라 살아가며, 이는 자연 모두에 적용된다고 주장했다. 또한 기호를 따르는 것이 성인의 글에서도 확인된다고 설명했다.

　정약용은 유배 생활에 제약이 많았지만 역설적이게도 관찰하는 시간이 충분했으므로, 그 결과 모든 자연에는 각각 생명과 각기 다른 모양, 특색이 있다는 법칙을 깨달았다. 그리고 이것을 사람과 연결시켜 사람 역시 각자 성격이 있으며 개인마다 기호가 다르다는 점을 되새기게 되었다.

우이도에 사는 문순득에게
편지를 쓰다

1816년 11월 16일, 정약용은 흑산도로 편지 한 통을 보냈다. 우이도에 사는 문순득에게 보낸 것으로 우이도에서 보내온 편지에 대한 답장이기도 했다.

정약용은 먼저 문순득이 보내준 편지를 받고 한편으로는 반갑기도 하고, 한편으로는 슬프기도 했다고 운을 뗐다. 둘째 형의 장례가 잘 마무리되었다는 소식에 반가웠고, 형을 생각하니 슬프기도 했다는 뜻이었다. 강진의 날씨는 매섭게 추워졌지만 우이도로 당장 달려가고 싶은 심정이라며, 형의 죽음을 맞닥뜨린 동생의 애통한 마음도 전했다. 그리고 후한 부의와 함께 장례를 치르는 데 물심양면으로 도움을 줘 깊이 감사하다는 인사도 했다. 강진으로 전복을 보내준 것에 대해서도 고맙다는 말을 잊지 않았다.

정약용은 편지와 함께 자신이 만든 다병茶餠 50개를 문순득에게 보냈다. 자신이 줄 수 있는 몇 안 되는 선물이기도 했지만 우이도에서 유용할 것이라고 생각했기 때문이다.

복사뼈에 세 번 구멍이
뚫리다

　1817년 1월 어느 날, 정약용은 문득 자신이 연구하고 집필하는 공간인 다산초당을 둘러봤다. 어느 제자가 정약용의 유배 생활을 '과골삼천踝骨三穿'이라고 표현한 적이 있는데, '복사뼈에 세 번 구멍이 났다'라는 뜻의 이 말처럼 정약용은 유배 생활의 역경 속에서도 공부하고 또 공부해 수많은 저술을 지었다. 그런데도 알아주는 이는 적고 비판하는 사람만 많았다. 지난 시간을 돌아본 그는 이대로 포기할 수 없어 다시 책장을 펴고 붓을 들었다.

　다산초당의 모습은 처음과 달리 많이 변해 있었다. 주변의 대나무, 복숭아나무, 버드나무, 동백꽃 등은 여전했지만 다산초당 안은 전문 학술·연구 공간이 되어가고 있었다. 경전과 역사를 조사하는 몇 명, 스승이 부르면 받아쓰는 몇 명, 어깨를 나란히 한 채 원고를 교정하는 몇 명, 책을 묶고 장정하는 몇 명이 그곳에서 분주하게 일했다. 그리고 한쪽에는 수집하고 조사한 자료들이 수북이 쌓여 있었다.

　스승 정약용과 제자들은 하나의 책을 완성하기까지 수많은 자료를 모아 서로 짝을 지어 읽고 연구하며 깊이 토론했다. 생생한 경험적 성과 및 가치를 찾고자 고전과 역사서에서 중요한 내용을 뽑아 정리했다. 이런 과정들을 진행하는 공간인 다산초당은 마치 저술 공방과도 같았다. 제자들은 비록 신분이나 당색은 달랐지만 학문적 가족이자 동지로서 서로가 응원군이 되었다.

이 무렵 정약용은 이재의가 제례에 대해 질문한 내용과 관련해 답을 적어 보냈다. 백성들은 대부분 오래된 예법에 따라 제사를 지내고 있었는데, 정약용은 본의를 해치지 않는 선에서 시대에 따라 제사법도 다시 제정되어야 한다고 주장했다. 시대 변화에 맞게 예법을 변용해야 한다는 것이었다. 근본 가치는 반드시 지키되 양식을 변용해 현실성을 살리자는 취지였다.

자연에서 열두 가지 취미를
고르다

　1817년 4월 어느 날, 정약용은 강진의 자연에서 취미를 붙일 만한 몇 가지를 찾았다. 첫 유배지였던 장기현에서는 고향을 생각하며 자연에 취미를 붙였다. 가난한 선비라고 반드시 자연을 좋아하는 것은 아니며, 부유한 선비라고 해서 못 할 일도 아니었다. 그는 시골에 살면서 자연을 매우 좋아하고 즐기게 되었다.

　정약용은 무한한 자연의 법칙 안에서 겸양을 배우고, 화려하고 변화무쌍한 자연을 보면서 사치하는 것이 얼마나 보잘것없는지, 끝없이 욕망을 추구하는 인간의 탐욕이 얼마나 어리석은지 느끼는 한편, 항구한 자연에서 너그러움과 포기할 줄 모르는 용기를 배웠다. 부귀와 귀천을 떠나 진정으로 자연을 즐길 줄 알게 되었다.

　정약용은 매달 하나씩 보고 즐길 수 있게 자연에서 열두 가지 취미를 골랐다. 향기로운 매화와 붉은 복숭아꽃, 모란 구경은 봄의 취미이고 수구화綉毬花와 작약, 새로 돋는 죽순 감상은 여름의 취미이며 고기잡이 구경과 달밤 뱃놀이, 단풍 감상은 가을의 취미이고 맑은 샘과

하얀 눈, 대나무 구경은 겨울의 취미였다.

이 취미들은 어느 정도 강진 생활에 적응하고 다산초당에서의 생활이 안정되면서 고향에 돌아가기 어려울 수 있다는 절망감이 점점 쌓여가자 찾은 것이었다. 16년 전 장기현에서는 돌아가고 싶은 고향을 그리면서 취미를 찾았다면, 이번에는 돌아갈 수 없을 것 같은 고향을 대신해 제2의 고향에서 찾은 취미였다. 정약용은 고향으로 돌아갈 수 있으리라는 희망이 점점 사라져가고 있었다.

이른 봄 매화가 꽃망울을 터뜨릴 때 유운각薐芸閣에서 매화 향기 맞는 모임을 벌이는 것이 첫째로 아름다운 잔치이고, 둘째는 취성재聚星齋에서 붉은 복숭아꽃를 관찰하는 것이요, 셋째는 영풍오迎風塢에서 모란을 감상하는 것이요, 넷째는 만향단蔓香壇에서 수구화를 보는 것이요, 다섯째는 치자원卮子園에서 작약을 감상하는 것이요, 여섯째는 고사곡枯査谷에서 새로 돋아나는 죽순을 보는 것이요, 일곱째는 율포 앞 항구에서 고기 잡는 것을 보는 것이요, 여덟째는 월고지越姑池의 달밤에 배 띄우는 것이요, 아홉째는 백련사에서 단풍을 보는 것이요, 열째는 석문石門에서 맑은 샘을 굽어보는 것이요, 열한 번째는 합장암合掌庵에서 눈을 감상하는 것이요, 열두 번째는 수정사에서 추위에 얼어붙은 대나무를 보는 것이다.

— 정약용의 「품석정서品石亭書」 중에서.

고향에 가지 못하는 마음에
눈물을 흘리다

1817년 8월 어느 날, 둘째 형의 1주기가 얼마 전 지나 정약용은 울적했다. 그럼에도 『상의절요喪儀節要』의 저술을 마치고자 『서경』 등 유교 경전을 비롯해 역대 학자들의 상례 관련 책을 연구하면서 『방례초본邦禮草本』(『경세유표經世遺表』의 초기 제목)의 저술도 시작할 즈음, 관직에 있을 때 알고 지내던 한 고관이 지방에서 서울로 올라가는 길에 정약용을 찾아왔다. 그 고관 역시 유배형을 살다 해배되어 올라가는 길이었다.

가을비 내리는 역에서의 이별은 더디기만 하네	驛亭秋雨送人遲
외딴곳에 있는 사람이 누가 다시 생각해주겠나	絶域相憐更有誰
반자가 신선 되는 것이야 부럽지 않으랴만	班子登僊那可羨
이릉처럼 고향으로 돌아갈 기약이 없네	李陵歸漢遂無期
유사(규장각)에서 글 짓던 일 잊을 수 없고	莫忘西舍揮毫日
경신년(1800)의 그 슬픔을 어찌 말하랴	忍說庚年墜劍悲

어느 날 밤 대나무 몇 그루에 달 비치면　　　苦竹數叢他夜月

고향을 향해 고개 돌리니 눈물만 주룩주룩　　故園回首淚垂垂

　　　　　　　　　—황현의 『매천야록梅泉野錄』 중에서.

　가을비 내리는 역사에서 고향으로 돌아가는 옛 동료를 배웅하자
니, 이미 여러 번 마음을 내려놓았다고 생각했지만 자신만 외딴곳에
혼자 남는 것 같아 평소보다 더 부럽고 괴로웠다. 더욱이 18년이나
갇혀 지내면서 온갖 시련을 겪었는데도 이런 사정을 아는 사람도, 서
러운 심정을 알아주는 사람도 없는 것 같아 더욱 서글펐다.

　정약용은 귀향을 축하하는 마음을 전하고 스스로를 위로하고자 시
를 지어 부채에 쓴 뒤 옛 동료에게 선물로 주었다. 그리고 고향으로,
서울로 올라가는 옛 동료가 보이지 않을 때까지 하염없이 바라보며
그 자리를 뜨지 못했다.

　다산초당으로 돌아온 그는 고향에 갈 수 없다는 슬픔에 눈물을 흠
뻑 흘리고 나서야 다시 책과 붓을 잡았다. 그에게 글쓰기는 고향을 잊
는 한 방법이기도 했다.

　정약용은 다시 『상서』의 예를 연구해 전통 예법을 정리했다. '예'의
본의와 현실 적용 방안에 관심을 가졌던 것이다. 그는 양자養子를 들
여 후손을 잇는 것 등에 대해 제자들과 토론하며 『상례사전』을 완성
해가고 있었다. 얼마 후 해배되어 돌아가게 될 것은 상상도 못 한 채
스승과 제자들은 다산초당에서 현실의 눈으로 예의를 다시 보고 실
행하기 위해 열띤 토론을 이어갔다.

제자들에게 자와 호를
지어주다

　1818년 8월 추석을 앞둔 어느 날, 정약용은 제자 윤종진尹鍾軫의 호를 지으면서 격려의 글도 함께 써주었다. 13년 전 어린 제자 황상에게 「삼근계」로 스승의 따뜻한 마음을 보여준 것처럼, 몸집이 작고 여려서 잔심부름이나 하고 형들에게 놀림을 당해 잔뜩 주눅 들어 있던 윤종진에게도 학문에 더 힘쓰라며 응원의 글을 써준 것이었다.

　독서는 큰 소리로 읽는 것을 가장 꺼린다. 들떠 허세를 부리고 조급한 것은 덕을 망치는 기틀이 된다. 가만히 조용하게 찬찬히 읽으면 기억되어 남는 것이 매우 많고, 삼가고 무겁게 하면 자질이 아름다워진다. 너는 경계하도록 해라. 예(윤종진의 아명이 원례元禮였다)에게 주노라.

—정약용의 「독서법증례讀書法贈禮」 중에서.

　정약용은 다산초당에서 양반과 아전이라는 신분을 넘어 제자들과 함께 공부했다. 이따금 엄하게 꾸짖기도 했지만 때로는 어린 제자들에게 용기를 주고자 글을 쓰기도 했다. 다산초당에서는 그렇게 인간적 유대를 맺은 스승과 제자들이 함께 토론하며 저술을 완성해갔다. 정약용은 다산초당을 '절차탁마切磋琢磨'가 실천되는 곳으로 만들었으며, 제자들이 각자 개성에 맞게 자신의 장점을 살려 꿈을 키워갈 수 있도록 독려했다. 그리고 이것이 참스승의 길이라고 여겼다.

정약용은 윤종진에게 '순암淳菴'이라는 호를 지어주면서 "죽을 때까지 말 한 마디, 행동 하나도 스스로 경박하게 하지 말고, 스스로 작다고 여기지 말며, 뜻을 세워 대인과 호걸이 되려고 노력한다면 덕을 이루게 될 것이다"라고 격려했다. 왜소한 체구 탓에 큰 뜻을 품지 못하고 의기소침해 있던 제자 윤종진에게 '맑고 순수한 사람'이 되라는 의미에서 순암이라는 호를 지어주고 용기를 북돋운 것이었다.

이렇듯 정약용은 제자들에게 자와 호를 지어주곤 했고, 그것에 걸맞게 저마다 뜻을 세워 학문에 매진할 수 있도록 격려했다.

안영晏嬰과 전문田文은 모두 몸집이 왜소하고 비루해 보잘것없었다. 하지만 혹 직간으로 임금을 바로잡고, 혹 기절을 숭상해 세상에 이름났다. 당나라 때 배도裵度와 우리나라의 완평完平 이원익李元翼은 모두 신체가 작고 말랐지만 이름난 신하와 훌륭한 재상이 되기에 손색이 없었다. 어째서 그런가? 몸이 집이라면 정신은 주인과 같다. 주인이 진실로 어질다면 비록 이마를 부딪히는 집에 살더라도 오히려 남들이 공경해 아끼게 된다. 주인이 진실로 용렬하다면 고대광실에 산다 해도 사람들이 천히 여겨 업신여기는 바가 된다. 이는 이치가 그러한 것이다.

아, 너 신동信東은 부모의 늦은 기운을 받아 체질이 가녀려 나이가 열다섯이 되었는데도 여전히 어린아이와 같다. 그러나 정신과 마음이 네 몸의 주인이 됨은 마땅히 거인 교여僑如나 무패無霸와 다름이 없다. 네가 스스로를 작다고 여기지 않고 뜻을 세워 힘을 써 대인과 호걸이 되기를 기약한다면 하늘은 네 몸이 작다 하여 네가 덕을 이루는 것을 막지는 않을 것이다. 신체가 크고 기상이 웅위한 사람은 비록 작은 지혜와 잔다란 꾀가 있더라도 사람들이 오히려 이를 우러러 권모와 책략의 꾀가 있다고 여긴다. 만약 체구가 가녀린 사람이라면 비록 평범한 말을 해도 사람들은 반드시 작은 지혜와 잔다란 꾀라고 시끄럽게 떠들면서 간사하다고 지목하고 소인이라고 말할 것이다. 그런 까닭에 타고난 것이 이와 같은 사람은 마땅히 10배 더 힘을 쏟아 늘 정성을 다하고 근본을 숭상하며 도타우면서도 성실하게 힘쓴 뒤라야 겨우 능히 보통 사람의 반열에 낄 수 있을 것이다. 너는 죽을 때까지 명심해서 말 한 마디 행동 하나에도 감히 스스로 작음을 가지고 경박하게 구는 일이 없도록 해라. 그래서 내가 네게 순암이라는 호를 준다.

가경嘉慶 무인년(1818) 중추에 다수茶叟가 쓰노라.

— 정약용의 『순암호기淳菴號記』 중에서.

다신계를 맺으며 기나긴 유배 생활을 마무리하다

1818년 8월 중순, 이태순李泰淳의 상소와 남공철南公轍의 건의로 어렵사리 해배 관문이 발송되었다. 그리고 8월 마지막 날, 정약용은 강진의 제자들을 한자리에 불러 모았다. 해배되어 고향으로 돌아가기 이틀 전이었다. 봄에 『목민심서』가 완성되고 조선과 명나라에서 있었던 추존追尊(왕위에 오르지 못하고 죽은 이에게 임금의 칭호를 주던 일)에 관한 논쟁을 다룬 『국조전례고國朝典禮考』도 마무리되어 기쁜데, 이태순의 상소로 관문까지 받아 열수의 본가로 돌아가게 된 것이었다.

정약용은 강진으로 유배를 와 읍내에서 8년 동안 생활했는데, 이때 신분이 낮은 중인 제자들을 만나 가르쳤다. 1808년 죄안罪案에서 빠져 신분이 조금 자유로워진 후에는 다산으로 거처를 옮겨 제자들과 함께 초당을 수리해 지냈다.

다산초당은 스승과 제자들이 함께한 저술 공방이었다. 스승의 말을 받아쓰는 제자, 자료를 조사하는 제자, 토론하고 교정하는 제자, 책을 엮고 장정하는 제자들이 스승 정약용과 함께 소통하고 조직적으로 분주하게 저술을 완성하는 공간이었다. 이에 '다산학단'으로 불린다.

다산학단 제자들은 대체로 문예와 학술 등 각기 개성에 맞게 학문 분야를 정했다. 각자의 역량과 취미를 살려 장점이 있는 분야에 집중적으로 힘을 쏟은 것이었다. 문예를 잘하는 사람, 수학이나 과학에 재주가 있는 사람 등 비슷한 취향이나 특장에 따라 서로 짝을 지어 토론하고 생각을 공유하면서 학문을 발전시켜갔다.

어떤 때는 따끔한 훈계로, 어떤 때는 한없는 격려로 길러진 유배지의 제자들 가운데 스승의 손과 마음이 가지 않은 이는 한 명도 없었다. 스승 정약용으로부터 아낌없는 사랑과 가르침을 받으며 자신만의 학문적 업적을 쌓아간 제자들은 스승과 함께했던 순간들을 회상하면서 자신의 앞길을 헤쳐 나갔다.

정약용은 해배되어 고향 마현으로 돌아가기 전 제자들을 불러 모아 신의를 강조하며 계회契會를 맺었다. 이른바 '다신계茶信契'다.

사람이 귀하다는 것은 신의가 있기 때문이다. 만일 우리가 모여 살면서 서로 즐거워하다가 흩어진 다음에 서로 잊어버린다면 그것은 짐승이나 다를 바 없다. 우리 수십 명은 1808년 봄부터 오늘에 이르기까지 모여 지내면서 글공부를 해 형제나 다름없다. 이제 스승은 고향으로 돌아가고 우리는 뿔뿔이 흩어지게 되었다. 만약 막연하게 흩어져 신의와 도리를 배운 까닭을 생각지 않는다면 경박한 짓이 아니겠는가?

지난해(1817) 봄 이러한 일을 미리 짐작하고 돈을 모아 계를 만들었다. 처음에는 한 사람마다 돈 1냥씩을 내어 1년 동안 이자를 받아 재산이 늘어나 이제는 35냥이 되었다.

다만 이제는 우리가 헤어진 후에 금전 출납이 마음같이 쉽게 되지 해배되어 고향 마현으로 돌아가기 전 제자들을 불러 모아 신의를 강조하면서 '다신계'라는 계회를 맺고, 정약용이 이에 대해 기록한 『다신계절목(茶信契節目)』 실학박물관 소장.

않을 것을 염려하게 되었다. 그런데 선생님께서 보암寶巖 서촌西村에 약간의 거친 밭이 있는데 강진을 떠나게 되어 팔려고 해도 대부분 팔리지 않았다. 이에 우리가 35냥을 선생님께 드리니 선생님께서는 서촌 전답을 모두 다신계 재물로 남겨주시며 다신계茶信契라 명명하고, 후일 공부하고 신의를 지키는 데 자산으로 삼으라 하셨다. 이 다신계의 조례와 토지 결부 수를 아래에 모두 적어둔다.

— 정약용의 「다신계절목茶信契節目」 중에서.

다산학단 제자들은 스승의 당부대로 계회를 맺었고, 정기적으로 모임을 가지면서 우의를 이어갔다. 그렇게 스승이 떠나고 난 뒤 다신계

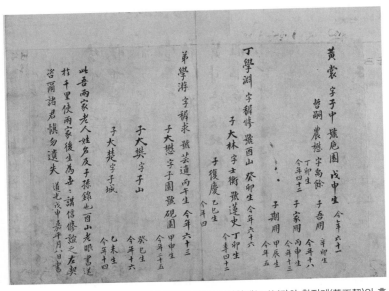

다신계 회원들이 서로의 신의를 지속하고자 맺었던 정황계(丁黃契)와 황정계(黃丁契)의 흔적이 남아 있는 『정황계첩(丁黃契帖)』 강진 다산박물관 소장.

는 10여 년 동안 유지되었다. 흥미로운 사실은 다신계에 양반 제자들만 모인 것은 아니라는 점이다. 읍내의 중인 출신 제자들과 불교 승려들도 있었다.

정약용은 양반 제자들에게 유배 초기에 자신을 도와준 읍내 중인 제자들을 부탁하면서 그들을 다신계에 포함시켰다. 비록 중인 신분이지만 강진으로 유배 온 스승의 곁에서 절망을 딛고 고난을 함께해준 제자들이었기 때문이다. 이와 더불어 그 끝에 전등계傳燈契 제자들도 기록해두었다. 이들은 불가의 제자들이었다. 이를 보면 다신계는 조선에서 그 사례를 찾아볼 수 없는 계회였고, 올바른 사제 관계의 표징이기도 했다.

내가 1801년 겨울에 강진으로 유배되어 동문 밖 주막집에서 지내게 되었다. 1804년 겨울 보은산방으로 옮겼고, 1805년 가을에 이학래의 집으로 이사했으며, 1808년 봄에 다산으로 옮겨 지내게 되었다. 모두 계산해보니 18년 동안 유배 생활을 하면서 8년은 읍내에서 지냈고 11년은 다산에서 지냈다. 처음 강진에 왔을 때 이곳 사람들은 모두 두려워하며 문을 닫아걸고 편안하게 맞아주는 사람이 없었다. 이때 내 곁에 있었던 사람들이 손병조와 황지초 등 여섯 명이었다.

이 때문에 분명히 말한다. 읍내 사람들은 나의 근심과 걱정을 함께한 이들이다. 다산초당의 여러 사람은 오히려 조금 평온해진 뒤에 서로 알게 된 이들이다. 읍내 사람들을 어떻게 잊을 수 있겠는가? 이에 다신계의 한쪽에 기록해둔다. 읍인 여섯 명을 기록해 훗날 알리고자 한다. 또 이 사람들은 응당 다신계에서 한마음으로 일을 처리해야 할 것이다. 이것은 나의 부탁이니 소홀히 하지 말라!

—정약용의 「다신계절목」 중에서.

정약용은 강진에서 햇수로 18년간 유배 생활을 하면서 8년은 읍내에서 살았고, 11년은 다산초당에서 보냈다. 그리고 이날 다신계를 결성하면서 길고 긴 유배 생활을 마무리했으며, 동시에 향후 19년간의 인생 후반을 준비했다.

참고문헌

자료

- 김매순, 『대산집(臺山集)』, 국립중앙도서관.

- 김윤식, 『운양집(雲養集)』, 국립중앙도서관.

- 성균관대학교 동아시아학술원 엮음, 『다산학단문헌집성』1-9, 대동문화연구원, 2008.

- 신 현, 『성도일록(成都日錄)』, 경기도박물관.

- 이인행, 『신야선생문집(新野先生文集)』, 국립중앙도서관.

- 작자 미상, 『가사육종(歌詞六種)』, 서울대학교 중앙도서관.

- 정규영, 『사암선생연보(俟菴先生年譜)』, 정문사, 1984.

- 정대림 엮음, 『다산연보(복본)』, 개인 소장.

- 정약용, 『다산시고(茶山詩稿)』, 한국학중앙연구원 장서각.

- _____, 『다산여황상서간첩(茶山與黃裳書簡帖)』, 개인 소장.

- _____, 『여유당전서(與猶堂全書)』, 신조선사, 2012.

- _____, 『여유당전서보유(與猶堂全書補遺)』1-6, 경인문화사, 1981.

- _____, 『여유당집(與猶堂集)』, 서울대학교 규장각 한국학연구원.

- _____, 『여유당집』, 한국학중앙연구원 장서각.

- 정약용·이재의, 『이산창수첩(二山唱酬帖)』, 다산박물관.

- 정약용·이재의, 『이산창수첩』, 한국학중앙연구원 장서각.

- 정약용, 다산학술문화재단 엮음, 『정본 여유당전서(與猶堂全書)』, 다산학술문화재단, 2012.

- _____, 윤서유 엮음, 『항암비급(航菴秘笈)』, 개인 소장.

- 정학연, 「유산시(酉山詩)」, 실학박물관.

- _____, 『유산시집(酉山詩集)』, 남양주시립박물관.

- _____, 『유산여치원시첩(酉山與巵園詩帖)』, 개인 소장.

- 정학유, 『농가월령가(農家月令歌)』, 서울대학교 중앙도서관.

- 조병현, 『성재집(成齋集)』, 국립중앙도서관.

- 초의 의순, 『초의시고(艸衣詩藁)』, 국립중앙도서관.

- 현 일, 『교정선생시집(皎亭先生詩集)』, 국립중앙도서관.

- 홍현주, 『해거재시초(海居齋詩抄)』, 서울대학교 규장각 한국학연구원.

- 황 경, 『양포일록(蘘圃日錄)』, 개인 소장.

- 황 상, 『치원소고(巵園小稿)』, 다산박물관.

- _____, 『치원총서(巵園叢書)』, 다산박물관.

- _____, 『치원총서』, 개인 소장.

저서 · 역서

- 김문식, 『조선 후기 경학사상연구: 정조와 경기학인을 중심으로』, 일조각, 1996.

- 김상홍, 『다산 정약용 문학연구』, 단대출판부, 1985.

- 김선희, 『마테오 리치와 주희, 그리고 정약용』, 심산, 2012.

- 김 호, 『정약용, 조선의 정의를 말하다: 흠흠신서로 읽은 다산의 정의론』, 성안
  당, 2013.

- 다산박물관, 『다산 정약용: 마파람이 바다 위에 불어(다산종합도록)』, 2008.

- 민족문화추진회, 『다산 정약용 시문집』, 한국학술정보, 2008.

- 박무영, 『정약용의 시와 사유방식』, 태학사, 2002.

- 박석무, 『다산 정약용 평전: 조선 후기 민족 최고의 실천적 학자』, 민음사, 2014.
- _____ 외, 다산연구소 엮음, 『다산학 공부』, 돌베개, 2018.
- 백민정, 『정약용의 철학: 주희와 마테오 리치를 넘어 새로운 체계로』, 이학사, 2007.
- 송재소·김명호·정대림 외, 『이조 후기 한문학의 재조명』, 창작과비평사, 1983.
- 송재소, 『다산시 연구』, 창비, 1986.
- _____ 외, 실시학사 엮음, 『다산 정약용 연구』, 사람의무늬, 2012.
- _____, 『한국 한문학의 사상적 지평』, 돌베개, 2005.
- _____, 『한시 미학과 역사적 진실』, 창작과비평사, 2001.
- 송찬섭 외, 『역사의 현장을 찾아서』, 한국방송통신대학교출판부, 2010.
- 실학박물관 엮음, 『조선의 목민학 전통과 목민심서』, 경인문화사, 2012.
- 원재린, 『조선 후기 성호학파의 학풍』, 혜안, 2003.
- 이강회, 『운곡잡저(雲谷雜著)』, 신안문화원, 2004.
- 이우성·임형택 엮음, 『이조 한문 단편집』, 창비, 2018.
- 임형택, 『문명의식과 실학: 한국 지성사를 읽다』, 돌베개, 2009.
- _____, 『실사구시의 한국학』, 창작과비평사, 2000.
- _____ 외, 『세계화시대의 실학과 문화예술』, 경기문화재단, 2004.
- _____ 외, 『역주 매천야록』, 문학과지성사, 2005.
- _____, 『21세기에 실학을 읽는다』, 한길사, 2014.
- _____, 『이조시대 서사시』 1·2, 창비, 2013.
- _____, 『한국문학사의 논리와 체계』, 창작과비평사, 2002.
- _____, 『한국문학사의 시각』, 창작과비평사, 1984.
- _____, 『한국학의 동아시아적 지평』, 창비, 2014.
- 정규영, 송재소 역주, 『다산의 한평생: 사암선생연보』, 창비, 2014.

- 정만길·정창렬 외, 『다산의 정치경제사상』, 창작과비평사, 1990.
- 정 민, 『다산선생 지식경영법』, 김영사, 2007.
- _____, 『다산의 재발견: 다산은 어떻게 조선 최고의 학술 그룹을 조직하고 운영했는가?』, 휴머니스트, 2011.
- _____, 『삶을 바꾼 만남: 스승 정약용과 제자 황상』, 문학동네, 2011.
- 정약용·김매순 외, 실시학사경학연구회 편역, 『다산과 대산·연천의 경학논쟁』, 한길사, 2000.
- 정약용·정약전, 정해렴 편역, 『다산서간정선』, 현대실학사, 2002.
- 정약용, 김언종 역주, 『혼돈록』, 실학박물관, 2014.
- _____, 다산연구회 역주, 『목민심서(牧民心書)』, 창작과비평사, 1984.
- _____, 박석무·정해렴 (공)편역주, 『다산문학선집』, 현대실학사, 1996.
- _____, 박석무·정해렴 (공)편역주, 『다산시정선』 상·하, 현대실학사, 2001.
- _____, 박석무 엮음, 『유배지에서 보낸 편지』, 창비, 2009.
- _____, 송재소 역주, 『다산시선』, 창작과비평사, 1983.
- _____, 실시학사경학연구회 엮음, 『정체전중변: 조선후기 예송에 대한 다산의 인식』, 한길사, 1995.
- _____, 이익성 옮김, 『경세유표(經世遺表)』, 한길사, 1997.
- _____, 이지형 역주, 『논어고금주(論語古今註)』 1-5, 사암, 2010.
- _____, 정갑진·정해염 (공)역주, 『압해정씨가승』, 현대실학사, 2003.
- _____, 정민 풀어 읽음, 『한밤중에 잠깨어: 한시로 읽는 다산의 유배일기』, 문학동네, 2012.
- 정인보, 『담원 정인보전집』, 연세대학교, 1955.
- 정일균, 『다산사서경학 연구』, 일지사, 2000.
- 조성을, 『연보로 본 다산정약용: 샅샅이 파헤친 그의 삶』, 지식산업사, 2017.

- 최익한, 송찬섭 엮음, 『『여유당전서』를 독함』, 서해문집, 2016.

- _____, 송찬섭 엮음, 『실학파와 정다산』, 서해문집, 2011.

- 함규진, 『정약용: 조선의 르네상스를 꿈꾸다』, 한길사, 2012.

- 홍이섭, 『정약용의 정치경제사상 연구』, 연세대학교, 1966.

- 황병기, 『다산 정약용의 역상학』, 연세대학교, 2004.

- 황 현, 임형택 외 옮김, 『매천야록(梅泉野錄)』, 문학과지성사, 2005.

논문

- 김대원, 「정약용의 『의령』」, 서울대학교 석사학위, 1991.

- 김봉남, 「다산 시에 함축된 내면의식의 변모 양상」, 고려대학교 박사학위, 2007.

- 이상아, 「다산 정약용의 『제례고정』 역주」, 성균관대학교 박사학위, 2015.

- 임부연, 「정약용의 수양론 연구」, 서울대학교 박사학위, 2004.

- 임형택·방인 외, 「다산 정약용 해배 200주년 기념 국제심포지엄 "지속가능한 발전, 정약용에 묻다"」, 남양주시, 2018.

정약용 연보

본관 나주(羅州), 자 미용(美鏞)·송보(頌甫), 시호 문도(文度).

1762년(1세) 경기도 남양주 조안면 능내리에서 아버지 정재원(丁載遠)과 어머니 해남 윤씨 사이에서 셋째 아들로 태어나다.

1765년(4세) 천자문을 읽기 시작하다.

1768년(7세) 시를 짓기 시작해 열 살 전에 『삼미자집(三眉子集)』을 남기다.

1776년(15세) 호조좌랑 홍화보(洪和輔)의 딸과 관례를 치르고 약용(若鏞)이라는 관명(冠名)을 얻다.

1777년(16세) 이가환과 자형 이승훈을 따라 성호 이익 선생의 유고(遺稿)를 읽고 사숙하다.

1783년(22세) 초시와 회시에 합격해 진사가 되고, 선정전(宣政殿)에서 정조의 지우를 입다.

1784년(23세) 이벽과 함께 배를 타고 두미협을 내려가면서 서교(西敎)에 관해 처음으로 듣다.

1789년(28세) 대과에 급제하고 이어 초계문신으로 발탁되다.
겨울 주교(舟橋)의 규제(規制)를 작성하다.

1792년(31세) 화성 설계를 명받고 거중기를 고안해 공사비 4만 냥을 절약하다.

1794년(33세) 경기도 암행어사로 나가 연천, 파주, 장단의 구악을 일소하다.

1795년(34세) 7월 천주교도라는 무함(誣陷)이 있어 그 지방의 천주교도를 회유하라는 뜻에서 금정도찰방으로 외보(外補)되다.

1797년(36세) 윤6월 곡산부사로 제수되다.

전임 수령의 부정을 탄핵한 이계심이 그가 부임하는 길목에서 자수해왔는데, 진상을 듣고 격려, 석방하다. 부임 후에는 민고(民庫)를 개혁하고 유형거(游衡車)를 제작하며 가좌부(家坐簿)를 정비하다.

1800년(39세) 정조의 승하로 고향에 돌아와 소천(苕川)에서 강학하고, 그곳에 여유당(與猶堂) 편액을 달다.

1801년(40세) 신유사옥으로 투옥되었다가 둘째 형 정약전은 흑산도, 정약용은 장기현으로 유배되고 이후 강진으로 이배되다.

1805년(44세) 백련사에서 혜장과 교유하고 보은산방으로 거처를 옮기다.

1808년(47세) 만덕사 서쪽에 있는 윤단의 초당으로 이사하다.

1810년(49세) 큰아들 학연이 부친의 억울함을 상소해 해배 움직임이 있었으나 석방되지 못하다.

1814년(53세) 죄인 명부에서 이름이 삭제되어 석방의 움직임이 있었으나 이루어지지 못하다.

1816년(55세) 흑산도에서 둘째 형 정약전이 사망하다.

1818년(57세) 해배 즈음에 스스로 경영하던 전답을 기본 재산으로 양반 제자와 중인 제자들로 하여금 다신계를 만들게 하고, 초의 선사 등 불교 승려들에게는 전등계를 조직하게 해 길이 우의를 다지도록 하다. 9월 고향 마현으로 돌아오다.

1822년(61세) 회갑을 맞아 「자찬묘지명(自撰墓誌銘)」을 짓고 더는 관직에 마음 쓰지 않은 채 저술의 수정, 보완에 힘쓰다.

1836년(75세) 아내 홍씨와의 회혼일에 마현에서 별세하다.

1910년 7월 정헌대부(正憲大夫) 규장각제학 문도공(文度公)이라는 시호를 받다.

"널리 배우고 많이 들은 것을 문文이라 하고   博學多聞曰文

　일을 처리함에 의에 맞는 것을 도度라 한다   制事合義曰度"

　　　　　　　—『사암선생연보俟庵先生年譜』(정규영)에서.

정약용의 가계

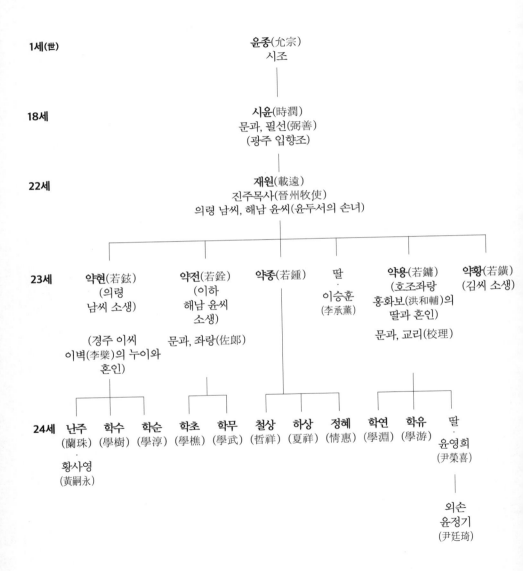

정약용의 저술 연보

1768년(7세) 일곱 살 때부터 시를 짓기 시작해 열 살 전에 『삼미자집(三眉子集)』을 남겼다고 전해지다.

1789년(28세) 주교사(舟橋司)의 규제(規制)를 지어 바치다.

1791년(30세) 「시경의(詩經義)」 800여 조를 지어 바치다.

1792년(31세) 수원 성제(城制)의 규제와 「기중가도설(起重架圖說)」을 지어 바치다.

1795년(34세) 『화성정리통고(華城整理通攷)』의 저술 명령을 받고 이가환, 이만수, 윤행임 등과 함께 저술하다.

금정도찰방으로 좌천된 와중에 『서암강학기(西巖講學記)』와 『도산사숙록(陶山私淑錄)』을 저술하다.

1797년(36세) 3월 이서구, 김조순 등과 함께 『두시(杜詩)』, 『춘추좌씨전(春秋左氏傳)』을 교정하다.

윤6월 곡산부사로 부임하자마자 아전들에게 조사를 시켜 『가좌부(家坐簿)』(12권)를 완성하고 백성들의 재산 상황을 손바닥 들여다보듯 하다.

겨울 『마과회통(麻科會通)』(12권)을 저술하다.

1801년(40세) 장기현에 유배되어 『이아술(爾雅述)』(6권), 『기해방례변(己亥邦禮辨)』, 『백언시(百諺詩)』를 저술하다.

1803년(42세) 『단궁잠오(檀弓箴誤)』를 저술하다.

1804년(43세) 『아학편훈의(兒學編訓義)』를 저술하다.

『주역사전(周易四箋)』 갑자본(8권)을 저술하다.

1805년(44세) 『정체전중변(正體傳重辨)』(3권, 일명 『기해방례변(己亥邦禮辨)』)
을 저술하다.

『승암예문(僧菴禮問)』을 저술하다.

1807년(46세) 여름 『상례사전(喪禮四箋)』(50권)을 완성하다.

1808년(47세) 봄 거처를 다산초당으로 옮기다.

『다산문답』 1권과 『다산제생증언(茶山諸生贈言)』을 쓰다.

여름 「가계(家誡)」를 쓰다.

겨울 『제례고정(祭禮考定)』과 『주역사전(周易四箋)』 무진본(24
권)을 완성하다. 『역학서언(易學緒言)』(12권)을 완성하다.

1809년(48세) 봄 『상례외편(喪禮外篇)』(12권)을 완성하다.

가을 『시경강의(詩經講義)』를 산록(刪錄)하고 『시경강의보유(詩
經講義補遺)』 3권을 붙이다.

1810년(49세) 봄 『시경강의보(詩經講義補)』, 『관례작의(冠禮酌儀)』, 『가례작의
(嘉禮酌儀)』를 저술하다.

가을 『상서고훈수략(尙書古訓蒐略)』을 저술하다.

『매씨상서평(梅氏尙書平)』을 저술하다.

1811년(50세) 봄 『상서지원록(尙書知遠錄)』과 『아방강역고(我邦疆域考)』를 저
술하다.

1812년(51세) 봄 『민보의(民堡議)』를 저술하다.

겨울 『춘추고징(春秋考徵)』(12권)을 완성하다.

1813년(52세) 겨울 『논어고금주(論語古今註)』(40권)를 저술하다.

1814년(53세) 여름 『맹자요의(孟子要義)』를 저술하다.

가을 『대학공의(大學公議)』(3권), 『중용자잠(中庸自箴)』(3권), 『중

용강의보(中庸講義補)』를 저술하다.

겨울 이학래에게 집주(集注)하게 해『대동수경(大東水經)』(2권)을 완성하다.

1815년(54세) 봄『심경밀험(心經密驗)』과『소학지언(小學枝言)』을 저술하다.

1816년(55세) 봄 이학래에게 받아쓰게 해『악서고존(樂書孤存)』(12권)을 완성하다.

1818년(57세) 봄『목민심서(牧民心書)』(48권)를 완성하다.

가을 해배되어 마현으로 귀향하다.

1819년(58세) 여름『흠흠신서(欽欽新書)』를 저술하다.

겨울『아언각비(雅言覺非)』(3권)를 저술하다.

1821년(60세) 봄『사대고례산보(事大考例刪補)』를 저술하다.

1822년(61세) 「자찬묘지명」을 짓다.

『정법삼집(政法三集)』을 대대적으로 보수하고,『여유당집』편집에 착수하다. 경집 232권과 문집 267여 권으로 총괄하다.

1834년(73세) 봄『상서고훈(尙書古訓)』과『지원록(知遠錄)』을 통합·증보해『상서고훈(尙書古訓)』(21권)을 저술하다.

가을『매씨상서평(梅氏尙書平)』(10권)을 개정하다.

1834년 무렵에 이루어진 것으로 추정되는『열수전서총목록(洌水全書總目錄)』에서는 경집 88책 250권, 문집 30책 87권, 잡찬(雜纂) 64책 166권 등 총 182책 503권으로 정리되다.

세상이 알아주지 않아도 나는 다산이오
유배 18년, 다산 정약용의 내면 일기

지은이   김형섭

펴낸이   윤양미

펴낸곳   도서출판 산처럼

등 록   2002년 1월 10일 제1-2979

주 소   서울시 종로구 사직로8길 34 경희궁의 아침 3단지 오피스텔 412호

전 화   02-725-7414

팩 스   02-725-7404

E-mail   sanbooks@hanmail.net

홈페이지 www.sanbooks.com

제1판 제1쇄 2019년 12월 25일

제1판 제2쇄 2024년 7월 15일

값 20,000원

*잘못된 책은 바꾸어드립니다.

ISBN 978-89-90062-90-1-03910